KB018519

우리는 어쩌다 혼자가 되었을까?

우리는 ＿＿＿ 어쩌다 혼자가 ＿＿＿ 되었을까?

프랑스 오르텔리 지음 ★ 김지현 옮김

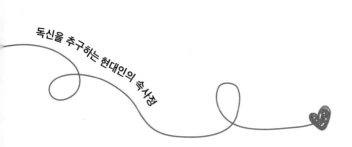

독신을 추구하는 현대인의 속사정

시그마북스
Sigma Books

우리는 어쩌다 혼자가 되었을까?

발행일 2022년 2월 3일 초판 1쇄 발행
지은이 프랑스 오르텔리
옮긴이 김지현
발행인 강학경
발행처 시그마북스
    Sigma Books
마케팅 정제용
에디터 장민정, 최윤정, 최연정
디자인 강경희, 김문배

등록번호 제10-965호
주소 서울특별시 영등포구 양평로 22길 21 선유도코오롱디지털타워 A402호
전자우편 sigmabooks@spress.co.kr
홈페이지 http://www.sigmabooks.co.kr
전화 (02) 2062-5288~9
팩시밀리 (02) 323-4197
ISBN 979-11-6862-003-2 (03300)

The original French edition was published as "Nos Coeurs Sauvages."

Copyright © 2020 Arkhê

All rights reserved.

Korean Translation copyright © 2022, Sigmabooks

This Korean edition is published by arrangement with Arkhê through Greenbook Literary Agency, Seoul, South Korea. All rights reserved.

이 책의 한국어판 저작권과 관권은 저작권에이전시 그린북을 통한 저작권자와의 독점 계약으로 **시그마북스**에 있습니다. 저작권법에 의해 한국 내에서 보호를 받는 저작물이므로 무단 전재와 무단 복제, 전송, 배포 등을 금합니다.

파본은 구매하신 서점에서 교환해드립니다.

* 시그마북스는 ㈜시그마프레스의 자매회사로 일반 단행본 전문 출판사입니다.

우리는 어쩌다 혼자가 되었을까?

광고 대행사 조연출인 발레르는 자신의 연애 이력을 영 마뜩잖게 여긴다. 사실 '발레르'는 애칭인데, 무엇이든 새롭게 꾸미는 데 타고난 재능이 있어 발레리 다미도(프랑스의 기자 출신 방송인으로, 인테리어를 바꿔주는 TV 프로그램을 오래 진행했다-옮긴이)의 남성형 이름을 붙여주었다. 이웃에 사는 그는 일요일 저녁을 내 소파에서 함께 보내면서 주로 〈액션 수사: 대가족 속으로〉나 〈네 번의 결혼식, 한 번의 허니문〉 같은 인기 TV 프로그램을 본다. 곱슬곱슬한 갈색 머리에 반짝이는 눈망울을 가진 발레르는 독신인 것이 부담스럽다. 그래서 일주일에 한 번씩 우리 집 발코니에서 담배를 태우면서 내게 연애 상황을 알려준다. "어째 찾을수록 없는 것 같아. 그래도 이번 주에는 게이 프라이드 축제, 소방서 댄스파티, 월드컵 결승전에다가 불로뉴에서 열리는 축제까지 갔었어." 고등학교 때 발레르는 같은 반 소년과 사랑에 빠졌지만 짝사랑이었다. 그러고 나서 안정적인 일자리를 찾아 '수도'로 올라온 발레르는 상상했다. 지리적인 위치를 바꾸었으니 이제 사랑의 문도 열릴 것이라고.

5년 후 무기계약직으로 일하게 된 발레르는 여전히 10제곱미터 크기의 조그만 방에 살 수밖에 없다. 부동산에서 느끼는 낭패감은 그의 연애 사업에도 적용된다. 발레르는 10~20년 후에나 자기 집을 갖게 되겠지만, 그보다 핵심적인 문제는 지금까지 누군가와 함께 산 적이 한 번도 없다는 점이다. 온라인 데이팅 서비스를 통해 두 번의 짧은 관계를 맺었을 뿐이다. 장난꾸러기에 개방적이고 활력이 넘치는 발레르는 그래도 여전히 사랑에 빠지기를 꿈꾼다. 짓누르는 고독감 때문에 발레르는 매주 월요일 저녁 7시에 심리 상담을 받기로 했다. 데이트에 적절한 날은 빼고, 그러니까 목, 금, 토요일은 비워두고 월요일로 시간을 잡았다. 상담사는 발레르의 사기를 높여주기 위해 일주일에 열 번의 데이트를 하기를 권했다. 발레르는 담배 연기를 내뿜고 나서 내게 스코어를 발표한다. "아무 성과 없었어. 어떤 녀석이 DJ 세션 때 내 팔에 자기 전화번호를 갈겨쓰긴 했는데 다른 열 명한테도 똑같이 하더라고." 실제 삶처럼 데이팅 사이트들을 들락거리면서도 누군가와 감정적 관계를 맺는 데 실패한 발레르는 체념한다. "사랑에 빠지는 비결은 굳이 찾아 나서지 않는 거야. 2주 동안 딱 한 번, 내가 사랑을 찾겠다는 생각을 멈췄을 때 괜찮은 사람을 만났어." 집단적 상상 속에서 사랑은 어느 날 가장 큰 우연을 빌려 우리에게 나타날 것 같다. 그래서 사랑에 대해 생각하지 말고 그저 수도자처럼 순수한 마음으로 일상을 살다 보면 사랑을 만날 가능성이 높아진다고 생각한다. 하지만 대도시에 사는 독신들은 해를 거듭할수록 자신들의 처지를 견디기 어려워, 종종 하나의 모습으로 귀결되는 것 같다. 누군가를 만나기 위해 갖은 애를 쓰는 모습이다.

곧 의사 면허를 취득할 라파엘은 지금까지 줄곧 혼자 살았다. 장기적으로는 누군가와 함께 살기를 계획하지만, 처음이자 마지막으로 커플이었던 2014년 겨울을 떠올리면 이성적으로 다시 생각하게 된다. "유일하게 오래 지속한 관계였어요. 몇 년간 그녀를 몰래 사랑했죠. 하지만 만난 지 석 달 만에 금방 권태기가 왔어요. 사람을 피곤하게 하는 여자였거든요." 라파엘은 이야기를 이어간다. 그의 꼬시는 기술은 마치 경영대학원생이 만든 자기계발서의 내용 같다. "간단해요, 나는 술에 취했을 때 그리고 나이트클럽에 있을 때만 여자를 유혹하거든요. 두 가지 조건이 모두 충족되어야 하죠. 새로운 여자들을 만나는 건 그 경우뿐이에요. 술을 절제할 때는 안 통해요. 나이트클럽의 장점은 굳이 대화를 나눌 필요가 없다는 거예요. 바와는 다르죠." 그러니 누군가에게 접근하려거든 이야기를 나누지 말아야 한다. 논리상 그렇다. 하지만 라파엘은 자신이 사로잡은 여자를 두 번 이상 만나는 일은 드물다고 실토한다. "아무리 애를 써도 그렇게는 안 되더라고요."

초롱초롱한 파란 눈과 주근깨를 가진 클레리는 5년 전 9월 11일에 남자친구를 차버렸다. 두 가지 큰 사건이 겹친 그 운명의 날짜가 돌아올 때마다 클레리는 스트레스를 받아 배가 아플 정도다. 그녀는 새로운 만남을 기대하며 데이팅 앱의 프로필을 업데이트한다. 틴더와 범블은 이미 시도해봤고 이제 오케이큐피드를 시작한다. "미국인들도 꽤 있어요. 변하는 거죠." 주중에는 의류 디자인을 하고 주말에는 데이트를 한두 번 하면서 눈에 띄는 사람이 나오기를 희망한다. 약속을 다섯 개 이상 소화하기는 힘들다. 클레리가 데이팅 앱에서 지리적으로 가능한 최장 거리를 설정한다는 것은, 자신이 사는 뷔트쇼몽에서 가장 멀리 있는 누군가를 만나고 싶은 것이다. "보보스(부르주아처럼 경제적으로 풍요로 우면서 보헤미안처럼 예술적 가치를 중시하는 미국의 새로운 엘리트 계층-옮긴이)는 진절머리 나요." 앱에 올라온 프로필들 중에서 클레리는 내성적인 나쁜 남자 스타일만 고른다. "최근에 낚시 마니아와 사랑에 빠졌어요. 그 사람 덕분에 이른 아침 우아즈강과 센강을 볼 수 있었죠. 마법 같은 풍경이었어요." 석 달이 지나고 아흔다섯 마리의 수생동물을 발견했을 즈음, 그는 클레리에게 아내가 있는 삶을 원한다고 말했다. 실망한 그녀는 또 다른 사람을 찾아 나선다. "나도 누군가와 함께라면 정말 좋겠어요. 하지만 직장에서 밀려나지 않으려면 일에 집중해야 해요. 내 친구들은 모두 커플인데, 걔네랑 있으면 지루해요. 내게는 앱이 있죠. 일반적으로 나랑 반대인 프로필을 선택하는데 결국은 나랑 맞지 않아요. 내가 너무 이상주의자인 걸까요?"

청춘들이 증언하는 상황은 비슷하다. 모두 고전적인 커플관계를 형성하고 그 사람과 함께하길 꿈꾼다. 하지만 이상적인 상대를 찾고 싶은 욕구와 고독한 현실 간의 차이가 새로운 종류의 인지적 결함을 만들었다. 이들에게 커플이 되는 것은 너무 먼 이야기이고 도달할 수 없는 지평선이다. 독신 시장이 잘 갖춰져 있다고 하더라도, 그러니까 새로운 사람들이 데이팅 앱에 꾸준히 가입하고, 이들을 위한 다양한 기회가 열려 있고, 원하는 것은 오직 만남뿐인 방황하는 독신들이 있다고 하더라도 말이다.

이 책은 사랑에 대한 우리의 태도가 부모님이나 조부모님 세대와 얼마나 달라졌는지를 이해하려는 데서 출발했다. 부모님과 조부모님의 애정사를 들으면 모든 것이 간단하게 느껴진다. 그런데 내 또래에게

물어보면 모든 것이 복잡하게 들린다. 당신에게는 분명 다음과 같은 순간이 있었을 것이다. 데이트가 예상되는 문자를 받고 어떻게 답해야 할지 종일 고민한 하루, 천만 명이 사는 도시에서 그저 커피 한 잔 함께 마실 괜찮은 사람 하나 만나보지 못하고 지나간 몇 달, 피에로 이모티콘이 있는 메시지가 무엇을 의미하는지 생각하는 데 써 버린 몇 시간. 결국 이렇게 초조하고 당황스러운 상황에 직면해 우리의 무능력함을 깨닫고, 때로는 시대를 아쉬워하게 된다. '우리 할머니 시대에는 일이 더 쉽지 않았을까?'라고 생각하겠지만, 그렇지 않다. 지금은 우리 부모님과 조부모님이 살던 시대에 비해 만남의 수단이 엄청나게 많다. 우리는 더 이상 등 떠밀려 결혼하느라 가족이라는 안식처를 떠날 필요가 없다. 이혼도 쉽게 한다. 손 내밀면 닿을 거리에 수많은 독신이 살고 있으며, 그들은 거리를 즐겁게 쏘다니고 축제를 가득 메우고 데이팅 사이트에 우르르 몰려든다. 우리의 애정 생활을 영원한 기쁨의 원천으로 만들어줄 모든 요인이 이렇게 갖춰져 있다. 그런데도 우리는 왜 혼자일까?

처음에는 새로운 기술들을 탓하고 싶을 것이다. 조부모 세대에는 컴퓨터도, 스마트폰도, 데이팅 앱도 없었다. 인스타그램에서 나르시시즘을 좇지도 않았다. 그러나 새로운 커뮤니케이션 도구들만이 우리의 변화된 생활을 설명하는 유일한 변수는 아니다. 물론 우리는 디지털 시대에 적응해야 하지만 이것으로 우리의 기대와 현실 사이에 생기는 거대한 단절을 설명할 수 있을까? 나는 좀 더 명확히 알아보고자 1만 킬로미터 떨어진 두 도시의 거주자들을 인터뷰하기로 했다. 사랑의 도시 파리와 데이트의 중심지 로스앤젤레스. 두 도시는 서로 반대되는 동시에 서로를 보완한다. 대서양을 사이에 두고 각자의 방식으로 사랑을 나눈다. 파리지앵들은 품위 있게 환심을 사는 기술과 〈프렌치 키스〉를 좋아한다. 로스앤젤레스에서 사랑하는 방법은 〈10일 안에 남자친구에게 차이는 법〉이나 〈라라랜드〉 같은 로맨틱 코미디에 스며들어 있다. 매년 새로운 데이팅 앱 회사가 이 도시에서 탄생한다.

파리지앵으로 산 10년 동안, 나는 이 사랑의 도시에 대한 거의 모든 클리셰를 경험했다. 연인을 만날 때는 마치 향수 광고에서처럼 트렌치코트를 입고 빗속을 뛰어가리라 생각되는 도시. 전 세계 커플들에게 허니문의 도시이지만, 사는 사람들에게는 항상 그렇지는 않은 곳. 나는 파리지앵들이 어떻게 만나고 사랑하는지를 오랫동안 관찰했다. 그리고 로스앤젤레스에서는 또 다른 코드를 가진 새로운 세상을 발견했다. 여성의 73%가 싱글인 세상. 자신과 맞지 않는 사람과 살기보다는 반려견과 사는 것을 좋아하는 사람들의 세상. 독신을 위한 공동 주택들이 디스토피아 단계를 넘어 안정적으로 자리 잡은 도시.

커플이 항상 이상적일까?

2014년 8월 중순 미국 노동통계국이 발표한 데이터는 화젯거리가 없어 고심하던 언론사 주필들에게 진정한 축복이었다. 인류 역사상 처음으로 독신이 인구의 다수를 차지하게 되었으며 비율로 보면 미국 인구의 50.2%, 약 1억 2,460만 명이라는 내용이었다.[1] 어떤 요인도 독신의 폭발적인 증가를 예상하지 못했기에 더욱 흥미로운 통계였다. 1950년 같은 기관이 실시한 조사에서는 독신의 비율이 고작 22%였다. 두 세대를 지나는 동안 독신의 숫자가 두 배 이상 늘어난 것이다. 혁명처럼 여겨지는 이 '이상 현상'이 미디어를 도배했고 이에 대한 뉴스피드가 흘러넘쳤다. 『블룸버그』는 이 새로운 사회 부류의 구매력을 분석하는 반면 『타임』은 '왜 밀레니얼 세대의 25%가 결혼을 하지 않으려는지'[2] 이해하려는 시도를 보였다. 퓨 리서치 센터는 '결혼한 적 없는 성인'[3]이라는 새로운 사회적 범주를 만들어냈다.

프랑스에서는 부차적인 현상으로 여겨진 독신의 증가세에 관한 뉴스들이 쏟아지는 가운데, 『블룸버그』는 '셀피'[4]라는 제목을 단 에드워드 야데니의 글을 소개했다. 유명한 경제학자의 관점으로는, 개인 사회로 넘어가는 이 주목할 만한 변화가 우리 경제에 전례 없는 사회적, 정치적 영향을 미칠 것이었다. 정확하게 어떤 영향을 줄지 파악하기에는 너무 이르더라도 말이다.

몇 년 전 언론들은 이미 핵가족을 기반으로 한 전통적 구조의 위기를 지적한 바 있다. 『워싱턴 포스트』는 한 여성이 목줄을 한 개를 데리고 공원을 걷고 있는 사진과 함께 '좋은 사람을 찾지 못했을 때'라는 제목으로 그 현상을 경고했다. 같은 해 『보스턴 매거진』은 특집호 '스스로 선택한 독신'[5]을 통해 더 낙관적인 해석을 제시했다. 독신은 "사람들이 생각하는 것만큼 혼자이거나 고립되어 있지 않으며" 또한 "여유 있는" 삶을 산다고 말이다. 『크리스천 사이언스 모니터』는 다음과 같은 질문을 던졌다. "독신들의 나라: 왜 그토록 많은 미국인이 결혼하지 않는가?"[6] 그리고 점차 분열이 나타났다. 개인의 자유가 승리했음을 환호하는 부류와 독신을 서양 사회가 쇠퇴할 징후라 여기는 이들 사이에서, 독신에 대한 찬성과 반대 간 전쟁이 시작되었다. 걱정이 많은 사람들의 눈에는 독신이 개인의 작은 만족에만 집착하는 이기적인 존재처럼 보인다. 위장의 만족감에 취해 모든 돈을 먹는 데 소비하는 자기중심주의자들로 인해 가계 평균 예산이 증가하고, 국가의 기본 신념은 와해되며, 부의 재분배, 복지 그리고 집단의 미래에까지 위협이 될 것이기 때문이다. 독신은 자기만의 안락함에 파묻혀 같은 층에 사는 이웃이 누구인지 궁금해지지도 않을 테고 말이다. 세탁기에 다른 사람의 속옷을 같이 넣어 빤다는 것은 생각만 해도 싫은 나르시시스트가 아니고서야, 어떻게 혼자 살기를 선택할 수 있는가?

이와 반대로, 부부의 의무가 없는 삶을 원하는 이들도 있다. 『혼자 있는 것을 좋아하는 사람들의 나쁜 심리』[7]를 비롯해 독신에 관한 여러 책을 쓴 사회학자 벨라 드파울로는 블로그 '리빙 싱글'을 운영하는 것으로도 유명하다. 그녀는 자신을 "뼛속부터 독신"이라고 표현하면서 저녁에 집으로 혼자 돌아가는 장점을 자랑한다. 그리고는 이렇게 주장한다. "나는 독신이에요. 항상 그래왔고 앞으로도 그럴 거예요. 독신은 내 존재를 가장 진솔하게 그리고 가장 잘 표현하는 삶의 방식이죠." 벨라 드파울로의 연구에 따르면, 혼자 사는 사람은 공동체를 풍요롭게 만든다. 독신은 가정이 있는 사람보다 부모님을 더 자주 찾아뵐 수 있고, 세대 간 관계에 더 많은 애정과 관심을 쏟을 수 있어 젊은 세대와 조부모 세대 사이에서 균형을 잡아준다. 게다가 독신은 도시의 사회 구조에 더 적극적으로 참여하고 취약 계층을 도우려는 경향이 있다.

벨라 드파울로는 시대에 뒤떨어진 가족 발전 단계를 근거로 살아가는 부부들을 경계한다. 이들은 자기중심적이라고 할 수는 없어도, 섬에 틀어박혀 사는 머리가 두 개 달린 히드라처럼 가정 한가운데에 웅크리고 앉아서는 사회적 상호작용에 적대적인 태도를 보인다. 관계를 망칠까 봐 주저하는 기색도 없이 우리 앞에서 거리낌 없이 다투고, 배우자나 아이를 삶의 중심에 두며, 우리에게도 그런 삶을 강요한다. 『워싱턴 포스트』는 독신의 우월함을 인정한 후 '미혼이지만 혼자는 아닌 솔로'[8]의 삶에 관한 블로그를 열었다. 블로그는 '까탈스러운 사람도 사랑을 찾을 수 있는가?'라는 질문에 '예스'라고 답하면서, 실존의 문제에 목말라 있는 모든 독신을 안심시킨다. 그리고 독신은 비열한 이기주의자가 아님을 보여주는 관련 통계를 제공한다.

　보수든 진보든, 극우든 극좌든, 독신에 찬성하든 반대하든 간에, 모든 언론이 동의하는 명제가 있다. 1인 가구가 이례적으로 증가하는 현상은 베이비붐 이후 가장 큰 사회적 진화라는 점이다. 이는 인류 역사상 어떤 문화도 경험하지 못한 새로운 모델이 도래했음을 의미한다.

차례

1

우리는 왜 더 이상
사랑에 빠지지 않을까?

당신은 할머니에게 할아버지를 어떻게 만났는지 물어본 적이 있는가? 나의 할머니에게는 구혼자가 세 명 있었다. 할머니는 그중 가장 내성적인 나의 할아버지, 프랑수아를 택했다. 처음에 프랑수아는 그녀에게 자신 있게 다가가지 못했지만, 대학으로 가는 버스 안에서 용기를 내기로 했다. 자, 우리는 1947년에 있다. 이들은 열아홉 살이고 둘은 2년 후 결혼할 것이다. 60년의 결혼 생활 동안 이들은 단 한 번 싸우게 될 것이다. 목격자들에 따르면, 이 유일한 말다툼은 어느 여름날, 테니스를 좋아하는 할머니가 가족을 모두 데리고 테니스 코트에서 하루를 보내려

할 때 일어났다. 할아버지는 테니스를 싫어한다. 심판석에 앉아 6시간 동안 땡볕에 익을 생각을 하면, 오토바이를 좋아하는 할아버지는 미칠 지경이다. 그런데 그날 할머니는 복식 테니스 대회에 할아버지를 등록 해둔 것이다. 그게 다다. 할아버지는 테이블 구석에 있는 접시를 깨뜨리고 절규한다. "아니, 싫어, 싫다고. 난 복식 경기에 안 나갈 거야!" 이 사건이 두 분 가정사의 유일한 그림자다. 이제 아흔 살인 할머니는 여전히 할아버지에게 빠져 있는 것 같다. "아, 프랑수아! 난 그이를 항상 사랑할 거야." 그녀는 리코레(치커리 커피-옮긴이)를 두 잔째 마시며 속삭인다.

매번 같은 상황이 반복되고 나는 함정에 빠진다. 조부모님의 사랑 이야기를 듣노라면, 사소한 데이트들로 엮인 감정의 불모지를 돌아다니고 있는 지금의 우리보다 예전에는 사랑을 찾는 일이 훨씬 쉬웠을 것이라는 생각이 든다. 조부모 세대는 누군가를 만나면 그 사람과 삶을 함께한다고 생각했다. 몇 년 동안 선택을 망설이는 일도 없었다. 선택지가 별로 없었고, 두세 명의 구혼자 중에서 한 명을 택했다. 물론, 사회적 압박도 받았다. 일단 결혼했으면 무슨 일이 생기든 함께 살아야 했고, 그렇지 않으면 주위 사람들에게 지탄을 받았다. 1950년에 이혼한 한 여성은 행실이 나쁘다는 이유로 저녁식사에 초대받지도 못했다. 그런데도 우리의 조부모들은 매우 간단한 탐색만 거쳐 60년을 함께할 한배에 탔고, 그런 모험에 태평하게 몸을 던진 것처럼 보였다. 그 비결은 무엇이었을까? 인터넷이 없는 시절에 살았고, 그라인더(게이와 양성애자 남성들을 위한 데이팅 앱-옮긴이) 계정이나 성인 사이트 폰허브의 프리미엄 구독권이 없었기 때문이라고 말하는 이도 있을 것이다. 하지만 조부모

세대와 우리를 구별하는 첫 번째 특징은 그보다 훨씬 단순하다. 단지 그들에게는 선택권이 적었다는 점이다.

2015년 미국에서 에릭 클라이넨버그와 아지즈 안사리는 데이팅 앱 시대의 사랑에 주목하면서 『모던 로맨스』[9]를 함께 집필했다. 이 베스트셀러의 초반부에서 두 저자는 우리 세대가 가진 고유한 특성을 파악하려 한다. 저자들은 뉴욕에 사는 은퇴한 어르신들을 찾아가 탐문 조사를 하면서, 그들의 사랑 역사가 모두 한 가지로 귀결된다는 놀라운 사실을 깨닫게 된다. 바로 나이가 지긋한 부부의 대다수는 같은 동네에 살던 사이라는 점이다. 저자들은 필라델피아시의 문서 기록을 통해, 제2차 세계대전 이전 시대에 부부의 지리학적 측면을 고찰한 유일한 참고 자료를 발견할 수 있었다. 내용은 다음과 같다. 1932년, 그러니까 지금으로부터 100년도 채 안 된 시절에는 부부의 17%만이 배우자와 서로 다른 도시 출신이었다. 부부의 40% 이상이 '집에서 스무 블록 이내'에 사는 배우자를 만났고, 30%는 '다섯 블록 이내'에 사는 배우자를 만났다. 더 신기한 점은 결혼한 부부 여덟 쌍 중 한 쌍은 결혼하기 전에 같은 건물에 살았다는 것이다. 그러니 우리의 조부모님들은 지리적으로 제한된 범위에서 상대를 찾는 데 만족했던 것이다. 사랑할 상대방을 찾는 범위를 집 근처로 제한하는 것에 대해 당신은 상상이나 할 수 있겠는가?

사랑은 가까운 곳에서 이루어질까?

파리의 피갈 지역 섹스숍 근처에 자리한 양로원 '라 프로비당스'의 커다란 나무 문을 열면, 독립적인 은퇴자 공동체가 펼쳐진다. 그들의 삶은 여름 캠프와 비슷하다. 낮에는 몽마르트르 언덕에서, 늦은 오후에는 아베스 거리 모퉁이에 있는 선술집에서 기분 좋게 취해 있는 그들을 볼 수 있다. 소박한 구내식당이라기보다는 무도회장처럼 보이는 방에서, 자클린이 이야기를 쏟아낸다. 세계대전 직후, 결혼할 남자와의 연애에서 겪은 난관에 대한 이야기다. 첫 번째 난관은 둘이 같은 도시 출신이 아니라는 점이었다. 더군다나 그는 선원이었다. 자클린은 자칫 결혼에 이르지 못할 뻔했던 이 장애물에 대해 설명한다. "한 결혼식에 갔다가 그 사람을 만났어요. 내 앞에서 아이스크림을 먹고 있었는데, 난 목이 말라 죽을 지경이어서 그 사람 손에 있는 아이스크림을 냅다 뺏었죠. 그는 내게 '뭐 이런 무례한 여자가 다 있냐'고 했어요. 우리는 열 살 차이였어요. 부모님은 그 사람을 원치 않으셨고 내게 '그 녀석과는 어림도 없다. 선원들은 이 항구 저 항구 들락거리며 노닥거리는 데다 곳곳에 애가 있다'고 하셨어요. 또 남쪽 지방에 사는 예비 시어머니는 파리 출신인 날 마음에 들어 하지 않았고 내게 외국인이라고 했어요. 나는 그렇다면 내가 적어도 이 집안에 새로운 피는 수혈할 수 있겠다고 말했죠. 우린 결국 결혼에 골인했어요." 오늘날에는 상상하기 힘든 이야기다. 애인이 특정 지역 출신이 아니라는 이유로 부모님이 반대한다면, 우리는 참아낼 수 있을까? 하지만 자클린은 그녀 세대의 원칙에 복종해야 했다. "부모님은 딸을 열여덟 살에 시집보내는 데 자존심을 걸고 있었어요. 서로 같은 문화를 가지고 같은 환경에서 자란 사람이어야 했죠." 젊은 여성 주변을 맴도는 구혼자들을 가족이 일일이 감시하던 시절이다. 만나는 사람이 지리적, 사회적으로 얼마나 가까운지를 우선시했고 같은 동네에서 누군가를 만나지 못한 경우에만 배우자 탐색 반경을 넓혔다. 그것도 기껏해야 인근 마을까지였다.

프랑스 사회학자 미셸 보종과 프랑수아 에랑도 이러한 2차 대전 이전 시대의 특징을 설명한다.[10] 이들에 따르면 1920년대에 커플이 될 수 있는 가장 좋은 기회는 동네 모임이었다. 다섯 중 한 쌍 이상이 그렇게 연결되었다. 이후 1980년대 말까지는 변화를 향한 과도기였다. 이전에는 가족과 이웃이 경계 어린 시선으로 짝 찾는 일에 개입했다면, 이제 지인들이 더 융통성 있는 방법으로 개입하게 되었다. 배우자 선택이나 바, 축제, 댄스파티, 또는 직장에서 만나게 되는 사람에 대해 찬반 표시를 하는 사람들은 이제 가족이 아니라 친구들이다. 두 사회학자가 지적하듯 "상대를 찾는 범위가 다른 집단으로까지 넓어지는 변화 속에서, 만남을 거부하는 현상은 점점 뚜렷하게 나타난다. 편안한 만남조차 공동체의 주목을 받으며 이루어진다는 불편함이 있어서다."

지난 100년간 프랑스인들은 부모의 속박에서 벗어나 마음껏 사랑을 펼쳐왔다. 장벽을 밀어내고 더 멀리서 사랑을 찾을 수 있게 되었다. "많은 고대 사회에서 집단을 지배하던 친족 구조에서 벗어나, 서유럽인의 결혼은 우연과 자유의지의 지배를 받게 된 것인가?" 두 사회학자가 이렇게 적은 때는 1987년이다. 틴더 앱은 존재하지 않고, 미니텔 로즈(1980년대 초반 프랑스가 개발한 정보통신 단말기 '미니텔'을 이용한 성인용 서비스-옮긴이)가 사용되던 시대다. 사랑에 마음을 열고, 결혼을 민주화하고, 행운을 우연에 맡기겠다는 의지가 커졌다. 사람들은 자유와 함께 수많은 선택을 체험하게 되었다. 자유가 늘어나는 만큼 기회도 늘어난다.

조부모 세대는 주위에 사는 몇 명 중에서 자신의 배우자를 골라야 했다. 하지만 우리 세대에서는 평균적으로 여성이 35세, 남성이 38세에 결혼한다.[11] 더구나 결혼은 더 이상 마땅히 따라야 할 기준이 아니다. 우리에게는 양쪽의 장단점을 진지하게 생각할 수 있는 시간이 있다. 탐색 범위는 넓어졌고, 한눈에 반할 가능성도 그만큼 늘어났다. 여러 가지 상황을 시도해볼 수도 있다. 내가 아는 부부들 중에 같은 거리에서 자란 부부는 한 쌍도 없다. 그러니 같은 건물에서 자란 부부는 훨씬 적을 수밖에. 우리는 운이 좋다고 말할 수 있다. 적어도 사촌, 이웃, 아니면 가까운 가겟집 아들과 결혼할 의무는 없으니 말이다.

데이트의 선택권

"제 키는 2미터 5센티미터예요. 많이 크죠. 그렇다고 겁먹지는 마세요. 호감형입니다. 하지만 당신에게 음식 알레르기가 있다면 저를 왼쪽으로 스와이프하세요." 마흔네 살, 베네치아 출신에 환한 미소를 가진 금발 머리 남자 다비드는 범블 앱 프로필에 자신을 이렇게 소개한다. 그는 정말 호감형으로 보인다. 나는 음식 알레르기가 없으니 그를 오른쪽으로 스와이프한다. 그는 나와 잠재적으로 궁합이 맞는 '매칭' 리스트에 보관된다. 다음은 중소기업 회계사인 마흔세 살 장이다. 다음은 프로젝트 매니저인 서른세 살 리앙, 헬리콥터 면허를 딴 변호사 댄, 그리고 이구아수 폭포 아래에 웅크리고 앉은 사진을 올린 조나단이다. 분명 전 여자친구가 찍어준 사진일 것이다. 그다음은 보르살리노(이탈리아 브랜드-옮긴이) 모자를 쓴 마취과 의사 로맹, 래퍼 레오, '이야기를 잘 들어주는 남자'라는 마이크다. 서른일곱 살 앙드레는 '미술관에서든 PMU(프랑스에서 마권, 복권 등을 판매하는 곳으로 편의점이나 카페 역할을 함께한다-옮긴이)에서든 편안하게 있을 수 있는' 적응력을 가졌단다. 아, 서른한 살 캉탱은 산타클로스 팬티를 입고 손에 선물 상자를 들고 있는데 '자율적이고 활동적이고 냉소적'일 뿐 아니라 가장 큰 장점이 '멋진 종아리' 란다. 이렇게 데이팅 앱은 상대를 찾는 탐색 범위를 넓혀주겠다는 공약을 충실하게 이행한다. 정말 방대한 프로그램이 아닐 수 없다. 대다수 데이팅 앱과 사이트의 출발점은 이 한 문장이다. 당신은 현실에서 만날 기회가 없는 사람과 사랑에 빠질 수 있다.

다양한 사회적 배경을 가진 우리는 모두 똑같이 보편적 탐색을 거치는 중이다. 바로 하룻밤 혹은 인생을 함께 보낼 사람을 찾는 것이다. 500만 명의 사람들이 객관적으로 외로운 상황에 처한 나라, 200만 명의 젊은이들이 고립되어 있다고 느끼거나 사회적으로 취약한 나라,[12] 18~24세의 4분의 3이 외로움을 느낀다고 답한 나라 프랑스에서 데이팅 사이트와 애플리케이션이 우리를 힘껏 돕겠다고 나선다.[13] 현재 독신이라면 누구나 반드시 거쳐야 할 관문처럼 되어버린 데이팅 사이트와 앱은 저 멀리 떨어진, 우리가 사는 세상과 한 번도 교류한 적 없을 것 같은 세상까지 탐험하게 해준다. 우리는 이 여행에서 무사히 돌아올 수 있을까?

선택의 폭은 헤아릴 수 없이 넓다. 하지만 지나치게 많은 선택지가 모두 데이팅 앱 때문은 아니다. 앞서 살펴본 바와 같이 이러한 경향은 20세기 내내 발전해왔다. 축제 현장에 있든, 바에 앉아있든, 아니면 웹 사이트를 탐색하든, 우리는 수많은 잠재적 데이트 상대에 접근할 수 있다. 하지만 오늘날 데이팅 앱이 이러한 경향을 더욱 자극하는 것은 사실이다. 데이팅 앱은 우리에게 주어진 모든 가능성을 매우 구체적으로 인식하게 만든다. "당신은 누구에게 말을 걸지 결정하기 전에 수백 수천의 매칭 상대를 살펴볼 수 있습니다." 데이팅 앱에 꼭 맞는 이름을 가진 캐나다 앱 플렌티오브피시(사람 또는 기회는 얼마든지 있다는 의미로도 자주 쓰이는 문구다-옮긴이)의 홍보 문구다. 2003년 출시 이래로 전 세계에서 9,000만 명이 사용하고 9개 언어로 제공되며 신규 등록만 하루에 5만 5,000건을 기록한다. 이 앱의 슬로건 '전 세계 모든 사람은 플렌티오브피시를 이용하는 사람을 적어도 한 명씩은 알고 있다'는 누구나 고기를 잡기 위해 낚싯바늘을 던질 수 있는 이 거대한 데이터베이스를 가감 없이 표현한다. 지구상의 해수면을 고려하면 자원은 무한해 보인다. 익사를 막기 위해 당신에게는 '스와이핑'이라는 선별 도구가 있다. 다양한 잠재적 후보들 중에서 선택하는 행위다. 마음에 들면 화면을 오른쪽으로, 그렇지 않다면 왼쪽으로 밀어 스와이프한다. 이러한 과정은 엄청난 효율을 제공한다는 장점이 있다. 프로필 하나당 평균 5초가 걸리니, 1시간이면 720개 정도의 프로필을 대강 훑어볼 수 있는 것이다. 720개라는 잠재적인 숫자는 현실에서 사람을 만나려는 어떤 시도보다 훨씬 많은 숫자다. 예를 들어 바에 앉아있다면 1시간에 다섯 명 이상을 만나기 어려울 것이다. 친구 집에서 열리는 파티에 가서 새로운 사람 세 명과 대화를 하게 될 때, 그중 둘은 분명 예선에서 탈락될 법한 이야기를 꺼낼 것이다. 당신이 프리랜서이고 집에서 일한다면, 월요일 아침 11시에 걸려오는 어머니의 전화를 제외하고는 인간과 어떤 형태의 상호작용도 하지 않고 며칠을 보낼 수도 있다. 데이팅 앱은 이러한 문제의 핵심을 파고든다. 관계에 대해 당신과 똑같은 욕구를 가진 사람들을 불러 모으는 것이다. 이때 마법이 일어난다. 사랑할 사람을 만나는 데 있어 모든 경계나 제약이 사라지는 것이다. 핸드폰만 갖고 있으면 주머니에 바를 하나 넣고 다니는 것과 같다. 그것도 그냥 바가 아니라 24시간 문을 연 바다. 파리 13구에 있는 단순한 PMU도, 레알 지역에 있는 그저 그런 라운지도 아니다. 파리 샹젤리제 거리에서 알자스 지방 요리를 즐길 수 있는 바 같은 곳, 라데팡스 광장 피트니스 센터 안에 있는 '건강 주스' 바 같은 곳이다. 다시 말해 모든 사회적 배경을 가진 이들이 모이는 장소인 것이다.

2000년대 초반 데이팅 앱이 등장한 이래 사용자들의 프로필은 점차 다양해졌다. 2006년 온라인 데이팅이 시작된 초창기만 해도, 당시 인터넷을 사용할 수 있었던 중산층 및 상류층 젊은이들이 많았고 관리직과 전문직에 종사하는 사용자가 노동자 계층보다 두 배 많았다(13% 대 6%).[14] 2013년 이러한 격차는 크게 줄어 16% 대 13%가 되었다. 오늘날 데이팅 앱은 대중화되었고 더 이상 소외된 숫총각, 숫처녀만을 위한 공간이 아니다. 데이팅 앱을 사용하는 일은 용인되고 승인되는 정도가 아니라, 주위 사람들로부터 권장되기까지 한다. 계급이나 출신에 대한 금기 없이 온 세상 사람들을 세계화된 사랑의 영역 안으로 끌어들인다.

스와이프가 주는 현기증

선택의 폭이 넓을수록 사랑을 찾을 가능성도 높아진다. 반박하기 힘든 이 논리는 모든 데이팅 사이트가 내세우는 핵심 공약이다. 2012년 여성 영화감독 마이웬이 만든 미틱(프랑스 온라인 데이팅 사이트-옮긴이) 스폿광고에는 젊은 여성이 등장해 15초간 독백을 이어간다.

> 일반적인 통계에 따르면, 나는 동갑이나 비슷한 나이의 남자를 만나야 해요. 또 그 남자는 나와 비슷한 직업을 가져야 하고요. 그리고 보통은 그 남자를 직장이나 내 친구가 주최하는 파티에서 만나야 해요. 하지만 나는 진정한 사랑은 통계를 낼 필요도 없고 사무실, 내가 사는 건물, 또는 거리 모퉁이에서만 만나는 것은 아니라고 생각해요. 아름다운 만남은 어디에서나 이뤄질 수 있지만, 특히 다른 장소에서 이뤄진다고 생각해요.

데이팅 사이트는 현실 세계에 대한 대안을 제시해준다. 나이나 성별 제한이 없는 거대한 열린 공간과 비슷하다. 온라인 데이팅의 원리는 전통적인 만남과 근본적으로 다르다. 온라인에서 우리는 모두 낯선 존재다. 등록되는 프로필 수가 늘어날수록, 우리에게도 그동안 머물던 제한된 영역에서 벗어날 용기가 생긴다. 매일 먹는 같은 바게트를 사러 습관처럼 맞은편 빵집에 가는 대신, 순수한 모험과 발견과 미지의 세계로 뛰어들어 보면 어떨까? 예를 들면 거리 끝에 있는 빵집에서 스웨덴식 빵을 사서 맛보는 것이다. 데이팅 앱 사용자들의 출신이나 사회적 환경은 신경 쓰지 말고 그들의 프로필을 모두 훑어보고 나면, 이미 '친구의 친구'까지 범위를 넓혀 사랑할 상대를 찾아본 사람에게도 로맨스가 일어날 가능성이 높아진다. 자신감이 부족한 사람들은 데이팅 앱에서 한층 용기 있게 나설 것이다. 일이 너무 많아 외출할 시간이 별로 없는 사람들도 이 공간에서 만남의 기회를 만들어낼 것이다. 나이가 많은 사람, 소외된 사람, 장애를 겪는 사람도 마찬가지다. "쉰 살이 되어서 바에 앉아 술 취한 남자들이 말 걸어오기를 기다리고 싶지는 않아." 얼마 전 이혼한 친구가 한 말이다. 데이팅 앱에서는 모두 동등한 입장에 놓인다. 서로 모르는 사람들과 관계를 맺게 해주면서, 데이팅 앱은 세상을 '디지털 사랑'이 펼쳐지는 광대한 놀이터로 만든다.

데이팅 앱에서는 사회적 거리도 지리적 거리도 없다. 위치 기반 기술은 해폰 앱에서처럼 사용자들이 데이트 상대 탐색 지역을 제한하는 수단으로 사용되어 왔지만, 이제 우리는 세상의 반대편에서 사랑을 찾을 수도 있다. 틴더는 사용자가 자신과 멀리 떨어진 나라에서 상대를 탐색할 수 있는 유료 옵션 '틴더 플러스'를 내놓았다. 2016년 프랑스 저널리스트 쥐디트 뒤포르타유는 '틴더 앱, 포화 속에서'라는 제목의 기사에서 틴더 플러스를 이용해 한 남자와 가상 만남을 이어간 경험을 다음과 같이 적었다.[15] 서른한 살인 슬레만은 모술에서 80킬로미터 떨어진, 쿠르드 자치구의 수도인 이르빌에 산다. 쥐디트는 파리에 산다. 둘은 메시지를 주고받고, 서로의 일상을 이야기하고, 서로의 마음을 얻으려 애쓴다. 이 연인이 3,600킬로미터 떨어진 거리에서 켜켜이 쌓아온 친밀감은 둘이 함께 파리의 오베르캄프 지역에 사는 것처럼 깊다. 둘의 관계를 지배하는 이 완전한 감정적 일치는 인터넷을 통한 만남의 특수

성, 즉 상호 합의를 보여준다. 데이팅 앱에서의 매칭은 두 사람이 서로를 마음에 들어 하는 상황을 설정해주는 장점이 있다. 일단 이 묵시적인 합의에 이르면, 우리는 사회적 환경 밖에 있는 사용자가 등장해도 경계심을 늦추게 된다.

다양한 사회적 환경을 가진 사람들이 찾게 되면서, 데이팅 앱과 그 안에 있는 수많은 프로필은 낭만적이고 성적인 만남의 공간을 여는 일에 참여하게 된다.[16] 덕분에 우리는 선입견 없이 영혼의 교감을 나눌 수 있고, 사회적 환경이 다른 사람들과 교류할 수 있으며, 민주적인 만남을 경험할 수 있다. 종종 이케아 카탈로그처럼 데이터를 제공한다거나 재핑(광고를 피해 채널을 이리저리 돌리는 것-옮긴이) 습관을 부추긴다는 비판을 받지만, 데이팅 앱은 모두에게 기회를 준다는 장점이 있다. 데이트 상대를 선택할 기회를 갖는 것은 현실에서 자주 누릴 수 없는 호사다. 선택권이 많을수록 우리는 더 자유로워진다. 데이팅 앱이라는 가상 댄스파티에서 사회적, 지리적 장벽을 없애려는 의지는 사랑을 찾을 가능성을 높여준다. 댄스파티가 끝나면 우리는 다시 혼자가 되어 TV 앞에서 저녁을 먹겠지만, 그래도 한 줄기 희망이 남아있다. 전 세계 사람들이 모여드는 댄스파티로 돌아가는 것이다.

그러나 첫 만남이 일단 시작되면, 마음속 깊이 숨어있던 역설이 슬며시 고개를 든다. '내 인생의 사랑이 이 사람이 아닐까 봐 두려워. 하물며 앱에서 만난 사람이면 더 그렇겠지.' 이러한 생각이 드는 것은 왜일까? 한 가지 이유는 다음과 같다.

서른네 살 사빈은 최근 데이팅 앱 해픈에서 만난 상대에 대한 두려움에 대해 내게 털어놓는다. "그 사람이 좋아요. 뭐랄까, 느낌이 있어요.

하지만 100% 확신할 수가 없어요. 나랑 같은 환경에서 자란 사람도 아니고. 부모님께도 소개하지 않아요. 그 사람을 믿고 싶지만, 마음 깊은 곳에서 그 사람과 거리를 두라고, 무언가를 함께하려 애쓰지 말라고 속삭여요. 어떻게 해야 하죠?" 그녀의 불안감은 구체적이다. 무의식적으로 가족의 영향을 받은 사빈에게는 자기 안에서 찾지 못하는 외부의 확인이 필요하다. 사빈은 그와의 만남에 집중하지 못하고 이미 다른 만남을 계획하고 있다. 선택권이 많을수록 사랑을 만날 가능성이 커진다는 생각이 부조리한 것은 아니다. 하지만 사랑을 만나기가 건초더미 속에서 바늘을 찾는 것만큼이나 어려운 일이라면, 지나치게 많은 가능성이 결국 우리를 미치게 하지는 않을까?

스타벅스에서 여러 메뉴를 두고 망설여본 사람이라면, 동시에 결정할 문제가 너무 많을 때 받는 스트레스를 잘 알 것이다. 리스트레토? 마키아토? 에스프레소? 카푸치노? 플랫 화이트? 터키시? 아메리카노? 모카? 라테? 프라페? 아이리시 커피? 그다음 난제는 우유다. 아몬드 우유? 두유? 코코넛? 스타벅스 마케팅 디렉터에 따르면, 스타벅스 음료는 무려 8만 가지 조합이 가능하다. '스타벅스에서 주문하는 법'이라는 인터넷 페이지는 우리가 이 모험에 성공할 수 있도록 열 가지 단계를 안내해준다. 그 서두에 나와 있듯, "스타벅스 주문은 커피를 잘 알지 못하는 사람에게는 약간 겁나는 일이다." 누군가는 평범한 라테로 만족할 것이다. 또 다른 누군가는 '우유 거품을 추가한 하프 커피 하프 디카페인 트리플 캐러멜 마키아토'로 자신의 개성을 드러낼 수도 있다. 우리는 모든 것을 우리 입맛에 맞게 만들면서 아주 작은 기대까지도 충족해야 하는 과도한 맞춤화에 익숙해져 있다. 불행하게도, 선택의 폭이 넓을수록 선택은 더 어렵다. 완벽한 선택을 추구하다 보면 난관에 부딪힌다. 드릴을 고르든 상대를 고르든, 복수의 선택지가 많은 웹에서는 선택의 다양성 때문에 시간을 뺏기는 일이 많다. 아직 보지 않은 영화에 대해 내가 모르는 사람이 쓴 댓글을 읽으려고 40분간 모니터를 유심히 살펴볼 때 일어나는 심리적 과정은 무엇일까? 가장 좋은 기회를 놓치게 될까 봐 두려워하는 포모 증후군이다. 이 두려움은 상당한 에너지를 소모한다. 연휴를 위한 기차표를 고르느라 보낸 시간을 계산해 본 적이 있는가? DIY 사이트에서 광둥어로 된 제품 사양을 해석해야 한다면, 주방 서랍의 작은 문고리처럼 사소한 물건을 고르는 일이어도 신경이 쓰이기 마련이다. 하지만 마침내 무언가 결정을 내렸을 때 우리를 휘감는 만족감은 무엇과도 비교할 수 없다. 여기에는 어떤 메커니즘이 작동할까?

스타벅스 증후군

심리학자들은 선택의 과잉이 우리 행동에 어떤 영향을 미치는지 주의 깊게 연구했다. 가장 자주 인용되는 연구는 2000년 쉬나 아이엔가와 마크 레퍼가 수행한 '잼 실험'이다.[17] 이들은 대형 식료품점 잼 코너에 같은 브랜드의 시식용 잼들을 두 유형으로 배치했다. 한쪽에는 여섯 가지, 다른 쪽에는 스물네 가지 종류의 잼을 모아두었다. 처음에 소비자들은 선택권이 더 많은 쪽으로 끌리는 듯했다. 잼 종류가 많은 쪽에서는 고객의 60%가, 더 적은 쪽에서는 고객의 40%가 시식에 참여했다. 그러나 막상 지갑을 열 때는 달랐다. 스물네 가지의 잼 중에 하나를 선택해야 하는 고객들은 쉽게 결정하지 못했고, 결정을 내린 후에도 자신이 선택한 잼에 덜 만족스러운 듯 보였다. 스물네 가지 중에 한 가지를 선택해야 하는 상황이 오면, 시선이 흐트러지고 주의력이 분산되며 의사 결정에 제동이 걸린다. 반면 선택권이 더 적은 경우에는 각각의 제품을 살펴볼 시간이 더 많고, 따라서 정말로 자기 마음에 드는 잼을 선택할 수 있다.

미국의 배리 슈워츠 교수는 『선택의 패러독스』에서 이 이론을 검증한 바 있다.[18] 선택이 다양하면 우리는 더 자유로워지고 자주적으로 살 수 있으며 자신의 삶을 통제할 수 있다. 그러나 선택의 과잉은 우유부단함과 불만족을 낳기도 한다. 너무 많은 가능성에 직면해 종종 선택을 포기할 때도 있다. 예를 들면, 우리는 스타벅스에서 나와 가까운 PMU에서 맹탕 커피를 선택하게 될 위험이 있다. 만약 잠깐의 마비 상태를 극복하고 마침내 결정을 내리더라도 결과는 분명히 별로일 것이다. 너무 많은 데이터를 효율적으로 분류할 수 없는 두뇌는 삶을 단순화하기 위해 종종 잘못된 선택을 하기 때문이다. 스타벅스 언어로 표현하자면, 리스트레토를 마시고는 있지만 씁쓸한 마음으로 입술을 오므리며 '펌킨 스파이스 프라푸치노', 그러니까 더 공들여 만들어진 음료를 남몰래 떠올리는 것이다. 결국, 결정을 내리는 데 성공하고 그 선택이 만족스러워 보이는 기적 같은 일이 생기더라도 선택권이 더 적은 상황에서 내린 결정보다는 만족감을 덜 느낄 것이다.

결론은 약간 우울하다. 어떤 커피를 선택하든 우리는 거의 매번 좌절감을 느낀다.

커피에 대한 이 명제를 사랑하는 사람을 찾는 일에도 적용할 수 있을까? 물론이다. 위스콘신대학교 심리 분석 연구원들은 우리가 낭만적인 관계에서 어떤 방식으로 선택을 내리는지 분석했다.[19] 그들은 잼 실험을 파트너 선택에 적용했다. 두 실험의 결론은 모든 면에서 유사하다. 스물네 명의 후보군에서 파트너를 선택한 사람들은 여섯 명의 후보군에서 파트너를 선택한 사람들보다 만족하지 못했다. 연구원들은 "누군가를 만나는 비용이 아주 적게 들고 선택지가 아주 많다면, 결정하기 전에 우선 그 선택지들을 탐색할 것"이라고 결론을 내렸다. 파트너를 선택한 지 일주일 후, 더 많은 선택지가 있었던 사람들은 그렇지 않았던 사람들에 비해 파트너에 덜 만족했다. 그러나 이 연구는 스물네 명의 후보군을 기반으로 한 것이다. 데이팅 앱에 접속하는 사람의 수가 하루에 2억 명으로 늘어나면 뭐라고 말할 수 있을까? 선택의 여지가 많아질수록 탐색하는 시간도 늘어나며,[20] 이로 인해 우리는 쟁취했다고 믿었던 선택의 자유를 우유부단함이라는 긴 터널에 가두게 된다. 우리를 곧바로 우울함으로 이끌 수 있는 터널이다. 이렇게 스트레스가 지속되는 상황에서는 도파민 체계가 망가지기 쉽다. 인류학자 헬렌 피셔는 이 경우 영원한 절망 상태에 빠질 위험이 있다고 경고한다.[21]

내 이웃 발레르는 자신의 방식으로 이 현상을 설명한다. "수천 명의 매칭 후보를 스와이프하면서 결국 깨닫게 되는 건, 서로 할 말이 전혀 없다는 거야." 파트너 선택이 어려운 것은 다음의 네 단계를 하나씩 거쳐야 하기 때문이다. 1) 관심이 갈 만한 누군가를 찾아야 하고, 2) 그 사람이 우리에게 끌려야 하며, 3) 데이트 일정을 잡기 위해 노력해야 하고, 4) 그런대로 괜찮은 사람임을 확인해야 한다. 그러나 우리가 스와이프를 할 때는 대개 다음과 같이 진행된다. 먼저 수백 개의 프로필을 스와이프하는 첫 번째 거르기로 열 명 정도의 매칭 후보를 남긴다. 그다음 간단한 인사를 나누고 데이트 일정을 조정하면서 두 번째 거르기를 실행한다. 다음으로 실제 만남이 이루어지고, 만남을 통해 우리는 앞에 앉아있는 상대가 단 1초의 시간도 바칠 만한 가치가 없다는 것을 받아들이게 된다. 맥주를 다섯 잔째 마시고 앉아있은들 크게 달라지는 것은 없을 것이다. 우리를 스마트폰 화면에 몰두하게 하는, 관절염이 생기기 딱 좋은 이 작업은 결국 우리의 개인 데이터를 스타트업에 헐값으로 팔아넘기면서 우리를 불편한 만남의 자리에 데려다 놓은 것 같다.

이 문제도 생각해보자. 선택의 다양성은 우리를 더 많은 사람과 만나게 해줄까? 미국의 저널리스트 케이시 존스턴은 틴더 앱의 평균 효율성을 계산하면서 아주 쉽게 '틴더 수학'을 풀어냈다.[22] 한 번의 데이트를 잡으려면 평균 몇 개의 프로필을 살펴봐야 할까? 현실에서 데이트 상대를 탐색하는 것과 비교할 때, 온라인 탐색에는 어느 정도의 시간을 할애해야 할까? 우리는 스와이프를 통해 잠재적 데이트 상대를 간단히 목록에 추가하기만 하면 된다고 생각하지만, 사실 그 뒤에는 후보를 제거하는 많은 단계가 필요하다. 만약 당신이 프로필 1,000개를 살펴본다면, 그리고 당신이 일반적인 사람이라면, 그중 100개 정도를 선택할 것이다. 그렇게 추려진 백 명 중에 스무 명 정도가 당신에게 메시지를 보낼 것이고, 당신은 다른 열 명과 대화를 나눌 것이다. 대화를 나눈 열 명 중 여덟 명은 그냥 사라질 것이고, 이제 스물두 명이 남았다. 이 중 네 명은 단지 "안녕"이라고 말을 걸 텐데, 기껏해야 인공지능 봇일 것이다. 다섯 명은 자신의 여행을 안내해줄 가이드를 찾는 목적일 것이고, 최소 한 명은 "하하" 또는 "ㅋㅋ"밖에 할 줄 모르는 사람이다. 이후 아무 도움 안 되는 대화를 나누게 되는 아홉 명은 결국 불확실한 상태로 사라지거나 한 8개월쯤 지나 다시 연락을 할 것이다. 그다음 한 명은 "감기 얼른 나아" 대신 "감기 얼른 낳아"라고 적어 보낼 테니, 그 사람과의 대화에 다시 활기가 돌 수는 없을 것이다. 이제 두 명이 남는다. 그중 한 명은 만나기 전날 아무런 말도 없이 당신과 연락을 끊을 것이고, 당신 또한 나머지 한 명에게 똑같이 할 것이다.

그러니 눈앞에 3차원으로 앉아있는 누군가를 만난다는 것은 스와이프를 3,000번은 해야 가능한 일이다. 프로필은 읽지 않고 사진 하나를 스와이프하는 데 평균 2초가 걸린다고 어림잡으면, 단 한 번의 데이트를 할 수 있다는 희망으로 1시간 40분 동안 미친 듯이 스와이프를 하는 것이다. 틴더는 정말로 사람들이 서로 만날 수 있게 해주는 걸까? 게다가 데이트 제안을 망설이게 하는 연쇄살인범을 만나게 될지도 모른다는 두려움, 프로필보다 처진다는 압박감까지(어떤 준비를 해도 10년 전 그 사진을 따라잡을 수는 없다) 생각하면 결론은 확실하다. 바에 가는 게 훨씬 낫다.

사그라드는 사랑

틴더와 인터페이스가 아주 유사한 데이팅 앱 힌지는 2015년, 리포지셔닝을 알리기 위한 홍보 캠페인의 일환으로 '데이트의 종말'을 선언했다. 힌지의 홍보 담당자들은 대외비인 내부 통계를 공개하기로 결정했고 발표된 수치들은 극단적이었다. 힌지 사용자의 81%는 스와이핑에 바탕을 둔 앱으로 장기적인 관계를 맺은 적이 없으며, 힌지 사용자 다섯 명 중 네 명은 자신들이 마지막으로 스와이프한 사람의 이름을 기억하지 못한다는 내용이었다. 힌지는 스스로 실패했음을 인정한 뒤 윤리적인 측면을 강조하며 새로운 인터페이스의 시작을 알렸다. "우리는 스와이핑의 세계가 로맨스를 파괴했음을 깨달았습니다. 우리는 스와이핑을 왼쪽으로 스와이프했습니다." 이후 힌지는 페이스북에서 함께 아는 친구가 있는 경우에만 매칭을 제안하고 매칭 수는 하루 15건으로 제한했다. 사용자들은 왼쪽 또는 오른쪽으로 스와이프하는 대신에, 상대방의 프로필에 '좋아요'를 눌러 인간적인 배려를 표시하고 대화의 문을 더 쉽게 열 수 있다. 여기서 확인할 수 있는 사실은 심리학자들의 결론과 같다. 선택의 폭이 너무 넓으면 우리는 너무 까다로워질 것이고, 결국 무력해져서는 우리를 좌절감에 가두는 악순환에 곤두박질칠 것이다. 이제는 당연하게 여겨지는 사실, 즉 스와이핑의 죽음을 기회로 활용할 수 있음을 힌지는 깨달은 것이다. 이런 생각을 하는 것이 힌지만은 아니다. 유통업체 테스코의 새로운 CEO인 데이브 루이스는 매출을 올리기 위해 판매 진열대의 9만 개 제품 중 3분의 1을 들어내기로 결정했다. 우리는 사랑의 선반에서 먼지 낀 군더더기 데이트를 얼마나 치워야 할까?

데이팅 앱들이 선택의 다양성을 장려하고, 선택지의 제한에 대한 두려움이 이를 부추기면서 선택의 폭은 더 확대되었다. 그러나 선택의 다양성은 이제 새로운 단계로 접어드는 것 같다. 바로 사랑의 감소 단계다.[23] 철학자 피에르 라비는 '기쁨 없는 과잉'보다 장기적이고 현실적인 대안으로 '행복한 절제'[24]를 제시한다. 몇몇 데이팅 앱이 채택한 대안이기도 하다. 갈수록 더 많은 앱들이 스와이핑을 없애기보다 스와이핑의 부정적 효과를 제한하려고 애쓴다. 프랑스에서는 원스 앱이 더 질적인 매칭을 추구하는 시도를 보인다. 원스는 이름 그대로 하루에 하나의 프로필하고만 매칭시킨다. 게다가 알고리즘이 아닌 사람이 직접 중매인 역할을 한다. 만약 당신이 24시간 안에 대화에 참여하지 않으면, 당신을 위해 선택된 사람은 사라진다. 원스 창립자인 장 메이에르는 이러한 콘셉트가 추구하는 새로운 열망을 내보였다. "우리는 데이트에 약간의 마법을 다시 불러일으키고 싶습니다. 마치 킨더 서프라이즈(달걀 모양의 초콜릿 안에 장난감이 들어있는 제품-옮긴이)나 크리스마스 달력(12월 1일부터 24일까지 날짜가 적힌 각 칸에 작은 선물이 들어있는 달력-옮긴이)을 열어보는 것처럼, 오후 12시가 되면 핸드폰을 보게 되는 거죠. 우리가 당신을 위해 어떤 사람을 골랐는지 알기 위해서요."[25]

이런 비교가 유치하게 느껴질 수도 있다. 우리가 달력 속 초코볼 같은 상대를 찾는 것은 아니니까 말이다. 하지만 매칭의 속도를 늦추는 도구가 점차 많아지고 있다는 점은 흥미롭다. 예전에는 선택을 제한한다는 의미가 상대방의 지리적 위치나 성별에 제한을 두는 것이었다면, 오늘날에는 그 기준을 세분화하는 많은 옵션이 있다.

이러한 '슬로우 데이트' 덕분에 독신들은 잠재적 파트너와 더 직접적으로 관련된 세부 사항을 살펴볼 수 있다. 말하자면 경력, 욕망, 열정, 그리고 약간의 신체적인 조건이 포함될 것이다. 어떤 중매인들은 특히 첫 번째 데이트의 시간을 늘려, 하루 정도는 함께 시간을 보내기를 추천한다. 다른 이들은 한 사람을 적어도 세 번은 만나본 후 최종 결정을 내리라고 권한다. 그렇게 만들어진 관계의 질에 이런 조언들이 어떤 영향을 미치는지 아직 평가할 수는 없지만, 상대적으로 더 나은 사람을 찾는 일에 끊임없이 매달리지 않기 위해서는 탐색 범위를 제한하는 것이 흥미로운 방법 같다.

2

사랑의 합리화가 결국
사랑의 실종을 불러온 것일까?

"먼저 사랑하라, 그러면 이해하게 된다."

아프리카 속담

대체로 그렇겠지만, 우리는 개자식을 좋아하지 않는다. 하지만 가끔은
그런 사람을 만나 헤어지기도 한다. 왜일까? 가령 요구르트를 고를 때
는 칼로리, 포장, 식감 또는 맛과 같은 몇 가지 기준만 평가하면 된다.
그런데 사람을 택할 때는 다르다. 수없이 많은 기준을 조합하게 되고
또 그러는 게 맞다. 정반대 유형끼리 끌리는 것일까? 비슷한 사람끼리
만나는 것일까? 우리는 유사성과 보완성 중 어떤 것을 지향해야 할까?
이 무한한 가능성의 세계에서 어떤 사람을 찾아야 할지 고민하다 보면
복잡한 실존의 문제에까지 말려들지 모른다. 내가 리더십이 있는 남성

을 원하는 건가? 외향적이면서도 온화한 여성을 좋아하나? 아니면 문신이 있고 독특한 매력을 가진 사람?

탐색 범위를 좁혀 보겠다고 미래의 짝에 대한 이상적인 기준들을 나열하는 일도 우리 뇌를 혹사하기는 마찬가지다. 데이팅 앱이나 현실에서 우리 조건에 부합하는 상대를 찾으려고 노력하면 정말 좋은 사람을 찾게 될까?

위시리스트

조화로운 관계를 꿈꿀 때 우리가 반사적으로 하게 되는 첫 번째 행동은 그에 필요한 이상적인 조건을 모아 위시리스트를 만드는 것이다. 두 딸을 기르는 마흔세 살 레베카에게는 이것이 전략이다. "로스앤젤레스처럼 독신이 많은 도시에서 사랑을 하려면, 무엇을 원하는지 정확히 알고 있는 게 좋아요." 이 말을 유럽 스타일로 해석해보자. 로스앤젤레스 같은 도시에서는 사회적 상호작용을 할 기회가 부족하다. 사람들이 주로 자동차로 이동하는 데다, 주당 근로시간이 100시간에 육박하며, 다음 날 업무 생산성이 떨어질까 봐 집 밖을 잘 나가지 않는 이런 도시에서는 누군가를 만날 방법이 극히 제한되어 있다. 아주 작은 우연이 기적처럼 다가올 순간을 기다려야 한다. 예를 들면, 에어컨이 고장 난 자동차를 타고 가던 한 남자가 빨간불에 서 있다가 차창을 내렸는데 당신을 발견하고 미소를 짓는다면, 그에게 얼른 당신의 전화번호가 적힌 명함을 건네주어야 한다. 하지만 그 남자가 명함을 받을 가능성은 거의 없다. 이제 남은 방법은 데이팅 앱인데, 효율은 더 높을 것이다. 레베카는 칵테일 메뉴판 뒷면에 상대가 갖춰야 할 필수 자질들을 끼적인다. 나는 놀라기보다는 미심쩍은 마음으로 그 목록을 훑어본다. "위엄 있고, 매력적이고, 겸손하고, 교양 있고, 운동을 좋아하고, 미소가 멋지고, 의욕적이고, 음악을 좋아하고, 성욕이 왕성하고, 성적 편견이 없고, 성공을 이뤘고, 자신감이 있고, 스스로에 대한 확신이 있고, 옷을 잘 입고, 세련되고, 창의적이고, 정신적으로 안정되고(이 단어에는 네모 표시를 했다), 모험을 즐기고, 침착하고, 아이를 원치 않는 사람."

산타에게나 쓸 법한 편지처럼 절대 이루어지지 않을 소원이다. 현실에서 충족하기 어렵고 데이팅 앱에선 그 가능성이 더 희박하니, 공상에 가까워 보인다. 하지만 이러한 전제 조건들을 현실화하기 위해 적극적으로 나서는 레베카에게는 그렇지 않다. "물론 누군가를 단번에 알고 싶어 하는 건 과한 욕심이에요. 하지만 그 사람이 내 목록에 있는 기준에 미치지 못한다는 걸 알게 되면 나는 헤어지자 말해요. 그게 두 사람 모두에게 낫죠." 레베카의 위시리스트는 그녀가 의미 없는 사랑의 역사를 쌓지 않도록 지켜주는 방패이기도 하다. 짝을 만들겠다는 핑계로 처음 본 사람과 사랑에 빠져 시간을 낭비할 일이 없다. 7년 동안 레베카는 그녀가 원하는 조건을 모두 갖춘 남자를 딱 한 번 만났다. 단 한 가지, 그 남자가 아이를 원했다는 것만 빼고 말이다. 아이를 원하는 조건은 목록에 없었기에 레베카는 주저 없이 그를 떠나기로 결심했다. "후회하지 않아요. 하지만 알고 있어요. 그런 남자를 조만간 다시 만나기는 힘들겠죠." 어떻게 보면 이 객관성이 위시리스트가 가진 매력이다. 그래서 나도 나만의 목록을 만들기로 한다. 레베카의 조언과 함께

데킬라 몇 잔을 즐기면서 몇 시간 고민한 끝에 만든 목록은 대강 이렇다. "자조적이고, 침착하고, 정신적으로 안정되고, 너그러운 사람." 나는 목록을 다시 읽어보면서 분명한 사실을 깨닫는다. 살아오면서 이 네 가지 기준에 모두 부합하는 사람을 만난 적은 없다는 것을. 레베카의 위시리스트에는 스무 가지나 적혀 있으니, 내게는 헛된 희망처럼 보일 수밖에 없다.

전 세계에 이성애자가 25억 명 정도라고 할 때, 합리적으로 생각하면 나와 '완벽한 케미'를 이룰 사람은 1,000명밖에 안 될 것이다. 여기에서 가령 내가 같은 나라에 살고, 범죄 전력이 없고, 유머 감각이 있고, 내 불면증을 이해해주고, 베이비벨 치즈 한 망을 다 먹어 치우는 모습만으로 나를 예단하지 않고, 내가 그의 삶의 여정에 관여하더라도 거리낌 없이 나를 지지해줄 사람으로 조건을 제한한다면 잘해봐야 지구상에 세 명 정도 있을 것이다.

사랑할 상대를 찾는 시장에는 너무 많은 선택지가 있어서, 우리는 스스로의 선택을 합리화하게 된다. 하지만 역설적이게도 합리화할수록 누군가를 만날 기회는 0에 가까워진다. 그래서 대다수는 자신의 전제 조건에 맞지 않는 상대와 결국 함께하게 된다. 설사 모든 조건을 만족시키는 상대를 만난다고 해도 그 관계가 반드시 지속되는 것도 아니다. 한번 떠올려 보자. 스물한 살의 여름에 휴가지에서 만난 사랑을. "그는 잘생겼었다. 아침마다 크루아상을 들고 당신과 걸었고, 열정적으로 대화를 나눴고, 선을 지킬 줄도 알았다. 결정을 내리기 전에 항상 당신의 의견을 물었다. 하지만 당신은 어떤 감정도 느낄 수 없었다. 전혀." 종이에 적었을 때 완벽해 보인다고 현실에서도 그런 것은 아니다. 여기엔 세 가지 이유가 있다.

첫째, 한 개인을 객관적인 기준이 적힌 목록으로 단순화할 수 없기 때문이다. 한 사람의 정체성을 몇 가지 단어만으로 요약하기는 불가능하다. 그 사람이 가진 신경증, 느끼는 감정, 받아온 교육이 작용하는 문제다. 최근 신경과학 연구 붐이 일고 있지만, 인간의 사고와 감정은 여전히 미지의 영역으로 남아있다. 어떻든 우리와 타인 사이를 가장 먼저 이어주는 연결고리는 감정이다.

둘째, 단언컨대 우리는 자신과 가장 잘 맞는 사람이 누구인지를 스스로 판단할 수 없기 때문이다. 이러한 주장은 셀 수 없이 많은 로맨틱 코미디를 탄생시켰다. 우리는 '모험가'의 기질을 가진 사람이 나타나 소파에 파묻혀 있으려는 우리의 성향에 균형을 잡아줄 것이라고 상상한다. 사실은 우리만큼 TV를 좋아하는 상대가 필요할 텐데 말이다. 내 친구 중에는 '하루에 드라마 8회분을 연달아 볼 수 있는 사람'을 기준으로 삼는 친구도 있다. 반대로 어떤 기준들은 우리가 특정한 사람을 단번에 피하게끔 해준다. 내 경우는 '자신에게 확신이 있고 그것을 큰소리로 주장할 수 있는 여자'를 찾는 남자다. 그런 남자는 여자가 아니라 엄마를 찾는 것이 아닐까.

셋째, 스스로가 생각하는 우리와 실제의 우리 모습 사이에는 항상 상당한 차이가 있기 때문이다. "내가 좋아하는 건 산책, 친구들, 팟캐스트 듣기이고, 나는 정직한 편이다"라고 스스로를 정의한다면, 이는 분명 남에게 보이고 싶은 나의 모습을 투영한 것이다. 아니면 내 생각에 누군가를 유혹할 수 있는 가장 가능성 있는 모습일 것이다. 이렇게 자신의 성격에 대한 극단적인 합리화와 단순화를 통해 선정한 기준들은 편향되기 마련이다. 이러한 특질이 내 개성을 가장 잘 표현하는 것이라고 규정하는 순간부터 나는 길을 잃고 만다. 내가 꿈꾸는, 그리고 다른 사람을 매혹할 수 있다고 생각하는 이상적인 모습일 뿐이다. 인스타그램 피드와 매일의 일상을 비교해보면 디지털 세상의 우리가 실제 우리와 많이 다름을 인정하게 된다. 인스타에는 주로 여행 사진이 올라가 있어도, 실제 삶은 일주일에 5일 지하철-출근-잠이 반복되는 단조롭고 우중충한 모습일 수 있다. 내 친구들이 가장 많이 언급하는 위시리스트 항목은 '재미있는' 사람이다. 물론 좋다. 하지만 '코믹 증후군'을 조심해야 한다. 코미디언들은 내향성이 강하며, 조현병과 양극성이 혼합된 정신적 특징이 있다고 한다.[26] 코미디언이나 유머 있는 사람이 모두 그렇다는 뜻은 아니다. 우리가 단순히 한 가지 면만 가진 존재가 아니라는 뜻이다. '재미있는' 사람을 찾는 것은 내성적인 하이드와 그 안에 있는 지킬 박사를 모두 포함한다는 의미이기도 하다.

정말로 다행스러운 점은, 우리가 이 문제에 대해 거리를 두고 분석할 수 있는 수준에 이르렀다는 점이다. 이는 '경험' 과학의 한 형태이기도 하다. 우리는 본능적으로 이해할 수 있다. 항상 친구들에 둘러싸여 사진을 찍으려는 사람은 친구가 많다는 것을 보여주고 싶은 마음이 강할 것이다. 자신을 운동 중독이라 말하는 사람은 예전에 거식증을 겪었을지 모른다. 스스로 자비롭다 표현하는 사람은 사실 비양심적인 이기주의자일 수도 있다.

불신 현상

양날의 검을 들고 다른 사람을 분석하는 행위는 '불신' 현상이라고도 하는데, 어떤 사람의 프로필을 탐색할 때 실존적 질문들을 증가시킨다.

사례 1　그 남자는 사진 속에서 발자크의 책을 들고 있다.

우리의 뇌는 여러 가지 질문을 통해 이 정보를 처리한다. 그는 실제로 독서를 좋아할까? 어떤 책들을 더 읽었을까? 다른 책에 대한 언급은 없는데. 솔직히 책 좀 읽는다는 걸 보여주고 싶은 것 아닐까? 아니, 분명히 그는 발자크의 책 중에서 잘 알려지지 않은 것을 갖고 있다. 그냥 눈에 띄고 싶은 것이다.

➡ **결론**: 이 사람은 '콜 오브 듀티' 게임을 하느라 밤을 지새운다.

사례 2　폭포 앞에 쪼그리고 앉은 여자를 클로즈업한 사진.

이 사진은 전 남자친구와 여행을 갔을 때 찍은 것이 분명하다. 그는 항상 거기에 있다. 여자 주변을 맴돈다. 오른쪽에 보이는 게 그의 팔이다. 이 여자는 누군가와 데이트할 상황이 아니다.

➡ **결론**: 이 여자한테는 접근할 수 없다.

사례 3　한 남자가 침대에서 자기 재능을 자랑하며 "누구든 일곱 번째 천국으로 데려갈 수 있다"고 말한다.

그는 3분도 채 되지 않는 시간에 우리 신체를 이해할 수 있다고 거드름을 피우는 것인가? 우리가 우리 몸을 파악하는 데 몇 년이 걸렸는데? 정말로 기술이 좋은가? 단지 경험 없는 숫총각인가?

➡ **결론**: 이 남자의 그곳은 아스파라거스 모양이다.

　누군가가 자신에 대해 하는 말을 당연하게 믿기 어려운 세상이다. "친구가 많다"고 주장하는 사람들은 오히려 은둔하는 소시오패스일

가능성이 크다. 때로는 성급하게 과도한 합리화로 스트레스를 받기보다 도움을 받는 것이 필요하다.

질문을 통해 자신을 정의하려는 노력

스스로를 명확히 파악하기 위해 미국에서 가장 많이 사용하는 도구 중 하나는 MBTI라고도 불리는 마이어스-브릭스 성격 유형 검사다.[27] 세계적으로 유명한 이 심리 검사는 개인으로서의 나를 정의함으로써 내가 무엇을 좋아하는지, 어떤 사람을 좋아할 수 있는지를 파악할 수 있다. 1962년 개발된 MBTI 심리 검사는 스위스 정신과 의사 칼 융의 연구를 토대로 하며, 네 가지 선호 지표, 즉 내향(I)과 외향(E), 감각(S)과 직관(N), 사고(T)와 감정(F), 인식(P)과 판단(J)에 따라 사람을 열여섯 가지 유형으로 분류한다.

따라서 각 개인은 네 글자로 요약된다. 예를 들어 ISTP 유형은 마음이 따뜻하고 책임감이 강하고 성실하며, INFJ 유형은 이상주의적이고 계획적이며 통찰력이 있다. 이 검사는 미국에서 매년 200만 명이 받을 정도로 인기를 끌고 있다. 기업들은 직원 채용에도 MBTI를 활용한다. 셰어하우스의 공동 세입자들은 새로운 사람이 들어올 경우 자신들과 잘 어울릴 수 있을지 확인하기 위해 이 검사를 요구할 수 있다. 프랑스 경영 대학원들은 학생 진로 지도에 MBTI를 활용하는데, 예를 들면 ESTP는 보안, 농업, 또는 마케팅 분야에 끌리고, INFJ는 교육 또는 예술 관련 직업을 찾기 더 쉬울 것이라고 안내하는 것이다.

『워싱턴 포스트』[28]에 따르면 매년 약 200만 달러를 벌어들이는 이 심리 검사 사이트에서는 어떤 신발이 INFP와 가장 어울리는지도 알 수 있다. 가장 좋아하는 음료는 물론이고 식물, 바캉스, 차, 새 또는 개의 유형까지도 알 수 있다. 특히 나머지 열다섯 가지 유형과의 잠재적인 호환성을 평가해준다. 그래서 미국에서는 데이팅 사이트에 자신의 MBTI 유형을 소개하는 것을 흔히 볼 수 있다. "맥스, 43세, ENTJ 유형임, INTP 또는 ISTP 유형을 찾고 있음." MBTI에 흠뻑 빠진 사람들은 인터넷 게시판에서 "INTP 부부, 정말 불가능한가?" 또는 "INTJ와 감정의 스펀지" 같은 제목으로 소통하기도 한다. 성격에 대한 합리적 설명을 찾고 싶은 사람들이 모여 수천 개의 온라인 토론을 펼치는 사이트라니, 이곳이야말로 진정한 평행 세계가 아닐까. 며칠 내내 탐색해도 지치지 않는 흥미로운 세계, 우리와 꼭 맞는 사람을 만날 수 있을 거라는 기대가 충족되는 세계다. 물론 아리송한 경험담도 있다. 예를 들면 남편이 자폐증이 아닌지 우려하는 스물네 살 미미크의 이야기 같은 경우다. "이 사람이 아스퍼거 증후군일지도 모른다고 생각한 지 벌써 몇 달 되었어요. 증상이 약간 심하다는 건 알고 있었고요. INTP 유형에 대한 글을 읽었는데 딱 그 사람이에요! 대부분의 INTP 유형이 그렇듯 남편도 집에서 90%를 보내요. 그중 70%는 플레이스테이션을 하고요." 어떤 이들은 다른 사람들과 소통하거나 그들을 이해하는 데서 겪는 어려움을 토로한다. 또 다른 이들은 앞으로 겪을지 모를 실패를 막고 싶은 마음을 내비친다. 사랑을 앓고 있는 이 모든 환자에게, 세상이 네 가지 범주로 나뉨을 발견한다는 것은 곧 사랑을 예측할 수 있다는 가능성을 기꺼이 받아들이는 것이다.

MBTI 검사에 대한 반론도 많다. 심리학자의 검증을 거치지 않은 검사를 대학, 경영, 친밀한 사적 영역에까지 적용하는 것은 위험해 보일 수 있다. 하지만 이 검사가 인기를 끄는 것은 중요한 사실 한 가지를 증명한다. 우리는 스스로 이해하지 못하는 것에 대해 어떻게 해서든 합리적인 설명을 찾으려 끊임없이 매달린다는 점이다. 문제는, 어떤 상황을 단순화해주겠다는 명목으로 가장한 심리 분석이 오히려 그 상황을 복잡하게 만든다는 데 있다. 예를 들면 MBTI 검사를 만든 이들이 나와 같은 '유형'을 유혹하기 위한 방법으로 조언한 내용은 다음과 같다. "그들의 넘치는 상상력을 자극하세요. 미스터리한 문구를 적은 글을 현관 발 매트에 놓아두세요. 역사 속 인물처럼 보이게 옷을 입으세요." 분명히 말하는데, 나는 음유시인처럼 옷을 입은 남자가 연극적인 몸짓으로 사랑의 서약을 적은 카드를 층계참에 숨겨서 날 유혹하려 든다면, 그 사람을 즉시 중증 사이코패스 범주에 넣을 것이다.

알고리즘인가, 극단적 합리화인가?

내가 서른한 살의 니콜라를 만났을 때, 그는 격렬한 실연을 겪은 후 자잘하고 실망스러운 데이트를 이어가며 1년을 보낸 참이었다. 니콜라는 다시는 사랑에 빠질 수 없을 거라 생각했다. 그는 나와 함께 아침을 먹다가 전날 겪은 또 하나의 실망스러운 데이트를 이야기하며, 자신의 꿈 중 가장 말도 안 되는 것은 이상적인 여성을 찾아줄 수 있는 알고리즘이 생기는 것이라고 털어놓았다. "정말 멋질 거야. 알고리즘은 내 취향을 정확히 알 거야. 내가 좋아하는 것, 내가 싫어하는 것, 내 모든 데이터를 갖고 있겠지. 그래서 우리가 가진 노이로제들의 호환성을 분석할 수 있을 거야. 내가 만나야 하는 여성에 대한 정확한 답을 주겠지. 나와 완벽히 어울리는 여자 말이야. 더는 헛된 만남을 할 필요가 없는 거야." 나는 "그래, 하지만 네가 그 여자를 유혹하고 싶어질까?"라고 답했다. 여자들이 자신에게 넘어오지 않을 때만 관심을 두는 니콜라의 성향을 알기 때문이다. "아닐걸. 그렇지만 알고리즘은 뭐든 하겠지. 그 여자는 자신이 네 이상형이라는 걸 모르고, 너는 네가 그 여자의 이상형이라는 걸 모르도록 말이야. 둘 다 머릿속에 칩을 갖고 있어서 서로에게 자연스럽게 끌리겠지. 이유는 알지 못한 채. 뇌에 아주 조심스럽게 이식하는 거야. 나는 이게 우리 인류의 미래라고 생각해."

이것이 알고리즘의 기본 원리다. 알고리즘은 객관적이라고 추정되는 기준들을 이용해 우리가 잠재적인 '당선인'에게 더 빨리 접근할 수 있을 것이라 약속한다. 하지만 정말 가능한 일일까?

얼핏 생각하면 알고리즘이 아무 쓸모없다고 말하고 싶을 것이다. 우리의 경험에 따르면, 데이팅 앱들이 사전에 실행하는 정보 분류는 사실 별다른 노력이 들지 않는 손쉬운 전략이다. 지리적 위치나 성별 같은 몇 가지 출발 기준을 제외하고는, 전 세계가 우리의 스와이핑 아래에서 획획 돌아가고 있다. 모든 사회적 배경과 취향을 뒤섞은 채로 현기증 날 만큼 많은 파트너 후보를 우리에게 제안하는 것을 보면, 데이팅 앱의 알고리즘이 정말 제 역할을 하고 있는지 궁금해진다. 그러나 우리를 서로 가깝게 만들어주기 위해 먼저 지리적 위치나 나이, 성별 같은 몇 가지 기준은 작용한다. 그런 다음 데이팅 앱은 동시에 활동 중인 프로필들을 연결하려 시도한다. 마지막으로 이 프로필들은 일반적으로 페이스북에서 수집한 외부 데이터를 이용해 분류된다. 사진, '좋아요'를 누른 항목, 정보, 음악적 취향, 참여했던 이벤트 등이 포함된다. 이제 알고리즘은 우리를 유사한 프로필과 매칭하기 위해, 이를테면 '아티스트'나 '스포츠맨' 같은 분류함에 구분해 넣는다. 앞서 말한 모든 요소를 모아 우리를 범주화하는 것이다. 주요 관심사를 기준으로 프로필을 분류하는 것이 비논리적으로 보이지는 않는다. 우리는 파트너에게서 우리와의 공통점을 찾으려 하기 때문이다. 그러나 내가 '스포츠맨'인 경우, '스포츠맨'에 속하는 프로필은 자동으로 나와 일치할까? 나와 마찬가지로 자연에 대한 열정은 있지만 나와 경쟁할 일은 없는, 자연보호 운동가가 더 낫지 않을까? 다시 한번 말하지만, 알고리즘 로봇에게 정답은 없다. 하기야, 우리에게도 정답은 없다.

여러 나라에서 데이팅 앱 1위 자리를 차지하는 오케이큐피드는 경쟁 앱들에 비해 한 걸음 더 나아갔다. 알고리즘과 별개로, 모든 신규 등록자는 질문 목록과 희망 사항 목록에 답변해야 한다. 질문들은 아주 넓은 영역을 아우른다. 예를 들면 '집에 권총이 있는 사람과 데이트하고 싶습니까?', '죽음이 두려운가요?' 같은 질문들이다. 일어날 법하지 않은 상황에 대한 질문에 당신과 같은 답변을 가장 많이 한 사람을 만나고 싶은지, 아니면 완전히 반대되는 답변을 한 사람과 만나는 모험을 하고 싶은지는 당신에게 달렸다.

오케이큐피드의 질문은 약 4,000개에 이르며 계속 업데이트된다. 사이트의 전 운영자인 잉그리드 할보르센은 그중 최소 500개의 질문에 답해야 데이트의 질을 높일 수 있다고 강력히 권고한다. "사이트에

방문할 때마다 한두 개의 질문에 답하라. 왜냐하면 질문에 대한 답변이 회원이 쓴 프로필보다 관련성이 높기 때문이다. 답변을 많이 할수록 당신의 프로필은 더 최적화되고 매칭의 수준은 더 나아질 것이다. 그다음에는 당신과의 호환율이 95% 이상인 프로필에만 메시지를 보내라. 답변을 받을 가능성이 가장 높다."[29] 미국 최대의 인터넷 커뮤니티 레딧에서는 오케이큐피드의 질문에 답한 사람들의 다양한 경험담을 찾을 수 있다. 한 회원은 5,100개의 질문에 답했고 마침내 사랑하는 사람을 만났다고 고백한다. 2만 개까지 답했다는 사람도 있다. 미국에서 수학을 전공하는 학생 크리스 맥킨레이는 오케이큐피드를 해킹해 여성 가입자 2만 명의 데이터를 살펴보고 대화할 상대를 정했다. 그는 이렇게 해서 자신에게 돌아오는 응답 수를 늘릴 수 있었고, 결국 단 90일 만에 이상적인 상대를 찾아 약혼했다. 그가 자신의 책 『오케이큐피드의 숨겨진 논리 마스터하기』[30]에서 강조하는 이야기다.

당신은 이제 큰 모순을 확인하게 될 것이다. 여기 오케이큐피드 창립자들이 건네는 궁극의 조언이 있다. 상대방과 얼마나 잘 맞는지 파악하고 싶다면 데이트에서 딱 세 가지 질문만 하면 된다. '공포 영화를 좋아하나요?', '혼자 여행해본 적 있나요?', '모든 걸 던져버리고 돛단배를 타고 떠나면 재미있지 않을까요?' 오케이큐피드 사이트에서 만난 커플 3만 5,000쌍 중 3분의 1이 이 세 가지 주제에 대해 같은 답을 했다. 어떤 이유가 있을까? 이 질문들은 비교적 단순하지만 우리가 살아가면서 품게 되는 근본적인 열망과 관련이 있다. 우리는 성경 같은 긴 질문에 답하고 싶어 하지만, 세 가지 질문이면 사랑에 빠지기에 충분하다. 이 모든 것의 이면에 숨겨진 현실은, 우리가 이 질문지를 객관적으로 작성할 수 없다는 것이다. 우리의 기분에 따라 다른 답변이 나올 수 있기 때문이다. 그럼 결국 우리가 쓸데없이 알고리즘 괴물을 만들었다는 것인가?

알고리즘을 프로그래밍하는 사람들도 이제는 알고리즘을 그다지 믿지 않는 것처럼 보여 흥미롭다.[31] 실리콘 밸리에서 일하는, 데이터 진보주의 성향을 가진 독신들마저 사랑에 대해서는 절망을 숨기지 않는다. 스타트업이 몰려 있는 이곳 환경은 직원들이 연애하기에 결코 이롭지 않다. 기업 내 행복총괄책임자는 미니멀리즘 스타일의 다기능 가구와 팔걸이 없는 의자로 사무실을 꾸며 놓고, 직원들에게 퇴근 후에는 얼음 조각 수업 같은 것을 들으라고 권한다. 그러니 어느 곳에서 연애 감성이 살아날 수 있을까. 사랑 3.0의 진원지라는 위치가 무색하다. 데이팅 앱인 주스크, 더리그, 그리고 매칭을 베이글 모양으로 '현대화'한 커피미츠베이글의 본사가 이곳에 있다. 하지만 샌프란시스코 주민 중에는 페이스북에서 '커플'로 표시되는 사람이 적은 것으로 보인다. 2005~2016년 사이, 샌프란시스코와 산호세에서의 혼인율은 6% 하락했다.[32] 30세까지 결혼한 사람은 네 명 중 한 명꼴이다. 팔로알토 지역에서는 독신 남성이 독신 여성보다 40% 이상 많은 것으로 추산된다. 독신 남성의 과잉은 명백한 사실이다. 하지만 이 인류 멸종의 온상에 다시 활기를 불어넣기 위한 다양한 계획이 있다. 한 스타트업이 내놓은 제안은 뉴욕(이 도시는 정반대로 독신 여성 두 명당 독신 남성 한 명이 사는 곳이다)에 사는 독신 여성들을 캘리포니아로 데려와 이곳에 있는 IT 괴짜들과 데이트를 할 수 있게 해주는 것이었다. 하지만 이 회사는 2018년 문을 닫았다. 감정의 사막에 대한 증언은 점차 늘어나고 있다. 서른아홉 살인 어느 기술 기업가는 『워싱턴 포스트』에 이렇게 고백한다. "아내를 찾는 일보다는 100만 달러를 더 버는 일이 잘 풀릴 것 같은데요."[33] 이들이 느끼는 환멸을 이용해 수익을 올리는 중매 사업들도 있다. 4만 5,000유로를 내면 6개월간 열한 번의 데이트 서비스를 제공한다. 대출을 받으면 되겠다!

결국, 내부에서 터져 나온 많은 반응은 실리콘 밸리가 가지고 있던 사랑에 관한 기술 진보주의에 심각한 손해를 입혔다. 오케이큐피드에서 일했던 프로그래머 데일 마코위츠는 『버슬』에 실린 한 기사에서, 자신도 개발에 참여했던 알고리즘의 취약점을 다음과 같이 고발했다.[34]

> 대부분의 앱은 알고리즘의 효율성을 측정하지 않는다. 왜냐하면 사용자들의 데이트 경험에 대해 조사하지 않기 때문이다. 그들은 오로지 사용자들이 '좋아요'를 누르는 횟수나 보낸 메시지 수만을 근거로 알고리즘을 합리화한다. 그러나 이는 두 사람 관계의 가능성에 대한 경험적인 개선을 바탕으로 한 것이 아니다.

만약 문제가 앱 자체에 있는 것이 아니라 앱을 고안한 사람들에게 있다면 어떻게 될까? 그러나 실리콘 밸리의 직장인이 상당한 월급을 받는다면 그에 걸맞은 주 70시간의 근로를 감당해야 한다는 사실을 기억해야 한다. 게다가 이들은 한 달에 2,500달러를 내고 룸메이트와 공동생활을 하거나 더 열악한 경우에는 '해커 호스텔'에 산다. 젊은 스타트업 창업자들이 모여 사는, 이층침대로 구성된 기숙사 형태의 호스텔이다. 이렇게 생활하면서 연애하기란 불가능하다. 만약 우리가 서른 살에 억만장자가 되는 것을 목표로 정해두고 단칸방에 살고 있다면, 사생활을 누릴 시간은 거의 없다. 같은 장소에서 살던 이전 세대인 히피들이 성적 자유를 지평으로 삼았다면, 그들의 후손들은 사회적 지위를 높일 수 있다는 희망을 품고 과도한 경쟁이라는 고생스러운 제단에 올라 사생활을 희생한다. 이 사랑의 실패자들에게 파트너 탐색의 극대화를 떠맡기는 우리가 무책임한 것이 아닐까?

본질적으로 데이트에 적용되는 알고리즘은 결혼정보회사와 비슷한 효율성을 발휘할 것이다.[35] 데이팅 앱들의 알고리즘은 수백만 개의 프로필에 대한 첫 번째 거름망 역할을 해준다. 하지만 우리를 괜찮은 사람에게 다가가지 못하게 하는 알고리즘의 상대적 실패는, 이 도구가 해결할 수 없는 복잡성 안에서는 갈피를 잡지 못하며, 단순한 제비뽑기보다 효과적이지 않음을 증명한다. 알고리즘은 무작위 추첨처럼 보이는 해결책을 제공하는 듯해도, 우리가 파트너 찾는 일을 극단적으로 합리화하도록 부추긴다. 우리는 시장에 나와 있는 어떤 데이팅 앱이든 선택할 수 있지만, 이 관점으로 보면 모든 데이팅 앱이 거의 같다.

중매결혼의 귀환

알고리즘에게 당신의 파트너를 선택할 기회를 준다면, 그 기회를 왜 부모님께는 드리지 않는가? 당신을 진정으로 사랑하는 사람들에게 조언을 구하기 바란다. 우리가 전권을 주는 알고리즘과 비슷한 성공 확률을 자랑한다. 시대에 역행하는 듯 보이지만 탐험할 가치가 있는 길이다. 미국에 사는 인도 출신의 많은 밀레니얼 세대는 웃어른들에게 도움을 청해 소울메이트를 찾는다. 유수의 대학을 나왔더라도 이 독신들은 그들의 부모가 누리는 부부의 행복을 인정하고 전통적인 선택을 한다. 사회적 환경은 그 반대를 장려하는데도 말이다. 그들의 결정은 인도식 중매결혼이 서양의 결혼에 비해 이혼율이 낮다는 수치를 근거로 한 것이기도 하다.

이 경우 부모들은 약 스무 명의 구혼자로 선택을 제한한다. 고전적인 데이트와 마찬가지로 언제든 철회될 가능성을 가지고 단순히 알아가는 과정이다. "중매결혼이 우리 스스로 상대를 찾아서 결혼하는 것과 크게 다르다고 생각하지 않아요." 스탠퍼드대학교 사회학 교수 마이클 J. 로젠필드는 말한다.[36] "우리와 결혼하거나 커플이 되는 사람들은 결국 나이, 인종, 종교, 사회적 계층 면에서 우리와 아주 비슷하죠. 당신 어머니가 당신을 위해 선택했을 상대와 그리 다르지 않습니다." 시트콤 <빅뱅이론> 시즌 8에서 인도 출신 레이는 일곱 시즌 동안 사랑에 실패한 후, 결국 아버지에게 여자를 소개해달라고 부탁했고 이는 효과가 있었다. 유대교에서는 중매 역할을 하는 랍비가 다시 활동한다. <첫눈에 결혼했어요> 같은 리얼리티쇼는 현실이 보여주는 이러한 경향을 강조할 뿐이다(처음 만난 남녀가 그 자리에서 결혼식을 올리고 부부 생활을 해보는 리얼리티 프로그램. 단, 전문가들이 성향을 비롯한 신청자 정보를 파악해 어울릴 만한 커플을 매칭한다-옮긴이).

사랑은 풀 수 없는 방정식인가?

선택의 다양성에 빠진 우리를 돕기 위해 세 개의 미지수를 가진 방정식이 오래전부터 존재해왔다. 수학은 우리가 파트너 선택에서 실수할 가능성을 줄여준다. 충격적인 이별의 두려움, 이별을 극복하는 기간에 대한 두려움, 잔인한 질문들을 다시 던져야 하는 두려움을 상쇄하는 것이다. 우리 마음속에 있는 금고의 벽을 더 두껍게 보강해주는 역할이다. 선택을 합리화하려는 욕구는 놀랄 만한 해결책들을 내놓고, 이들은 모두 같은 목표를 지향한다. 사랑의 비밀 공식을 발견하는 것이다.

인터넷이 존재한 이래 사랑의 수학 방정식은 '이색 뉴스' 섹션들에 등장해왔다. 그중 하나는 MSN 포털에 있는데, 이해할 수가 없어서 여기에 다 옮겨 적지는 못하겠다.[37] 유머, 돈, 옛 애인의 수, 욕망, 상대방의 가족, 자녀, 육체적 매력에 중점을 두는데, 이 변수들의 총합이 관계가 지속될 기간을 예측한다는 것이다.

이보다 더 간단한 대신 유료인 나나야는 "당신의 연애 생활을 예측하는 알고리즘"[38]이다. 사랑의 가능성을 계산해주는 이 온라인 도구를 만든 나사 엔지니어 라시드 아미니는 다음과 같이 조언한다. "사랑을 우연에 맡기지 마라. 과학에 맡겨라." 그는 여자친구와 헤어진 후 혹시 모를 재결합의 장점과 위험성을 분석하기 위해 이 알고리즘을 고안했다. 결국 실패로 끝날 일이라면 관계가 깊어진들 무슨 소용 있겠는가 하는 생각에서였다. 8유로를 내고 면접 보듯 질문에 답하면, 커플은 그들의 전반적인 궁합을 알 수 있다. 그리고 이 정보를 이용해 둘 사이를 연결해온 관계를 강화할지 아니면 그동안 함께 시간을 낭비해온 일을 그만둘 것인지 선택할 수 있다. 이러한 종류의 도구들은 당신이 일시적 관계를 걸러내고 커플관계를 형성할 수 있는 가능성을 최대화할 수 있게 도와준다.

그중 프랑스에서 가장 성공한 도구 중 하나는 리옹에 있는 클로드 베르나르 대학교 로랑 퓌조-망주에 교수의 연구실에서 찾을 수 있다.[39] 수학 교수인 그는 몇 년 전부터 전공생들과 함께 R(로미오)과 J(줄리엣) 같은 인자를 사용해 사랑의 미분 방정식을 입증하는 연구를 해왔다. 처음에는 단지 학생들이 수업을 빼먹지 않게 하려고 만든 주제였으나, 교수는 자신의 관계에 이 방정식을 적용해보면서 스스로에게 도움이 될 수 있음을 깨달았다. 그는 매일 아내와 함께 이 방정식을 구성하는 변수들을 극대화해보면서 부부 생활을 개선하려고 노력한다. 또 만남을 이어가는 중에 다가올 다음 단계를 예측하는 애플리케이션도 곧 만들 수 있을 것으로 기대하고 있다.

> 우리가 매력의 잠재력, 상대방에게서 찾는 것, 그리고 관계의 지속 기간을 입력하면, 그 관계의 균형점이 어디인지를 알 수 있고 따라서 균형적인 관계에 도달하기 위해 무엇을 해야 할지 알 수 있을 것이다. 이 앱은 "당신이 커플관계에서 이 정도 수준에 있고 아무것도 하지 않는다면, 상황은 나빠질 거예요"라고 말해줄 것이다. 적어도 경고는 받을 수 있다.

사랑의 전문가이자 유명 심리학자 존 가트맨[40]과 함께 대수적인 개관을 이어가 보자. 그는 자신의 스타성을 일찍 깨닫고 사랑에 혁신을 일으키겠다는 야망을 밝혔다. "내 목표는 벨크로를 발명한 사람처럼 되는 것이다. 아무도 그의 이름은 모르지만 모두 벨크로를 사용하니까." 그는 성공했을까? 40년째 부부의 안정적 관계를 연구하는 이 전문가는 과학을 이용해 부부가 애정 깊고 건강한 관계를 유지하도록 돕는다. 존 가트맨은 워싱턴대학교에 있는 세계적인 관계 연구소 러브랩에서 감정을 분석하는데, 부부가 미래에 이혼하게 될지를 단 15분 만에 알 수 있다고 주장한다. 이를 위해 그는 배우자가 보내는 감정적인 메시지, 표정, 말투 또는 신체 언어의 변화를 추적하는 안면 인식 시스템을 개발했다. 미국에서 꽤 비판을 받았지만 성공률은 높은 방법이라고 한다. 수백 쌍의 커플이 그들 관계의 장기적 미래를 알기 위해 존 가트맨을 찾아가 상담을 받는다.

이 과학이 인류에게 필요할까? 전 세계에 사랑 연구소 체인이 있다고 상상해보자. 공항의 금속 탐지기가 작은 안전핀을 탐지하듯 커플의 결혼 가능성을 분석해주는 곳이 있다고 말이다. 이상적인 세계에서는 모든 커플들, 특히 결혼할 예정인 커플들이 연구소에 들를 것이다.[41] 우리는 카메라 앞에서 얼굴을 마주 보고 앉아 손가락 끝에 맥박 감지기를 부착하고, 15분 동안 세탁기 청소를 분담하는 일 같은 별것 아닌 문제에 대해 이야기를 나눌 것이다. 그리고는 잠자리를 목적으로 만나는 관계다, 동화 속 왕자님 같은 남자다 등과 같은 평결을 받을 것이다. 덕분에 우리는 두 달 또는 십 년 후의 실연을 피할 수 있을 것이다. 우리의 불안감은 줄어들지 모르겠다. 하지만 과학적 증명과 함께 우리 커플이 실패할 운명임을 확인하는 바로 그 순간부터, 관계가 끊어질 가능성이 은밀하게 증가하지는 않을까?

모든 영역에서 이성은 점차 열정과 분리할 수 없게 된다. 그러므로 이제 마음을 합리화하게 된다. 조사기관이 입증했거나 대학 교수가 심혈을 기울여 내놓은 연구들이 이 현상에 꾸준히 기여하고 있다. 예를 들어 '이름이 A로 끝나는 여자는 남자들에게 인기가 더 많다'[42]거나 '성관계를 하면 독감이나 감기에 걸릴 위험이 줄어든다'[43]는 식이다. 데이트 코치나 예언가는 과학적으로 검증된 방법을 사용한다고 주장한다. 자기계발 도서들은 남자를 낚는 비결과 이성을 유혹하는 다양한 기술들을 설명한다. 과학의 저 밑단에 있는, 이름 궁합을 알려주는 사이트는 사이비 예측 알고리즘에 근거를 둔다. 우리 모두 살면서 한 번 이상은 '이름 궁합'을 맞춰본 적이 있다. 이름 두 개를 입력하면 알고리즘이 둘 사이 연애 성공률을 결정하고, 화면 속 하늘을 배경으로 천사가 나타나 그 사람과 잘 될 확률이 얼마인지 보여준다. 커플의 '수학'은 끊임없이 변하는 과학이지만 우리에게 한 가지를 약속한다. 우리의 불안감에 대한 합리적인 대응을 내어주겠다는 약속이다. 어린 시절 우리는 놀이터에 쪼그리고 앉아 두 이름의 획수를 번갈아 적었다. 설명할 수 없는 불가사의지만, 그 숫자가 높을수록 커플이 될 확률도 높아지곤 했다.[44] 이제 우리는 성인이 되었고 과학과 수학은 우리가 영원한 사랑을 추구하도록 도와준다. 그러나 나이가 들수록, 우리는 경험을 통해 알게 된다. 사랑이 영원할 수 없음을.

정말 다행스럽게도, 이렇게 다소 데카르트적인 개념과 항상 동시에 존재하는 것이 있다. 예측 불가능하고 수량화할 수 없는 차원의 사랑이다. 운명적 사랑이라든지 설명할 수 없는 신비한 끌림 같은 것 말이다. 이러한 마법 같은 사랑은 피렌체 르네상스의 주도적 문학 흐름이었던 청신체파(돌체 스틸 노보) 시인들에게서도 찾을 수 있다. 이들은 '인칸타멘토', 말 그대로 '마법'에 대해 노래했다.[45] 한편으로는 미스터리와 행운, 다른 한편으로는 계산과 예측을 놓고 우리는 두 극단 사이에서 종종 망설인다. '합리적인 사랑'과 '마법 같은 사랑' 사이에서.

이번에는 데이팅 사이트를 살펴보자. 어떤 사이트는 알고리즘에 '우연'의 요소를 다시 끌어들이려 노력한다. 예측 괴물이라는 소리를 듣고 싶지 않아서다. 예를 들어 오케이큐피드는 무작위로 결정되는 소개팅을 제안하고, 원스는 이용하지 않으면 사라지는 데이트를 도입했다. 그러나 데이팅 앱의 알고리즘들은 그 명성에도 불구하고 그리 '수학적'이지 않을 수 있다. 알고리즘들은 우리를 위해 예측하고 우리가 모르는 사람들을 만날 수 있게 해주지만, 그 거대한 표본 안에서 불투명한 방식으로 작동하면서 일종의 신비로움을 유지한다. 디지털 기술의 쟁점을 다루는 철학자 마르첼로 비탈리-로사티는 데이팅 앱들이 우리의 로망인 첫눈에 반하는 사랑을 가능하게 해준다는 의견을 지지한다.

> 열정적 사랑과 이성적 사랑은 사실 인터넷상에서 조화롭게 양립한다. 기술 장치의 복잡성은 흔히 매혹적인 요소처럼 여겨진다. 알고리즘과 그 작동 방식의 미스터리를 알지 못한다는 것은 그 기술적 대상과 마법적인 관계를 맺는다는 의미다. 예측이라는 존재가 우연과 마법의 몫을 빼앗는 것은 아니다.[46]

기술을 사용한다고 해서 데이트의 취지가 사라지는 것은 아니다. 그렇다면 알고리즘은 비록 우리의 개인 데이터를 훔쳐가는 것 외에는 별다른 효과가 입증되지 않았지만, 낭만을 변질시키지는 않는다는 이야기인가?

그러므로 이제 사람들은 낭만과 동의어인 우연을 가장 기본적인 수준, 즉 성적인 수준에 다시 끌어들이려는 강한 욕망을 갖게 된다. 이쯤에서 유명한 '챗룰렛'을 떠올릴 수 있겠다. 한 러시아 청년이 2009년에 만든 인스턴트 메시징 사이트로, 웹캠을 통해 전 세계 네티즌을 예측 불가능한 방식으로 연결하는 것이 특징이다. 이 사이트에서 사람들은 2초마다 '넥스트' 버튼을 누르며 새로운 사용자를 찾아다녔고 종종 실오라기 하나 걸치지 않은 사용자를 만나게 되기도 했다. 평소에는 전혀 만날 일이 없었을 사람들을 만나기 위해 결국은 우연의 힘에 기대어 서로를 초대하는 것이다. 같은 맥락에서 '크루징' 같은 관행이 다시 활기를 얻고 있다. 1990년대에 매우 널리 퍼졌던 이 게이 문화는 특정한 지리적 위치에 있는 사람들과 무작위로 만나 사랑을 나누는 것이다. 언더그라운드 문화에서 유래되었지만 2018년 베니스 건축 비엔날레에서 전용 부스를 운영하기도 했다. 마지막으로 케미컬 섹스, 즉 화학제품을 사용하는 성행위를 의미하는 '켐섹스'는 건강에도 해를 끼치는 무작위 탐색의 또 다른 면을 보여준다. 이를 즐기는 사람들은 그라인더 같은 앱을 통해 상대를 만난다. 낯선 사이로 만나 성관계를 하고 코카인, GHB 또는 필로폰에 취하는 데에는 공통된 목적이 있다. 바로 그들 삶의 룰렛을 돌리는 것이다. 켐섹스는 마치 실물 크기의 챗룰렛 같다. 켐섹스를 하는 사람들은 "다 놓아버리는 느낌을 경험"하고 싶다고 고백하면서, 불확실성과 위험을 감수하는 대신 존재한다는 느낌을 강력하게 받는다고 강조한다.[47]

완벽한 관계를 꿈꾸다 너무 계산적이 되어버린 걸까?

가장 모험적이고 가장 로맨틱한 사랑도 어느 정도 계산에 근거하고 있음을 우리는 부인할 수 없다. 처음 연애를 시작할 때 상대방 문자에 답하는 데 할애하는 시간은 좋은 지표가 된다. 서른일곱 살의 잘생긴 독신 남성 레미는 내 하우스메이트 중 한 명인데, 2019년 10월부터 12월까지 자신의 일상을 내게 알려주었다. 전직 소방관이었던 레미는 현재 사진작가로 활동하며 일주일에 서너 번 데이트를 한다. 매일 아침 시리얼 그릇을 앞에 놓고 레미는 자신의 가능성을 진단한다. "이 여자애는 정말 빨리 대답해. 네가 보기에 얘가 이미 내게 빠진 것 같아?" 또는 "내가 다섯 번째 문자를 보낼 때 '열정'이란 단어를 썼는데, 그래서 겁먹었나 봐. 그러지 말았어야 했는데"와 같은 식이다. 그는 자신과 같은 포르투갈 출신인 리비아를 만날 때 가슴이 쿵쾅거린다고 고백한다. "리비아는 아름다워. 내 심장이 터질 만큼." 하지만 이내 환상에서 깨어난다. "그녀는 스타일에 대한 얘기밖에 안 해. 아무래도 나랑 안 맞는 것 같아." 그리고는 이렇게 끝난다. "30분 동안 자기 신발에 대해 혼자 떠들었어. 정말이지, 나쁜 징조야." 관계의 초기 단계에서 하는 모든 말은 우리의 감정에 아주 강한 영향을 미치는 것 같다.

유혹의 단계에서는 모든 것을 한 번에 주어서는 안 된다. 사랑은 처음부터 계산과 권력이 작용하는 냉엄한 전술이다. 미셸 보종[48]에 따르면, 우리는 좋아하는 예술가, 노래, 영화를 통해 자신의 일부를 내보인다. 이는 우리의 개성을 단편적으로 구성하게 해줄 것이다. 만약 내가 영화 〈남과 여〉를 좋아한다고 밝힌다면, 함께 여행을 떠날 수 있고 기타를 치며 내게 '삼바 사라바' 노래를 불러줄 구혼자를 찾고 있다는 신호일 수 있다. 내가 작은 선물을 건넨다면, 다른 사람에게 나를 '선물'하기 위한 선물일 수 있다. 모든 전략은 나의 또 다른 자아가 될 사람을 '유혹'하기 위해 내가 '계산'하는 무의식의 표출이다.

미국의 데이트 각축장에서는 이러한 전략적인 계산을 유혹의 각 단계에서 볼 수 있다. 단계들을 극단적으로 합리화하면 우리의 정서적 몰입을 구조화하게 되며, 이는 관계를 구축하면서 겪는 우여곡절 속에서 우리가 길을 잃지 않게 해준다. 4년 전부터 로스앤젤레스에 살고 있는 프랑스 여성 나탈리는 "남자가 내 문자에 답하기까지 3시간이 걸린다면, 나는 그 사람에게 6시간 후에 답장한다"고 고백한다. 문자의 첫째 원칙은 순전히 수학적이다. 어떤 문자든 상대가 당신을 기다리게 한 시간을 두 배로 늘려야 한다. 누군가가 당신에게 이메일로 두 줄을 적어 보냈다면 당신의 답장은 두 줄을 초과해서는 안 되며 그보다 짧아야 한다. 우리가 권력을 되찾기 원한다면 말이다. 절대 상대가 주는 것보다 더 주어서는 안 된다. 그리고 절대 흥분해서는 안 된다. 전술적으로 짜 놓은 일정을 존중해야 한다. 그래야 힘의 균형을 위한 시간 논리에 부합한다. 처음 만난 남자와 여자가 술을 한잔하기로 한다. 첫 번째 데이트다. 서로를 더 잘 알게 된 후 두 번째 만남에는, 현관 앞 계단에서 입맞춤을 할 것이다. 주의할 것이 있다. 그 이후로 다음 만남을 제안하는 문자는 최소 72시간이 지난 후에 보내야 한다. 이 사흘 원칙을 지키지 않는 사람은 '중독'으로 분류될 위험이 있다. 이제 세 번째 데이트를 하게 되는데, 웬만하면 영화를 본다. 마지막으로 네 번째 데이트에서 육체적 관계를 맺게 될 것이다. 하루든 10년이든, 일정 기간 남자와 여자가 만난 다음에는 우리가 잘 알고 있는 바로 그 토론을 시작해야 한다. "우리 이제 서로만 만나는 독점 관계인 거지?"라는 전략적 질문을 던져, 지금까지 유지되던 일부다처 상황을 끝내야 할 것이다. 이제 규칙 위반은 허용되지 않는다. 당신의 성격에 따라 데이트 규칙이 설정한 이 틀은 극히 부담스러울 수도 있고, 반대로 완벽한 해결사처럼 느껴질 수도 있다.

계산이 너무 늘어나면 사랑에 장애를 갖게 될까? 사회학자 에바 일루즈는 『감정 자본주의』와 『사랑은 왜 아픈가』에서 우리를 사랑의 고통으로 이끄는 요인들을 파악한다. 그녀에 따르면, 사랑은 우리 삶의 모든 단계에서 매우 중요하다. 첫 번째 요인은, 우리가 스스로 안심하기 위해 항상 사랑을 철저히 분석하려 하고 우리에게서 멀어지는 모든 것을 설명하려 노력하는 행위다. 예전에는 사랑의 합리화를 우리 자신이 아닌 다른 사람들에게 맡겼다. 즉, 가족이 대신 기준에 따라, 일반적으로는 금전적인 능력을 기준으로 우리의 미래 배우자를 판단했다. 하지만 이제 사랑의 합리화는 전적으로 우리의 가냘픈 어깨에 기대어 있다. 미래 배우자의 자산과 부채를 파악하고 모든 변수를 시험해 우리가 생각한 변수와 일치하는지 확인해야 하는 무거운 임무가 우리에게 주어져 있다. 두 번째 요인은 인터넷이다. '합리적 선택을 위한 기술'인 인터넷은 가장 많은 상대를 평가하고 시험하게 해주지만 결코 우리의 과업을 용이하게 해주지는 않는다. "어떻게 선택하느냐, 언제 선택하느냐, 누구를 선택하느냐는 이 시대 사랑의 중요한 문제다."[49]

우리에게 맞는 필터를 직접 만들기 위해 우리는 첫 데이트에 나간다. 상대방을 파티에서 만났는지, 직장이나 앱에서 만났는지는 중요하지 않아도, 상대방에 대한 사전 정보는 꼭 가지고 나간다. 이 정보는 우리가 어느 정도의 스토킹을 했는지와 관련 있다. 따라서 우리 자신이 처리한 정보로 만든 일종의 몽타주 사진이다. 첫 번째 데이트는 상대방의 정체성을 검증하는 방법이 될 수 있다. 이때 유혹은 감각적인 영역보다는 지적인 영역에서 일어난다. 우리는 우리가 만든 이력서로 상대방을 분석하기 시작한다. 그는 미술을 공부했다 말하지만, 전혀 보헤미안처럼 생활하지 않는다? 운동복 차림의 사진을 올렸는데 밑 빠진 독처럼 술을 마신다? 우리가 생각한 이미지와 상대방이 일치하지 않는 경우, 우리는 그의 점수를 깎고 이력서의 해당 칸을 비워두려는 경향이 있다. 우리가 상대방에게 투영한 것, 지적으로 분석한 것은 우리의 의심을 덜어주는 것이 아니라 오히려 머릿속을 복잡하게 만드는 추가 필터가 된다.

상대에게 너무 큰 기대를 걸고 이력서의 모든 칸을 채우고 싶어 하다 우리가 실망할 가능성도 높아졌다. 동시에 이와 상반되는 방법이자 사물을 더 명확히 볼 수 있게 도와줄 것이라 여기는 행동들, 예를 들면 명상이나 심리 상담은 우리 자신을 중심에 두고 사랑에 대한 접근 방식을 '헤아리게' 만든다. 모든 것을 자세히 조사하고 분석하고 우리에게 좋은 것이나 아닌 것에 대해 끊임없이 질문을 던짐으로써 스스로 빠져나올 수 없는 곳에 밀어 넣게 되며, 우리는 현실 세계로부터가 아니라 우리 내면의 존재로부터 분리되게 된다. 그리고 다른 사람들로부터…… 요약하면, 우리의 감정과 목표를 일치시키기 위해 개발된 모든 기술은 일제히 이렇게 선언한다. 무언가에 대해 생각할수록 그것을 이루기는 더 어렵다고.

3

현실에서의 만남이
이루어지지 않는 이유

며칠 동안 눈치를 보다 질문을 던진다. "누구 좀 만났어?" 대답은 변함
없다. "아니." 대부분 20대에 결혼한 우리 부모님 세대에게 우리 세대
가 잠재적인 질병, 그러니까 만남의 시공간에 생긴 균열로 고통받고 있
음을 어떻게 설명할까? "나 왠지 아무도 못 만날 것 같은 느낌이 들어."
내 이웃 발레르가 한숨을 쉬며 말한다. "이상해. 사람 만나기가 너무
힘들다니까. 우리가 매일같이 붙어 있으니 만나는 사람도 똑같고. 게다
가 넌 밤을 보낼 사람을 찾는 거잖아. 난 인생을 함께할 사람을 찾는단
말이야." 그는 억울한 듯 이야기한다.

학교를 졸업하고 시간이 흐를수록 누군가를 만날 가능성은 작아지는 것 같다. 그러나 기회가 부족해서는 아니다. 퇴근 후, 앱, 스피드 데이트(한 장소에서 여러 이성과 잠깐씩 대화를 나누면서 마음에 드는 사람을 찾는 싱글 파티-옮긴이), 기차역을 리모델링한 레스토랑, 모임, 와인 시음 파티 등 기회는 많다. 누군가를 만날 기회가 댄스파티밖에 없던 시절이라고 해서 우리 조부모님들이 사랑을 몰랐을까? 아니면 행복한 가정을 이룰 기회를 효과적으로 활용하지 못한 것일까?

구체적 장소는 더 이상 존재하지 않을까?

우리 부모님들에겐 야외 선술집이 있었지만 우리에게는 침울한 가상 인터페이스가 있다. 물론 인터넷을 이용하면 침대 겸 소파를 살 수 있고, 단지 거리에서 열일곱 번 마주쳤을 뿐인 낯선 사람과 잠깐 만나 즐길 수 있으며, 어린 시절 가지고 놀던 리틀 포니 인형을 보스니아에 있는 물건 성애자에게 판매할 수도 있다. 그러나 이러한 비실체화가 한눈에 반하는 사랑에는 도움이 되지 않는 것 같다. 이를 더 명확히 들여다보기 위해 먼저 몇 가지 수치들을 살펴보자. 오늘날 커플을 만들기 가장 좋은 사냥터는 어디일까?

프랑수아 크라우스는 이에 대해 가장 잘 얘기해줄 수 있는 사람이다. 프랑스여론연구소에서 일하는 유쾌한 성격의 통계학자로 프랑스인들의 섹슈얼리티 조사를 전문적으로 다룬다. "〈브레이킹 배드〉에 나오는 화학자에 빗대어 나를 하이젠버그라고 소개해주는 걸 좋아해요. 나의 가장 훌륭한 통계 조사는 '수염과 남성들'인데, 실패작이었어요. 난 부르디외(프랑스 사회학자-옮긴이)의 연구를 인용한 건데 말이에요." 그는 연인을 어디서 만났는지에 대한 최근 연구[50]의 결과를 알려준다. 1위는 우리의 예상대로 온라인 만남이 아니라, '현실'에서의 만남이다. 커플의 3분의 1 이상이 축제처럼 즐거운 분위기에서 사랑을 만난다(37%). 여기에는 축제(11%), 바(8%), 레스토랑(7%), 댄스파티(6%) 또는 나이트클럽(5%)이 포함된다. 2위를 차지한 장소가 일과 연구의 공간, 즉 사무실인 것은 놀랍지 않다. 커플의 약 22%에게 사무실이 유혹의 장소로 쓰인다. 데이팅 앱은 3위에 머물 뿐이며 전체의 11%를 차지한다. 더 놀라운 것은 앱에서 만난 커플의 숫자가 2011년 이후 단 2% 증가했다는 점이다. 급증했을 것이라는 예상과 거리가 멀다.[51] 하지만 사용자들 잘못은 아니다.

최초의 데이팅 사이트가 문을 연 지 20년이 넘은 지금, 프랑스인 네 명 중 한 명 이상이 이미 데이팅 사이트나 앱에 프로필을 만든 상태다. 이는 2006년 이후 두 배로 늘어난 수치다.[52] 성적이 생각보다 저조한 것은 데이팅 사업 관계자들의 노력이 부족해서가 아니다. 데이팅 사이트 미틱이 실시한 조사에 따르면,[53] 앱을 통해 "프랑스에서 매일 397개의 사랑 이야기가 시작된다." 커플 100만 쌍이 이곳에서 사랑에 빠졌으며, 2005~2010년까지 20만 건의 결혼이 성사되었는데 이는 프랑스 결혼 건수의 6%다. 경쟁사의 조사 결과 또한 마찬가지로 "매일 542명의 회원이 반지를 끼고 총 60만 명의 회원이 손을 잡고 결혼식에 간다."[54] 또 다른 데이팅 사이트는 매일 저녁 8만 명의 회원이 첫 번째 데이트를 한다고 주장한다.

그러나 결과적으로는 커플의 11%만이 온라인에서 만났다. 왜 이렇게 비율이 낮을까? 객관적으로 살펴보자. 프랑수아 크라우스의 분석은 7세부터 77세까지 넓은 연령대의 인구를 대상으로 한다. 노년층은 인터넷을 사용하지 않는 것이 아니라 (당분간은) 인터넷에서 상대를 찾으려는 성향이 낮은 것이다. 따라서 이들이 최종 결과의 수치를 낮췄을 수 있다. 이 통계는 또한 동성 커플을 고려하지 않았다. 그들 중 70%가 온라인에서 만났다고 하는데도 말이다. 그리고 이 연구는 파리에 사는 사람들을 대상으로 했으므로 프랑스 전체의 성향을 나타내는 것이 아니다. 마지막으로, 온라인 데이트가 이렇게 과소평가되는 이유 중 하나는 겉으로는 인정받는 것처럼 보여도 여전히 좋지 않은 이미지를 가지고 있기 때문이다. 온라인 데이트는 다른 만남에 모두 실패한 후 시도하는 '절망적인' 행동이라는 이미지 말이다. 데이팅 앱 프로필에서 여전히 이런 문장을 볼 수 있다. "우리는 박물관에서 만났다고 말할 거예요." 마치 우리 시대에도 박물관에서 누군가를 만날 수 있는 것처럼 말이다.

데이팅 앱이 등장한 지 20년이 넘었는데도 수치심이라는 유령이 여전히 떠돌고 있는 것이다. 인터넷에서 소울메이트를 만났다는 사실을 고백하기 어려워하고 주위 사람들에게 거짓말을 하기도 한다. 어떤 커플은 '공식' 버전을 만들어 로맨스를 끼워 넣는다. 보수적인 가정에서 자란 서른네 살 로렌은 결혼을 앞두고 친구들에게 가장 큰 비밀을 꼭 지켜달라고 요구했다. "결혼식에서 '데이팅 사이트'란 말은 절대 입 밖으로 꺼내선 안 돼." 공식적인 버전은 이럴 것이다. "우린 파티에서 만났어요. 그는 나를 집에 데려다주었고 다음 날 전화를 걸었어요. 특히 우린 처음 만난 저녁에 함께 자지도 않았어요." 진실을 아는 증인들도 절대 언급하지 않을 것이다. 로렌이 예비 신랑을 만나는 동시에 세 명의 남자와 연애를 즐겼고, 예비 신랑을 '약간 뚱보'라고 생각했으며, 그래서 그가 강력한 신랑 후보는 아니었다는 것을 말이다.

데이팅 사이트는 섹슈얼리티와 결합되면서 하룻밤 만남의 증가에 기여할 것이다. 하룻밤 만남이 장기적인 관계로 발전할 가능성이 많을 지라도, 커플들을 대상으로 한 프랑수아 크라우스의 조사에서 이 하룻밤 만남은 고려되지 않았다. 특히 파리에서는 데이팅 앱과 사이트가 가벼운 섹스 파트너를 구하는 데 유리한 환경을 구성한다. "데이팅 사이트들은 모든 감성과 단절되어 있어요. 인터넷을 통해 이루어지는 만남이라면 두 번에 한 번 이상은 그저 하룻밤으로 끝날 겁니다. 밤 11시 혹은 자정에 성기를 배달시킬 수 있는 거죠." 프랑수아 크라우스가 약간의 우려가 섞인 짓궂은 말로 문제를 짚어준다.

전체적으로 보면 새로운 것도 놀라운 것도 없다. 이미 많은 문헌이 관계를 지속하는 데 온라인 세계가 미치는 위험을 경고했다. 그러나 미국의 최근 연구들은 그 반대 경향을 보인다. 2005~2012년에 결혼한 미국 부부들을 조사한 결과, 온라인으로 만난 관계가 '리얼 라이프'에서 만난 관계보다 평균적으로 오래 지속된다.[55] 하지만 다른 연구들은 실제 삶에서 만나 맺어진 커플의 만족감이 훨씬 크다고 역설한다.[56] 이로부터 무엇을 추론할 수 있을까? 이러한 인터페이스들이 제공하는 수많은 선택 기준이 처음에는 우리를 꼼짝 못하게 만들 것이다. 하지만 고를 수 있는 프로필이 지나치게 많다고 해서 감정적으로 용납할 수 없는 것은 아니다. 장기적으로는 뜻밖에도 사랑을 강화하는 경향이 있다.

예전이 더 나았을까?

우리의 할머니들은 부부가 되기까지 두 단계를 거쳤다. 댄스파티에서의 매칭과 결혼식이다. 슬로건은 딱 하나였다. '가능한 한 빨리 진행하라'다. 1950년대에는 여성 네 명 중 한 명이 첫 번째 연애 상대와 결혼했다. 사회학자 알랭 지라르가 만남에 대해 처음 연구한 1959년[57]부터 1987년 사이에 연애 상대를 탐색하는 범위가 넓어졌다. 두 사회학자 미셸 보종과 프랑수아 에랑은 20세기를 진화시킨 세 가지 축을 이웃 간의 만남, 댄스파티, 그리고 친구들과의 파티로 보았다.[58]

만남의 장소에 대한 과대광고 연대기 ─────────

1885 프랑스에서 가장 오래된 잡지 중 하나인 『샤쇠르 프랑세』가 창간된다. 구혼 광고로 유명하다.

1920 이웃 간 만남의 절정기.

1918~1945 결혼의 10%가 제3자가 주선한 만남으로 성사된다.

1959~1983 댄스파티의 황금기.

1959 '우연한 상황'이 만남의 방식에서 2순위를 차지한다.

1980 나이트클럽의 절정기.

1995~1996 '미니텔'에서 인터넷으로 전환된다. 네티즌들이 미갈에 개인 페이지를 만들고, 더버추얼바게트에서 채팅을 하고, 알타비스타에서 검색을 하고, 카라메일을 통해 이메일을 주고받는다. 프랑스 데이팅 사이트의 개척자 넷클럽이 1997년 탄생하고, 1998년 아무뢰가 등장한다.

1996 최초의 휴대전화가 등장한다. 스타택, 노키아 3310, 에릭슨 T18, FM 라디오가 내장된 사젬 '워크폰', 그리고 비봅.

2007 최초의 스마트폰이 등장한다.

2009 지리적 위치를 이용해 만남을 이웃으로 제한할 수 있게 된다. 원점으로 회귀한 것인가?

　주로 주변 사람들이 조종하는 방식인 이웃 간의 만남은 1920년대에 정점에 달했다가 점차 사라졌다. 그리고는 더 개방적이고 감각적인 만남의 장으로 댄스파티가 등장했다. 여러 색깔의 전구가 비추는 즉흥 댄스 플로어에 온갖 사람이 모여 춤을 추는 이 댄스파티는 아파트에서 열리는 파티에 싫증 난 오늘날의 독신이 꿈꾸는 분위기다. 에디트 피아프의 노래처럼, 춤 한 걸음이면 마음이 빙글빙글 돌고 불꽃이 튀기 충분했다. "빠담, 빠담, 빠담⋯⋯." 이러한 작은 무도회가 1년에 몇 번 열리지 않았다는 점을 제외하면 말이다. 이는 단 몇 차례의 여름 저녁 댄스파티에서 멋있고 호감 가고 가능하면 물려받을 유산도 있는 상대를 찾아야 함을 의미했다. 엄청난 압박이다. 아흔두 살의 모니크가 기억하는 것처럼, 춤 실력도 잔인할 만큼 중요했다. "댄스파티에서 춤을 너무너무 못 추는 사람이 있었는데 정어리라고 불렸어요. 그 사람이 춤을 청할까 봐 다들 출구 쪽을 틈틈이 주시했죠." 우리 시대에는 '정어리'가 메신저에서 "뭐 해?" 같은 간단한 인사를 이용해 데이트에 더 많이 성공할 수도 있다.

　내 조부모님이 전후 세대의 전형적인 표본은 아니므로 나는 몽마르트르 언덕에 있는 양로원 '라 프로비당스'로 돌아가 클로딘, 이자벨, 테레즈, 자클린, 클로드, 콜레트, 모니크, 마그리트-마리를 인터뷰했다. 이 여성들에게는 당시 수표책을 가질 권리, 즉 경제권이 없었고 결혼을 늦게 하는 것은 생각할 수도 없었다. "당시 부모님들은 딸을 열여덟 살에 시집보내는 걸 자랑으로 여겼어요. 우리는 순종적으로 자랐고, 대학을 졸업했고, 집을 떠나고 싶을 때쯤 바로 유부녀가 됐죠." 가족이라는 둥지에서 자유롭게 날아오르게 해줄 이상적인 배우자를 찾기에는, 댄스파티가 완벽한 사냥터처럼 보였다. 이들은 댄스파티에서 밤늦게까지 시간을 보내고는 택시가 없어 걸어서 집으로 돌아왔다. 잠옷을 입은 할아버지가 계단 위에서 이들을 기다리고는 했다.

스트라스부르에서 1933년 태어난 이자벨은 남편에게 첫눈에 반한 것은 아니었다. "내가 처음 한 혼잣말은 '맙소사, 춤을 못 추잖아!'였어요. 그 사람은 왈츠를 네 박자로 세더라고요. 그는 내게 데이트를 청했어요. 부모님은 평판을 알아보러 다니셨고, 우린 6개월 만에 결혼했어요." 1930년 밸런타인데이에 바스티아(프랑스 남동쪽 지중해에 자리한 코르시카섬의 항구 도시-옮긴이)에서 태어난 마그리트-마리는 배우자를 코트다쥐르(프랑스 남동부 해안 지역. 니스, 칸 등의 휴양지로 유명하다-옮긴이)에서 만났다. "우린 차차차를 함께 췄고 이후로 늘 붙어 지냈어요. 가족들도 동의했고요."

이들 모두에게 적용된 제1원칙은 미래 배우자가 같은 사회적 배경에 속해야 한다는 것이었다. 일반적인 방법은 친구를 통하는 것, 말하자면 아주 적절한 시기에 바캉스나 파티에서 친구의 오빠를 만나게 되는 것이었다. "필립과는 배경이 같았어요. 전쟁 중에 조금씩 좋은 감정을 갖게 됐어요. 푸른 눈을 가진 정찰병이었죠. 그 사람 행운의 단어는 '전방 주시'였어요." 여든다섯의 클로딘이 감탄하듯 말한다.

당시에 왕자와 양치기 소녀의 사랑은 존재하지 않았다. 가족들은 먼저 족보를 확인한다. 오트-피레네 지방에서 태어난 여든아홉 살 테레즈는 사회적 차이가 얼마나 중요했는지를 우리에게 알려준다. "그 사람은 우리 부모님 눈에 완벽했어요. 양쪽 집안 선조가 프랑스 혁명 동지들이었어요. 우리는 서로 비슷한 사고방식을 갖고 있었던 거죠. 그게 매우 중요해요! 우리는 비슷한 교육을 받았거든요. 손수건에 코를 풀지 않는 사람들끼리 결국 만나게 되죠." 그러나 이 여성들도 선배 세대가 보기에는 반항적이었다. 오늘날 사랑의 수도인 파리는 전 세계 여행객이 청혼을 하기 위해 또는 다리 철책에 사랑의 자물쇠를 채우기 위해 몰려드는 곳이지만, 1950년대에는 이와 꽤 다른 모습이었다. 구혼자를 탐색하는 범위가 확대되었지만 일부에서는 여전히 부모님의 중개로 결혼이 성사되었다. 아흔한 살 클로드의 남편은 젊은 시절에 클로드의 사촌들과 같은 학교에 다녔고 가구용 장식 끈 만드는 일을 했다. 그는 클로드에게 이렇게 청혼했다. "당신 부모님이 우리에 대해 어떤 계획을 갖고 계시는지 알잖아요. 우리가 실천에 옮길까요?" 그들은 60년을 함께 살았다. 여든일곱 살 파리지앵인 콜레트는 사촌의 결혼식에서 남편을 만났다. "그 사람 어머니가 정말 아름다웠던 기억이 나요. 샴페인색 실크 드레스를 입고 돌아다녔어요. 나는 남편의 여동생과 친구였고요. 어느 날 내가 서프라이즈 파티를 열었어요. 내가 문을 여니까 그 사람이 아연실색했죠. 어떻든 우리는 20년 동안 아이 네 명을 낳았어요. 5년에 한 명씩이요. 그렇게 살다가 그가 세상을 떠났고 난 그냥 시간을 보내다가 다른 사람을 만났어요." 이 여성들 모두 우리 세대를 안타깝게 여긴다. 부모나 사회가 미리 정해놓은 '필터' 없이 인터페이스를 이용해 남자를 구해야 한다는 생각 때문이다. 그러나 한편으로는 원하는 사람을 선택할 수 있고, 원할 때 일할 수 있는 자유를 가진 우리 세대를 부러워한다. "당시 여성들은 그저 굽 낮은 구두를 신고 서 있는 단정한 비서가 되는 신세였어요." 우리가 인터뷰를 끝마칠 때, 아흔일곱 살 주느비에브가 엘리베이터를 잡아주러 조심스럽게 빠져나간다. 그녀는 내게 장난스럽게 말한다. "책 잘 되길 바랄게요. 우리가 도와줄 수 있을 것 같은데. 초고 나오면 보내줘요!"

디스코텍의 종말?

알자스의 한 저널리스트는 향수에 젖어 쓴 글[59]에서 디스코텍이 사라지는 슬픈 현실을 인정하며 낭패감을 느낀다. "문을 닫는 곳은 라페리아, 랏모스페르, 라포스티옹이다. 퓌드돔 지방에 속하는 이수아르 지역에서 거주하는 1만 4,000명에게 더 이상의 밤은 없다. 임시 행정 폐쇄 이후 몇 달 사이에, 이 디스코텍 세 곳은 결국 문을 닫고 밤의 풍경 속으로 사라졌다. 막을 내렸다." 2008~2010년 사이, 프랑스에서 800개의 디스코텍이 문을 닫았다. 대학살이다. 2년 만에 절반이 사라진 것이다. 원인이 무엇일까? 이 저널리스트에 따르면, 2000년대 말의 경제 위기로 젊은이들이 '금요일 밤'에 쓸 예산이 확 줄어든 탓이다. 담배 연기 자욱한 공간에서 신나게 파티를 즐긴 때가 기억나는가? 2007년이 마지막이었다. 이 저널리스트에 따르면 경제 위기뿐 아니라 새로운 행정 제재, 이를테면 흡연 금지, 음주운전 단속, 이웃의 민원 등도 영향을 미쳤다. 공중보건 측면에서는 합법적인 제재일지라도 해당 분야를 경제적으로 봉쇄해버린 것은 분명하다.

이 불길한 소식들은 댄스 플로어에서 일어나는 첫 키스의 마법이 더 이상 없을 것이라는 슬픈 사실을 의미한다. 만남에는 '축제'라는 맥락만큼 효과적인 것이 없기 때문이다. 하지만 나이트클럽이 문을 닫은 것이 만남의 블랙홀을 만들었을까? 청춘사업의 놀이터가 줄어들면 청춘들의 프렌치키스가 위기에 처할까? 경험적으로 보면 그렇지 않다. 예를 들어 일드프랑스 지방에서는 많은 디스코텍이 문을 닫는 대신 새로운 장소에 길을 터 주었다. 파리 근교만 해도 2018년 12월 팡탱 지역에 문을 연 VOG.파리, 포르트 드 베르사유 전시장 옥상에 자리한 클럽 T7, 오베르빌리에 지역에서 프랑스 철도청이 쓰던 건물을 개조한 라스타시온-갸르데민 등이 있다. 사랑의 심장 박동과 리듬이 잘 맞는 다양한 축제도 있다. 예를 들면 '위러브그린(매년 열리는 친환경 축제. 공연에 쓰이는 에너지나 소재들을 친환경적으로 생산, 제작한다-옮긴이)'이나 '글라자르 플라주(글라자르 공연장 주변을 해변처럼 꾸며 놓고 즐기는 여름 축제-옮긴이)'처럼 말이다.

디스코텍은 야간 영업이 가능한 바와 레스토랑에 자리를 넘겨주고, 이들은 밤이 되면 댄스 플로어의 대안 역할을 한다. 하지만 모터사이클 마니아이자 정원 디자이너인 서른일곱 살 세바스티앙에 따르면, 이들의 단점은 포지셔닝이다. "다양한 사회 구성원이 모두 모이는 진정한 만남의 장소가 없어요. 극단적인 경우에는 스윙어 클럽(참석한 멤버들끼리 자유롭게 성관계를 가지는 성인 클럽-옮긴이)이 데이트 상대를 찾을 수 있는 유일한 장소예요. 동네에 있는 바에서 찾던 것처럼요. 이제는 다 테마가 있어요. 부유층 클럽, 환각제를 즐기기 위한 가짜 클럽, 다른 곳에는 어울리지 않는 사람들만 가는 클럽, 힙스터 클럽……. 모든 게 세분화되는 것 같아요." 우리는 향수에 젖어 "자 여러분, 오늘 한번 불태워 봅시다!" 같은 DJ의 외침이나 화장실 앞에 온갖 사람들이 줄을 서 있던 풍경을 그리워하게 될 것이다. 폼 파티(플로어에 거품을 가득 채우고 즐기는 파티-옮긴이)는 덜 그리울 것 같다.

지금은 아이폰 12와 가지 모양 이모티콘(성기를 나타내는 성적 의미로 자주 쓰인다-옮긴이)을 사용하는 시대다. 댄스파티는 나이트클럽으로 대체되었다가 다시 레스토랑 또는 친구 집에서 열리는 파티로 대체되었다. 장소가 어디든 간에 두 사람이 가까워지는 것은 사교적인 장소에 함께 있기 때문이다. 오늘날 중요한 패러다임 변화 중 하나는 첫 번째 연애 상대와 첫 번째 배우자 사이에 흘러간 시간이다. 18세와 30세 사이에는, 우리가 (문자 그대로 그리고 상징적으로) 망설이고 마음을 바꾸고 착각을 하면서 보내는 12년의 시간이 있다. 배우자가 아닌 섹스 파트너를 찾는 것도 가능하고 또 그쪽으로 마음이 끌릴 수도 있다. 21세기 우리의 놀이터는 더 광대하고 다양하며 자유롭다. 사랑이 순환하는 공간이 새로워진다는 것은 얼핏 보기에 더 큰 만족감을 주는 것처럼 보인다.

그런데 왜 만남의 기회가 없다는 느낌이 자꾸 드는 것일까? 이 질문에 대한 답은 사적 영역과 공적 영역 사이에 출현한 새로운 공간에서 찾을 수 있다. 사회학자 미셸 보종과 프랑수아 에랑은 그들의 저서 『커플의 형성』[60]에서 만남의 영역을 세 가지 실체로 나눈다. 첫 번째는 공공장소, 댄스파티, 축제, 카페 또는 그냥 길거리다. 두 번째는 사적 장소, 가족 모임 또는 친구 모임이다. 마지막 세 번째는 '전용' 공간, 협회, 클럽, 공부나 일을 하는 장소, 즉 '자기들끼리' 만나는 곳이다. 여기에서 출발해 사회학자 마리 베리스트룀은 1950년대부터 시작된 사회생활의 '사유화' 현상을 다음과 같이 관찰한다.

예전에는 공적 공간에서 일어나던 일련의 관행이 가족 공간으로 이동하는 (……) 일반적인 움직임이다. 1960년대에 댄스파티는 공적 만남의 수단으로 다섯 명 중 한 명이 결혼한 방법이었다. 그러나 이제 댄스파티는 사라지고 그 자리를 더 폐쇄적이고 사적인 만남, 특히 공부하는 장소나 친구들끼리 여는 파티에서의 만남이 차지했다.

이러한 변화는 이제 모든 사회 계층에 영향을 미칠 것이다. 하지만 다른 관점에서 보면, 마리 베리스트룀의 말처럼 데이팅 앱들은 '제3자를 통해 파트너를 찾는' 전통의 일부일 뿐이다. 어떤 의미에서는 결혼 정보회사, 중매인, 옛날의 구혼 광고를 대신한다. 따라서 진정한 변화는 현실과 가상 사이의 직접적인 대립이 아니다. 옛날에 비하면 오늘날의 데이트 장소는 가족의 시선에서 더 멀리 떨어져 있다. 우리는 각자 집에 있는 소파에 앉아 매칭을 하거나, 친구의 친구를 만나거나, 직장 동료를 만난다. 첫 데이트는 단둘이서 시작하고, 종종 공동체나 사회적 틀의 외부에서 전개된다. 이러한 데이트 장소의 사유화는 그것이 경제적(데이트를 관리해주는 사적 서비스가 있는 경제적 사유화)이든, 아니면 사회적(댄스파티나 가족 같은 공적 영역에서 소파 같은 개인적 영역으로 이동하는 사회적 사유화)이든 간에 외부 통제의 약화로 연결된다. 마리 베리스트룀이 지적한 것처럼, 데이트 장소의 사유화가 문란한 행위로 이어지는 것이 아니라 오히려 더 큰 절제로 이어진다는 점이 흥미롭다. 조부모 세대에 비해 우리의 데이트는 더 한정된 영역에서 일어나지만 선택의 폭은 더 넓어진다. 제3자가 통제하는 공공장소에서, 잠재적인 사랑의 기회가 훨씬 많을 것으로 예상되는 사적 영역으로 들어왔다. 그러나 최종 선택은 오로지 개인, 즉 자기 자신에게 달려 있다.

1945~2020년의 만남의 장소

【 전통적인 것 】

중매쟁이   지역의 나이 든 사제, 좀 의아하지만 진지한 사람으로 정평이 난 미망인이나 나이 든 여성이 주로 맡는 역할이다. 중매 명단은 누구나 볼 수 있다.

광고   "늙고, 가난하고, 못생겼음. 그렇지만 나와 결혼하는 사람은 실망하지 않을 것임 (『샤쇠르 프랑세』 1920)." 이 광고를 낸 사람이 남편감을 찾을 수 있었는지 우리는 결코 알 수 없다.

가축 시장   전통적인 독신들의 축제인 생트-카트린 기간에는 축산업자들이 자신들의 가축을 대중에 공개할 수 있다. 이때는 '나이 든 처녀들'도 자신의 가장 아름다운 모자를 쓰고 소와 돼지가 늘어선 전시장 한가운데를 거닌다.

그룹 데이트   때로는 독특한 테마가 있는 그룹 활동이다. 파스타 접시 주위로 모이는 파스타 파티, 깜깜한 곳에서 즐기는 다크 파티, 침묵 속에서 만나는 콰이어트 파티 등이 있다. 성공률은 낮거나 없다.

데이팅 웹사이트   데이팅 앱과 달리 관계의 지속성에 중점을 두고 운영한다. 2019년 프랑스 데이팅 웹사이트 1위(월 조회수 기준)가 스윙어 사이트(Wyylde.com)임은 부인할 수 없다.

독신을 위한 여행 사이트   솔로들을 위한 여행 상품을 판매하지만 '학부모 가족'용 상품도 있다. 솔로 여행이 영화 <더 랍스터>[61]의 사전 단계일 것이라 상상하는 경우도 있으나, 어떻든 실제로 가는 사람들을 찾기는 어렵다. 이 사이트들의 효과는 불투명하다.

애프터-워크   음식점의 '해피 아워' 시간대를 의미하는 약간 과장된 영어식 표현이다.

친구들과의 저녁 모임   소울메이트를 찾을 가능성이 극대화되는 가장 친근한 장소다. 마음에 드는 사람이 있으면 친구들에게 평가를 요청할 수 있다. 친구의 친구 중에 독신이 있어야 한다. 그래야 성 중립 교육을 시키는 유치원에 대한 의견을 밝히지 않아도 된다.

【 잊힌 것 】

미니텔 시간당 60프랑의 비용이 들었던 프랑스 PC 통신이다. 대학 입학 자격시험 결과를 알아보거나 음탕한 대화를 나누고 싶을 때 이용하던 수단이다. 메신저 서비스를 집 안으로 들여왔다.

스피드 데이트 스피드 데이트를 증언해줄 만한 커플들이 드물다.

【 요즘 트렌드 】

비디오 게임 아바타를 통해 반쪽을 만날 수 있다. 몇 년 동안 얼굴 한 번 보지 않고 상대와 대화를 나누다 마침내 그 사람과 결혼하는 로맨틱한 사랑을 경험하게 될지도 모른다.

인스타그램 만남을 위한 새로운 수단이다. 초면인 사람에게 "무슨 일 하세요?"라는 망측스러운 질문 대신 "인스타 하세요?"라는 대중적인 질문을 던질 수 있다. 인스타그램을 통해 접근할 때는 타깃의 사진에 미친 듯이 '좋아요'를 눌러 관계를 유지한 후, 포스트를 통해 거리를 좁힌다.

매치메이커 예전의 중매쟁이를 일컫는 말이다. 걱정스러울 만큼 독신의 비율이 높은 도시(뉴욕, LA 등)에서 여덟 번 데이트를 주선해주고 6만 5,000유로를 청구할 수 있다.

흡연 구역 실생활에서 사랑을 찾기로 결심했을 때 가기 좋은 곳이다. 함께 담배를 피운다는 공동 모의, 접촉성, 근접성이 특징이다. 비사교적인 사람이 연애 상대를 찾을 수 있는 최후의 보루라고나 할까?

샤프롱 연극에서 샤프롱(과거 젊은 여성의 사교 생활을 보살펴주던 사람-옮긴이)은 자기가 관리하는 순진한 여성을 방탕한 행위로 몰아넣는 비열한 중매쟁이로 자주 묘사되었다. 하지만 현대 버전의 샤프롱은 당신에게 호의적이며 술을 몇 잔 마셨는지 감독해주고, 당신의 문자에 GIF 이미지로 답한다. 내면에 있는 탐지기로 자아도취에 빠진 변태들을 찾아내는 능력이 있다.

대도시에서 느끼는 군중 속의 고독

의심의 여지없이, 로스앤젤레스는 인간적 상호작용을 하기에 가장 불리한 장소 중 하나다. 테라스에서 술 한 잔을 마신다는 개념이 존재하지 않는다. 인도를 걷는 것은 주로 노숙자들이다. 자동차 수가 주민 수보다 많고, 각 개인은 일하는 시간을 최대한 확보하기 위해 차를 타고 이동한다. 대화하는 장면을 보는 일은 진짜 드물어서, 누군가 대화하는 것을 우연히 보게 되면 현대 미술 퍼포먼스를 목격하는 느낌이 들 수 있다.

로스앤젤레스에서 셰어하우스에 들어갔을 때, 베네딕트회 수녀원에 들어간 듯한 경험을 하게 될 줄은 몰랐다. 셰어하우스의 원칙은 거실에 15분 이상 앉아있으면 안 된다는 것이었다. 하우스메이트 간의 대화는 왓츠앱 메신저로 하고, 주제는 "레몬을 싱크대에 버리는 거 잊어버린 사람이 누구야?" 같은 것이다. 이러한 분위기는 내게 망상장애 같은 것을 일으켜 관리인으로부터 대문자와 볼드체, 빨간색 조합으로 된 문자를 받게 될까 봐 두려웠다. 다른 세입자들과 가끔 남몰래 마주쳤고, 메신저를 통해 분쟁을 해결했지만 서로 대화는 하지 않았다. '다른 사람의 사생활을 존중하는 것'은 무언의 수정헌법 제1조 같은 것이었다.

내 첫 번째 메이트는 5개월 동안 단 두 가지 질문만 했다. "밥 먹니?"와 "글 쓰니?"다. 두 번째 메이트와의 관계는 더 빨리 끝났다. 어느 날 아침 그녀는 내가 냉장고 문을 너무 오래 연다고 비난했다. 원인은 참기 힘든 냄새가 나는 프랑스 치즈였다. 그녀는 내게 다시는 말을 걸지 않았다. 어쩌다 공용 공간에서 마주치면 그녀는 캐슈넛을 훔치다 들킨 너구리처럼 재빨리 자리를 떴다. 다른 사람과 교제하면 시간을 허비하게 될 것이라는 두려움이 이들을 벽으로 둘러싼 것 같았다. 두려움은 내게도 규칙적으로 찾아왔고, 나는 불안함에 취해 한밤중에 깨고는 했다. 주말이면 고독이 열병처럼 나를 잠식했다. 나는 몇 날 며칠을 한마디도 하지 않고 지내기도 했다. 세상 어느 곳에서나 외로움을 느낄 수 있지만, 도시에서는 이런 감정이 우리를 둘러싼 사람들의 숫자만큼 커진다.

도시의 고독함을 메꾸려는 시도로, 영국 드라마 〈플리백〉 시리즈의 여주인공은 자신이 운영하는 카페에서 '수다스러운 수요일' 이벤트를 고안한다. 모르는 사람들끼리 자유롭게 대화를 나누는 이 이벤트 덕분에 카페는 손님들로 붐비게 되고 주인공은 외로움이 '돈이 된다'는 결론에 이르게 된다. 유행은 이미 시작되었다. 영국에서 이 시리즈가 시작된 지 겨우 2개월 만에 1,000개가 넘는 시설에서 오후 대화 프로그램을 만들고 이를 자랑스럽게 광고하니 말이다. '그리운 옛 시절의 인간적 상호작용'을 촉진하기 위해서다.

마치 전염병처럼, 외로움은 공중보건 문제가 되었다. 외로움은 사람을 망친다. 하루에 담배를 열다섯 개비 피우는 것만큼이나 해롭다고 한다. 그래서 공적으로든 사적으로든, 이에 맞서려는 시도들이 속속 나타나고 있다. 셰어드 라이브스라는 스타트업은 고립된 은퇴자들과 주거지를 찾는 젊은이들을 연결해준다. 프랑스에서는 낭트 주민들이 옛날의 공공 벤치를 다시 설치하자는 운동을 벌인다. 외로운 이들에게 만남의 장소이기 때문이다. 영국에서는 외로움 담당 부처가 신설되었다.

외로움이 사랑에 미치는 영향을 분석하기 위해, 먼저 외로움과 고립을 구분해보자. 이 두 개념은 같은 의미가 아니다. 외로움은 주관적인 감정으로, 혼자라는 느낌이 드는 것이다. 만원 지하철 안에서도 너무너무 외롭다고 느낄 수 있다. 프랑스 국민의 60%가 외로움이라는 감정에 익숙하다고 말한다.[62] 반면 고립은 객관적인 현실이다. 프랑스 인구의 12%가 고립되어 있으며 대다수는 노숙자, 노인, 장애인, 이민자 등 취약 계층이다. 긴급한 공공 정책이 필요하지만 종종 자원봉사자들에 의해 일시적으로 대처되고 마는 고립의 문제는 잠시 덮어두고, 외로움은 특히 도시에 사는 젊은이들 사이에서 늘어나고 있다. 구글 검색에 걱정스러운 질문들이 많아지는 것을 봐도 알 수 있다. '친구관계 SOS', '친구 없음', '친구 찾음', '혼자' 등 1만 6,700개가 넘는 노골적인 검색어들은 젊은이들 스스로 입력한 것이든, 그들 주위 사람들이 입력한 것이든 간에 젊은이들의 외로움과 연관되어 있다.[63]

외로움이라는 감정은 현실적인 고립 이상의 절망으로 우리를 몰아넣는다. 외로움의 첫 번째 원인은 감정적 유대의 단절이다.[64] 당신이 도시에 산다면 독신일 가능성이 높다. 로스앤젤레스는 주민 58%가 싱글이라는 기록을 보유하고 있다.[65] 맨해튼에서는 전체 가구의 절반이 1인 가구다. 런던도 같은 비율이며, 세계에서 독신이 가장 많은 도시로 알려진 스톡홀름에서는 그 비율이 더 높다. 맨몸으로 손을 잡고 사우나로 달려가는 커플들이 있는 나라, 공유와 상호부조로 만들어진 스웨덴의 사회민주주의 신화가 사라지는 것이다. 마지막으로 파리지앵, 즉 파리에 사는 여성 둘 중 하나는 독신이며[66] 이에 비해 프랑스 다른 지방에 사는 여성은 36%만 독신이다. 독신은 이렇게 젊은 도시인들의 일상적인 지위가 된 것 같다. 대도시들은 외로운 이들을 양산하는 만큼 또 끌어들이면서 악순환을 유지한다.

누구의 잘못일까?

언제든 누구하고든 연결될 수 있다는 사실로 인해 진정한 외로움을 경험하는 일은 거의 불가능해졌다. 그러나 외로움을 경험하는 것과 소셜 네트워크에서의 우리 활동 사이에 직접적인 인과관계는 없을 것이다. 이에 대한 많은 문헌이 있지만, 오히려 더 문제의 갈피를 잡지 못하게 할 뿐이다. 어떤 연구들은 페이스북을 사용한 이후 외로움의 감정이 증가함을 보여주지만, 그 반대를 주장하는 연구들도 있다. 그렇다면 왓츠앱 메신저에 있는 많은 그룹들의 사회성에 대해서는 어떻게 생각해야 할까? 모르는 사람이 대화를 주도하기도 하고, 각자 자기 얘기만 늘어놓거나 아기 사진, 베지테리언 라자냐 사진 같은 것들이 수없이 오가는 곳, 상대적인 편안함 속에 우리를 가둬 두는, 때로는 해로운 관계가 되는 대화 그룹들 말이다.

소셜 네트워크 덕분에 우리는 멀리 떨어져 있는 친구들과 관계를 유지할 수 있고 공허한 순간들을 메울 수 있다. 문제는 오히려 우리가 소셜 네트워크를 사용하는 데서 비롯된다. 특히 소셜 스내킹을 할 때 그렇다. 소셜 스내킹은 소셜 네트워크상에서 적극적으로 활동하지는 않으면서 이곳저곳을 돌아다니며 프로필들을 훑어보거나 댓글들을 읽는 것을 말한다. 이 행동은 인앤아웃 햄버거 매장에 앉아 치즈와 패티가 일곱 장씩 들어있는 '7×7' 버거를 마구 먹는 것에 비유할 수 있다. 마지막에는 배가 땡땡하게 불러온다. 외로움으로 가득 찬다. 소셜 네트워크에 자신을 포스팅하고 적극적으로 활동하는 순간부터, 우리는 고립감을 덜 느끼게 된다. 물론 소셜 네트워크에 익숙한 사람이라면 쉽게 속지 않고 친구들의 보여주기식 삶을 눈치챌 수 있다. 하지만 하루를 시작하기 위해 침대에서 일어나기도 전에 멀리 떨어져 있는 지인들의 동화가 넘쳐나면 상대적 외로움은 커질 것이다.

대화의 소멸?

만약 이 외로움이 소셜 네트워크 때문이 아니라 구두 대화의 기술을 잃었기 때문이라면 어떨까?

미국에서 열띤 토론을 일으킨 책 『대화를 잃어버린 사람들』에서 사회학자 셰리 터클은 우리가 자발적으로 대화하는 기술을 잃어버렸다고 주장한다.[67] 우리가 가진 공감과 자아성찰이라는 인간적 특성이 쇠퇴의 길로 빠져드는 중일까?

셰리 터클에 따르면 가족 간 대화가 사라지면 아이의 자존감과 자신감 발달이 늦어진다. 슈퍼마켓 계산대, 현금 인출기, 채팅을 통한 애프터서비스, 또는 행정 절차의 디지털화와 같은 자동화 기기의 출현은 우리가 대화를 연습하는 데 아무 도움이 되지 않는다.

여기에 항상 부족한 우리의 집중력까지 더하면, 타자와의 연결에 문제가 생길 수밖에 없다. 구글의 개인 QnA 페이지에서 60개의 탭을 동시에 열다 보니, 나는 토론에서 어떤 생각의 끈을 따라간다거나 다른 사람들의 주장을 고려하는 능력이 떨어졌음을 느낀다. 누군가와 의견을 나눌 때 주제를 한 열 번은 바꾸고 싶어 안달한다. 건설적인 대화에서도 나의 집중 시간은 10초를 넘기 어렵다. 우리 일상 대화의 많은 부분이 더는 눈 맞춤을 전제로 하지 않기 때문에, 나는 다른 사람과 마주하는 것보다 두 손을 키보드에 올리는 것을 선호한다.

대화에 겨우 참여하고 있다가도 상대방이 말을 많이 하기 시작하면 곧바로 지루함을 느끼고 경청을 포기하고 만다. 그렇다. 대화란 지루함의 위험성을 내포하고 있으며 지루한 대화는 인내심과 상상력이 발달하는 조건이다. 시간 관리가 중요한 시대이니 대화가 주는 선물이라 여기자.

로스앤젤레스에서는 이해관계를 따지는 대화가 기술로 자리 잡았다는 생각이 들어 놀란 적이 있다. 첫 만남에서 5분간 나누는 초기 대화는 종종 상대방이 무엇을 줄 수 있는지를 파악하는 역할을 한다. '나랑 같은 분야에서 일하나? 그럼 어떤 거래를 기대할 수 있지?'

만약 물질적인 거래도, 성적 거래도 할 수 없을 경우, 곤란해진 두 대화자는 더 무슨 말을 해야 할지 모른다…… 그리고 조용히 결론을 내린다. 서로에게 도움 될 일이 없을 거라고, 그리고 이쯤에서 대화를 그만두는 게 더 낫겠다고.

아이오와대학교 심리학 교수 대니얼 러셀은 사회적 고립감은 무엇보다 데이터의 차이, 즉 우리가 원하는 친구의 수와 실제 친구 수의 차이에서 발생한다고 본다.[68] 당신을 팔로워의 수로 판단하고 팔로워를 돈으로 보는 사회에서, 지인의 수를 한쪽 손가락으로 셀 수 있다는 것은 자신의 가치를 떨어뜨리는 일이 될 것이다. 팔로워 10만 명은 당신이 집세를 내게 해줄 수 있다. 또는 4성급 호텔의 무료 객실을 언어 종이 파라솔을 얹은 칵테일 촬영을 기획할 수 있게 해준다. 하지만 친구가 단 두 명이라면, 할부로 살아가는 인생으로 여겨질 것이다. 그리고

주말 내내 당신에게 전화 한 통 걸려오지 않는다면, 심각한 우정 결핍임을 진심으로 인정해야 하는 것이다.

이 결핍 이론은 다른 모든 형태의 정서에도 적용될 수 있다. 예를 들어 다른 사람들이 가정을 이루고 그것을 공개하는 모습을 보다 보면, 당신은 사회적 성취 모델을 끊임없이 제시하는 데에 거부감을 느낀다. 그들의 행복은 당신이 괴리감을 느끼게 만든다. 세상(당신의 부모님, 고용주, 동료, 집주인, 독신에게 불리한 세금 제도)이 당신에게 바라는 것(가정)과 당신이 현실적으로 가지고 있는 것(혼자인 삶)의 차이에서 오는 괴리감 말이다. 오늘날 우리의 사회적 지위를 팍스(결혼을 하지 않고 동거하는 사실혼 관계의 커플에게 부부에 준하는 사회적 보장을 지원한다-옮긴이), 부부, 이혼, 재혼 등으로 정의하는 세분화된 기준이 있음에도, 부부가 아니면 일단 수상쩍은 눈초리를 받는다. 우리의 관계를 나타내는 방정식은 단 두 가지, '부부'와 '혼자'뿐이다. 공동체는 당신의 본질적인 가치를 인정하지 않는다.

고독이 걱정스러운 이유는 진정한 해결책이 없어서다. 의학적 치료는 그다지 큰 역할을 하지 못한다. 당신이 외로움을 느낀다고 해서 의사가 "안녕하세요. 아, 신물이 올라오는군요. 친구는 정확하게 몇 명인가요?"라고 질문하는 일은 없다. 비슷한 일이 있기는 했다. 어느 날 항문외과 전문의가 나를 청진하던 중 내가 커플관계에 있는지 물었다. 아니라는 나의 대답에, 그는 나의 감정적 관계의 부재가 회음부 수축의 원인 중 하나일 거라고 결론을 내렸다. 그리고 자신의 아들도 독신이니 만나보지 않겠느냐고 물었다. 정말 관대한 분이 아닌가.

우리의 외로운 뇌가 야생의 상태로 돌아갈 때

진화 심리학자들에 따르면 외로움은 원초적인 생존 메커니즘을 작동시킨다.[69] 사람은 살아남고 번식하기 위해 안전한 사회적 환경을 필요로 한다. 고립의 상황에 있음을 인식하게 되면 외부 위협에 대한 경계심이 늘어나지만, 역설적으로 다른 사람과 연결되고 싶은 욕구도 증가한다.

외로움은 우리를 바깥에 있도록, 다시 말해 우리가 믿을 만하다고 확신하지 못하는 사람들과 멀리 떨어져 지내도록 만든다. 외로운 이들은 밤에 깨어날 가능성이 더 높다. 그들의 뇌가 임박한 위협을 경계하고 있기 때문이다. 외로움과 열악한 사회적 관계는 수면의 낮은 질, 낮 동안에 일어나는 기능 장애와 관련된다. 부족과 헤어져 사바나에 혼자 남겨진 선사 시대 사람처럼 긴장한 상태로 경계를 하면서, 외로운 인간은 고립의 악순환에 빠지지 않기 위해 맞서 싸워야 한다.

따라서 외로운 개인은 출구가 멀리 있는 동굴에 갇힌 포로처럼, 사회적 세계를 위협적인 장소로 보기 시작한다. 외로운 이들은 가장 부정적인 사회적 정보들을 더 오래 기억한다. 이러한 연쇄 소용돌이는 자동으로 계속되면서 적개심, 스트레스, 비관론, 불안, 그리고 낮은 자존감을 동반한다.[70]

캘리포니아에서는 사회적 상호작용의 부족함을 치료하는 경험적 방법이 수년 전부터 시행되어 왔다. 바로 사람 대신 반려견과 함께 사는 것이다. 로스앤젤레스에서는 116만 3,205가구 이상이 한 마리 이상의 반려견과 함께 산다.[71] 샌프란시스코에는 아이보다 반려견 수가 많다(미성년자 11만 8,362명 대비 반려견 23만 2,000마리로 추정). 페이팔 공동창립자인 피터 틸에 따르면 "구조적으로 가족이라는 제도에 적대적"인 곳이

자 점차 부유한 주민이 늘어나는데도 주거비가 지나치게 높은 이 도시에서, 주민들은 더 오래 독신 생활을 하고 출산율은 매우 낮으며 많은 이들이 네 발 달린 친구를 구한다. 물론 미국에서는 반려견과의 포옹을 '정서적 지지'로 인식하기도 한다. 법적으로도 이를 인정받기 위해, 공인된 정신 건강 전문가가 고통을 겪는 사람에게 동물을 처방한다. 치료사, 심리학자 또는 정신과 의사는 환자의 불안감을 완화하기 위해 또는 삶에 의미를 주기 위해, 동물의 존재가 환자의 정신 건강에 필요하다고 진단을 내린다. 일단 당신의 동물이 의학적으로 정서적 지지자로 인정받게 되면 당신은 그 반려동물을 어디에든, 심지어 몇몇 나이트클럽에도 데려갈 수 있다. 나는 여러 번의 하우스셰어 경험을 통해, 어떤 사람들은 인간보다 그들의 반려동물을 정서적으로 훨씬 가깝게 느낀다는 것을 확인했다. 사람보다 더 큰 감정적 헌신을 선물해줄 수 있는 그 동물은 먹이를 주는 한 언제나 충실하며 절대 실망을 주지 않는다.

우리가 생각할 수 있는 또 다른 해결책은 도시에 사는 모든 독신의 대탈출이다. 단순히 사교를 위한 모임은 더 이상 필요 없는 곳으로 돌아가는 것이다. 일요일 아침이면 신선한 채소를 파는 가판대 앞에서 날씨에 대해 이야기를 나누고 꽃이 핀 강가에서 함께 공놀이를 하는, 정겹고 작은 마을에 대한 환상. 아, 하지만 이 환상이 완전한 거짓은 아니다. 시골에서는 실제로 익명성의 느낌이 덜하다. 그러나 유익한 도농 복합 도시를 만들기 전에 아마도 우리는 미국 개그맨 루이 C.K.[72]가 말한, 요동치는 마음을 치료할 다음과 같은 합리적인 해독제에 관심을 가져야 할 것이다.

인생은 지독히 슬프다. 우리는 언제나 혼자이기 때문이다. 그래서 우리가 운전하면서도 문자를 보내는 것이다. 내 주위 사람들 100%가 운전하면서 문자를 보낸다. 그리고 그들은 그 고물차로 다른 사람들을 죽인다. 그들은 잠시라도 혼자라고 느끼지 않기 위해 누군가의 삶을 빼앗고 자신의 삶을 망칠 위험을 감수한다. (……) 슬픔이 당신을 휩쓸게 내버려 둬라. 슬픔이 트럭처럼 당신과 충돌하게 내버려 둬라. (……) 슬픔은 시 같은 것이다. 슬픈 순간을 살 수 있다는 것은 행운이다.

4

더 나은 상대를
찾으려는 욕망

완벽함에 대한 열망은 가능하면 더 나은 상대, 말하자면 가장 아름답고 가장 똑똑하고 가장 재미있는 사람을 찾으려는 행동으로 우리를 이끈다. '성공'에 대한 끊임없는 압박에 고무되어 이상적인 사람을 찾다 보면 스스로 높은 자부심을 갖게 되기도 한다. 하지만 왜 그러는 걸까? 누구를 위해서? 가장 높고 가장 큰 것을 붙잡으려는 욕망이 우리를 병들게 한 걸까?

첫눈에 반하는 것이 속임수일까?

내 이웃 발레르가 생각하는 완벽한 만남이란 이런 것이다. "영화 〈콜미 바이 유어 네임〉[73]에서처럼 펼쳐지는 거야. 느닷없고, 우연하며, 예측하지 못한 만남이지. 어떤 것도 계산되지 않은 만남이지만, 금세 좋은 느낌을 갖게 되지. 바에서 친구의 친구와 만나게 되는 그런 거야. 살면서 한 번은 경험하고 싶은, 너 자신의 가장 깊은 곳까지 뒤흔들 만큼 강력한 만남 말이야." 그가 설명하는 것처럼 완벽한 만남은 첫눈에 반하는 것과 비슷하다. 실존적으로 공허함을 느낄 때 독신들이 성배처럼 여기며 바라는 현상이다. 첫눈에 반하는 사랑은 프랑스의 영화 제목 번역가와 시나리오 작가의 협력으로 과대평가되기도 한다. 〈노팅힐에서 첫눈에 반함〉, 〈맨해튼에서 첫눈에 반함〉처럼. 데이팅 앱을 비롯한 소셜 네트워크는 '좋아요', 상대에게 나의 호감을 당분간 알리지 않는 기능, 호감을 익명으로 표현하는 기능 등을 이용해 만남의 경험을 부풀린다. 자연스럽고 돌발적으로 일어나는 만남임을 부각하는 것이다. 첫눈에 반하는 만남은 공공장소에서 더 잘 일어나며, 설명할 수 없고 비합리적인 연금술의 매개체이자 신체적 동요의 매개체다.

예전에는 우선 결혼부터 했다. 그러고 나서 때에 따라 사랑에 빠지기도 했다. 오늘날의 커플들은 현대 서구 사회가 찬양하는 절대적 사랑을 추구하게 되면서 먼저 사랑에 빠지고, 모든 것이 괜찮으면 그때 결혼을 결심한다. 첫눈에 반하는 것은 사랑이 진행되는 과정의 중심에 자리한다. 첫눈에 반하는 것은 실행하기도 쉽고 우리를 사회적 합의로부터 자유롭게 하며 부모님이나 친구들의 배후 작전에 맞서는 일이다.

20세기 후반에 꾸준히 성장해온 우리 개인의 자유와 자율성을 재확인하는 방법이기도 하다. 또 두통을 유발하는 많은 선택지로부터 벗어날 수 있다는 큰 이점이 있다. 하지만 첫눈에 반하는 일은 선택된 극소수의 사람들에게만 상호적으로 일어난다. 우리의 절반 이상이 첫눈에 반한 적이 있다고 말하지만, 커플의 10%만이 이 기묘한 내적 충격으로 맺어졌다.[74]

생물학자들은 많은 연구에서 첫눈에 반한 사랑을 도파민, 옥시토신 또는 아드레날린 같은 여러 물질이 유발하는 화학 반응으로 규정한다. 그러나 동시에 또 다른 연구에서는[75] 우리 대부분이 닮은 사람에게 끌린다는 사실을 증명한다. 다른 사람의 얼굴에서 자신과 닮은 특징을 발견하게 되면 그 사람을 더 매력적으로 느끼게 되는 것이다. 육체적인 것 외에 성격의 유사성과 관련된 매력도 찾을 수 있을 것이다. 비슷한 의견과 가치, 신념을 가진 사람들은 서로에게 끌릴 가능성이 훨씬 크다고 한다.[76] 첫눈에 반하는 것은 아마도 상대방에게서 자신을 발견하는 일일 것이다. 소울메이트, 운명이나 마법과는 아무 관계없다. 많은 작가들은 첫눈에 반하는 사랑의 진실성에 의문을 제기한다. 프랑스 철학자이자 기호학자인 롤랑 바르트는 『사랑의 단상』에서 첫눈에 반하는 것은 우리를 엄습하고 사로잡는 최면 상태, 황홀감, 유괴 같은 것이며, 다른 사람의 이미지에 우리가 매료되는 것이라고 했다. 실망의 심연은 더 깊어질 뿐이다. 심리학 박사이자 정신분석학자 니콜라 뒤뤼즈에 따르면 첫눈에 반하는 것은 마음의 상처를 메우는 하나의 방법이며, 상대방은 우리의 신경증을 살피는 일종의 치료사가 되는 셈이다.[77]

첫눈에 반한 사랑에서 상대방은 항상 구원의 가치를 지닌다. 그 사람은 마치 우리 스스로 돌볼 수 없는 우리의 상처를 치료하는 사람처럼 개입한다. 그리고 우리는 그가 마치 구세주인 것처럼 우리를 맡긴다. 그의 행동반경에 제약이 있더라도 말이다. 그가 우리 안에 있는, 우리가 알고 싶지 않은 것을 깨어나게 한다면 조심해라. 조만간 그는 혼자만의 힘으로 우리를 치료하는 데 실패했다고, 좋은 치료사가 아니라는 비판을 받을 것이다.

그러니 첫눈에 반하는 사랑이란, 우리가 그토록 필요로 하는 무언가를 상대가 가지고 있는지 파악하는 요령이 아닐까? 예를 들어 당신은 내성적인데, 말을 매끄럽게 잘하는 어떤 여성에게 첫눈에 반했다고 가정해보자. 이때 당신이 가지고 있는 대화에 대한 두려움을 그녀가 메꿔줄 것이라고, 그러니 그녀가 당신을 위한 사람이라고 생각하지 말자. 당신이 해야 할 일은 연극 수업에 등록하는 것이다. 어떻든 첫눈에 반하는 만남은 우연히 일어나는 것이 아니다. 자신과 이미지가 닮은 사람이나 자신의 부족함을 채워주는 사람에게 반하는 것이다. 우리는 첫눈에 반하는 만남이 두 존재 사이에 초자연적인 연금술을 일으킨다고 생각했지만, 어쩌면 순수한 나르시시즘을 마주하는 것일지도 모른다.

첫눈에 반해 사랑에 빠지는 또 다른 신화인 왕자나 매력적인 공주에 대해 살펴보자. 『사이콜로지스 매거진』의 '만나는 사람 없음'이라는 섹션을 보면 대다수가 이 공상을 언급한다. 마흔네 살의 스테파니가 가장 오래 관계를 지속한 기간은 18개월이다. 그녀는 부부 생활에 대해 심각한 의문을 제기하지만 다음과 같은 긍정적 비약으로 결론을 내린다. "아마도 언젠가는 나의 왕자님이 나타날 거다." 또 다른 서른여덟 살 여성 구독자는 평범한 사람들과 삶을 공유하기 어렵다면서 "나는 동행을 찾는 게 아니라, 남자를 찾는 거다. 나의 남자"라고 이야기한다. 좀 더 살펴보면 피에르, 프랜시스, 알렉시스 등 세 명의 독신 남성이 '즉각적인 연금술', '만남의 마법'을 찾는 일에 대해 이야기한다. 그들이 '여왕'의 자격을 줄 미래의 '당선자'를 찾아내기 위해서.

이상적인 파트너가 존재한다는 신화에 가까운 믿음은 당나귀 채찍 끝에 달린 당근 같은 것으로, 매우 해롭고 비생산적일 수 있다. 때로는 고통받는 영혼을 위로하는 이 거만하고 기만적인 문장처럼 말이다. "어딘가에 당신을 기다리는 누군가가 있다. 그저 그 사람을 마주치기만 하면 된다." 아주 고맙다. 그렇지만 어떻게?

이렇게 가정해보자. 우리의 이상적인 파트너는 태어날 때부터 정해져 있으며 그가 누구인지, 어디에 있는지 알 방법은 없다고. 하지만 그와 눈이 마주치는 순간 곧바로 알아볼 수 있다고 말이다. 글쎄, 우리는 분명하게 말할 수 있다. 이 가정은 이중으로 비합리적(매력적인 왕자+첫눈에 반함)이며 씁쓸하고 실망스러운 애정 생활을 약속한다. 게다가 소울메이트라는 개념이 세상을 지배한다면 어떻게 될까?

전직 나사 엔지니어인 랜들 먼로는 가설을 하나 세운다.[78] 우선 '지금 이 순간 나의 소울메이트는 살아있을까?'부터 따져보는 것이다. 이제까지 세상에 태어난 사람만 해도 1,000억 명이 넘을 텐데, 지금 살고 있는 건 70억 명뿐이다. 따라서 소울메이트의 90%는 이미 죽었다. 그러니 나의 소울메이트는 무덤에 있을 가능성이 높다. 물론 아직 태어나지 않았을 수도 있지만 말이다. 하지만 소울메이트와 같은 시간대에 있길 바라는 편을 택하자. 만약 첫눈에 알아보는 만남에 모든 것을 걸고 매일 열두 명의 새로운 사람과 눈을 마주치는 방법을 쓴다면, 사는 동안 5만 번의 눈길을 주는 시간밖에 갖지 못하고, 이는 5억 명의 잠재적인 사랑 후보와 마주치기에 부족한 시간이다. 결국 먼로의 계산에 따르면 진정한 분신을 만나려면 1만 번을 살아야 한다. 마지막으로, 당신을 세뇌시켜 과도한 기다림을 이해하기 쉽게 설명해주려는 이 난삽한 계산에 당신이 분명 지칠 것이므로, 랜들 먼로는 최종 당선자를 찾을 가능성을 극대화하는 최후의 방법으로 공상 과학 시나리오를 고안한다. 그는 챗룰렛을 개선하고 이를 중심으로 사회를 재구성하자고 제안한다. 챗룰렛 업그레이드 버전은 매일 8시간 동안 전 세계 사람들과 눈을 마주치는 아이 콘택트 전용 웹캠이 될 것이다. 그래도 여전히 시간은 부족하다……. 그래서 그의 결론은 다음과 같이 명백하다.

사랑을 찾기 위해 20년을 통째로 바칠 수 있는 사람은 많지 않다. 이미 부자인 젊은이들만이 하루 종일 챗룰렛 앞에 앉아있을 수 있을 것이다. (……) 나머지 사람들은 스트레스와 압박감으로 인해 결국 사랑을 흉내 낼 것이고 끊임없이 다른 독신과 친분을 맺을 것이다. 이는 거짓된 소울메이트 만남이 될 것이다. 그들은 결혼을 하겠지만 친구들과 가족들에게 행복한 얼굴을 보여주느라 애를 먹을 것이다. 소울메이트의 개념이 이끄는 세상은 결국 외로운 세상이 될 것이다. 우리가 그런 세상에서 살지 않기를 바란다.

물론 수학으로 모든 것을 설명할 수는 없다. 그러나 앞서 살펴본 증거울을 통해 우리는 첫눈에 반하는 사랑과 너무 '매력적'인 것으로부터 건강한 거리를 유지할 수 있다. 동화 『잠자는 숲속의 미녀』가 알려주듯, 당신이 왕자나 공주를 믿는다면 상대를 기다리다 평생을 보낼 위험이 있다. 곧바로 가시덤불 침대에 눕는 것과 마찬가지다.

파트너 구하기는 집 구하기처럼

내가 엘렌을 만났을 때 그녀는 네트워크상에서 파트너 찾는 사람들을 도와주는 러브 코치로 일하고 있었다. 탁월한 문장 실력에 영어교사 자격증까지 겸비한 엘렌은 데이트의 정글에서 길을 잃은 이들을 구해주고 그들의 근심을 해결해준다. 고객들의 인터페이스에 함께 참여하고 문자를 통해 조언을 아끼지 않으며 첫 데이트를 위한 아이디어를 제안한다. 커플이 성사되면, 엘렌은 그들의 의사소통을 맡는다. 그녀는 이 중개 분야에서 몇 년을 일하면서 고객들에게 흥미로운 공통점을 발견했다. 배우자를 찾는 일이 종종 아파트를 구하는 일처럼 진행된다는 점이다. "그들은 둥지를 채우고 싶어 해요. 지금 둥지를 트는 과정에 있죠. 그들은 지금 미흡하고 불만족스럽다고 스스로 살길을 찾는 거예요. 아파트를 구입하고 파트너를 찾는 두 가지 과정 모두, 계획을 실행하고 지원하는 업무가 필요해요. 이 업무를 외부의 제3자에게 위임하면 자신은 만남 자체에만 집중할 수 있죠." 엘렌이 그녀의 고객들에게 제시하는 첫 번째 원칙은 언제나 같다. 자기 PR을 명확히 하라는 것이다. 승리자가 되려면 프로필에 최대한 개성을 담고 경력의 중요한 부분을 강조해야 한다. '기업가' 같은 일반적인 프로필보다는 '아마추어 조종사 자격증'이라든지 '사과파이를 아주 잘 만듦'과 같이 주의를 끌 만한 문구를 넣는 것이 좋다. 프로필에 적힌 단어는 파급력이 크니까. 미국에서는 '의사'나 '변호사' 같은 사회 범주에 속하는 사람들이 가장 많은 호감을 얻는다. 반려견이나 기타가 있으면 다른 사람이 접근할 가능성이 높아진다. 사진 속 여성이 공보다 롤러블레이드를 가지고 있으면 열 배 더 눈에 띈다. 물론 키는 여전히 그리고 항상 고려되는 사항이다. "여성들은 키에 대한 집단 집착이 있어요. 키가 1미터 75센티미터 이하인 남성은 데이트를 따내기가 아주 어려워요"라고 엘렌은 주장한다.

우리의 형태학적 특성과 다양한 '재능'이 가진 상대적 중요성이 항상 표준이었던 것은 아니다. 코미디언 아지즈 안사리는 그의 에세이 『모던 로맨스』에서, 중매결혼의 범위 내에서 여러 구혼자 중 자신의 어머니를 선택해야 했던 아버지를 대변한다. "첫 번째는 너무 뚱뚱했고 두 번째는 너무 커서 세 번째를 택했다." 우리 부모님이나 조부모님 세대에는 선택의 폭이 좁았을 뿐 아니라 요구 사항도 적었다. 사과파이를 만들 줄 안다거나 일본 단시 모음집을 썼다는 것은 고려 대상이 아니었다. '좋은 직업을 가졌다', '나를 웃게 했다', '차가운 물에 머리부터 뛰어들었는데, 그게 용감해 보였다'처럼 그저 소박한 몇 가지 조건들로 요약될 수 있었다. 오늘날 우리가 선택을 정당화하는 이유들을 나열한다면, 그 이유들은 결국 다음과 같은 한 가지 염원으로 귀결될 것이다. '그 사람이 없으면 난 아무것도 아니에요.' 우리의 유일하고 완전한 사랑의 대상, 그 승화된 실존적 열망의 뒤에는 상대방이 우리의 자기애적 결함을 메꿔줄 것이라는 생각이 숨어있다. 요가 같은 일상적 훈련이 당신의 신체를 최상의 컨디션으로 유지하고 뇌를 편안히 만드는 것과 마찬가지로, 이상적인 결혼 생활은 서로 상대방을 보완하면서 완벽한 균형 상태에 이르는 저울이다. 섬세한 여정이 아닐 수 없다.

이렇게 우리가 완벽한 사람을 끊임없이 찾아다니는 것은, 우리가 일상을 잘 관리하고 성숙해지도록 도와줄 누군가를 필요로 하기 때문이다. 완벽한 사람을 찾는 행위는 '프랑켄슈타인 찾기'라고 규정할 수 있는 행동을 통해 현실에 드러난다. 이 행동에 중독된 사람들은 데이팅 앱 자체나 수천 개의 프로필을 스크롤하는 것에 중독된 것이 아니다. 누군가를 사귀는 중에도 여러 사람과 동시에 교제할 수 있다는 환상에 중독되어 있는 것이다. 예술가, 지식인, 엔지니어를 희화적으로 한 번 상상해보자. 예술가는 그리 미덥지는 않지만 재미있다. 지식인은 비위생적인 곳에 살고 여러 명의 전 애인들과 여전히 정신적인 관계를 유지하지만, 함께 장르 영화를 볼 수 있어 좋다 엔지니어는 절대 바람맞히는 일이 없다. 첫 번째가 주는 웃음, 두 번째가 주는 위트, 세 번째가 주는 정착의 느낌 중에서 어느 하나만을 선택할 수 없어서, 우리는 결국 괴물을 만들어내게 된다. 우리는 만나는 사람들 각각의 유용성을 극대화하려는 시도를 한다. 그들의 장점을 한데 모아 하나의 프랑켄슈타인을 만들 때까지 말이다. 서른두 살 샹티이는 로스앤젤레스와 파리를 오가며 산다. "당신네 파리는 이상해요. 사람들이 금방 커플관계를 맺더라고요. 여기 LA에서는 여러 사람들과 친분을 나누면서 별문제 없이 혼자 지낼 수 있어요. 그게 시장의 법칙이죠. 항상 더 나은 것이 있다는." 포모 증후군[79]이 부추기는 더 나은 것을 찾으려는 행동은 넓은 의미로 볼 때 우리의 선택을 방해한다. 원하는 순간에 몇 번이고 의견을 바꾸는 것은 자유의 표시다. 반대로, 데이트 상대 중 어느 한 명에게서 다른 한 명이 가진 특성을 발견하지 못할 거라는 두려움 때문에 선택을 하지 않는 것은 걱정스러운 병증이다.

상처받은 이들을 위한 엘렌*의 조언: 앱에서 산타클로스를 찾지 마라

결과에 속박되지 말고, 과정에 전념할 것: 사람을 만나고 교우관계를 다양화하는 과정에 집중해야 한다.

시간이 아주 많이 걸린다는 것을 염두에 둘 것.

무엇보다 낙담하지 말 것.

자조의 잠재력을 최대한 활용할 것.

확인보다는 질문을 사용할 것("언제 시간이 되는지 말해줘"보다는 "언제 시간 되니?"). 더 대답하고 싶게 만든다.

누가 당신에게 '좋아요'를 눌렀는지 알려주는 앱을 우선 사용할 것. 밑지는 대화를 미리 피할 수 있다.

선택한 프로필을 믿을 것.

자신의 프로필을 정직하고 정확하게 쓸 것. 유일하고 진실한 문장 하나는 상투적이고 시시한 문장 열다섯 개보다 낫다.

주의를 끌 만한 문구는 항상 개성 있게 표현할 것.

데이트는 빨리 제안할 것(메시지 몇 번을 보낸 후 또는 며칠 후에 해야 한다. 몇 주 후가 아니다). 상대

---

* 엘렌은 인터넷 웹사이트 넷 데이팅 어시스턴트에서 일한다.

가 그 날짜에 당신을 만나길 원하지 않는다면, 그냥 앞으로도 당신을 보기 싫은 것이다. 이렇게 생각하면 낙담을 피할 수 있다.

데이팅 앱에 등록된 프로필이 다양하면 우리가 파트너를 선택할 때 거대한 융합이 일어날 거라 생각하지만, 선택의 자유는 예상치 못한 효과를 불러오기도 한다. 우리는 파트너 후보를 고를 때 우리와 닮은 사람에게 다가가야 안심이 된다. 누군가를 만났는데 할 말이 없을까 봐 두렵기 때문이다. 내 하우스메이트 중 하나인 마흔세 살 뉴요커 엘리자베스의 연애사에는 공통분모가 있다. 그녀는 자신과 같은 직업을 가진 남자들, 즉 영화감독들만 선택한다. "나는 존이 좋아. 그가 만든 영화는 엄청나게 흥행했어. 그러다 그의 커리어가 갑자기 멈췄고 나는 그가 아무것도 하고 있지 않은 걸 알았어. 그 사람 때문에 나도 기운이 빠져. 아, 그리고 네드. 그 사람 영화는 선댄스에 뽑혔어." 엘리자베스는 그녀의 항산화 식단 중 하나인 블루베리를 한 줌 집다가 당혹스러워한다. "정말 이상하다니까. 내가 왜 이런 프로필들에만 끌리는지 모르겠어. 일부러 그러는 것도 아닌데. 적어도 대화 주제가 하나는 있으니까 안심이 되는 건가? 솔직히 말하면 난 사운드 분야에서 일하는 사람을 만나면 좋을 것 같아. 아마 서로 보완해줄 수 있을 거야."

엘리자베스에게만 해당되는 일은 아니다. 일반적인 데이팅 사이트와 함께 틈새시장을 노리는 사이트들도 빠르게 등장했다. 음모론자를 위한 어웨이크 데이팅, 고딕 스타일을 위한 러빙 고드, 가톨릭을 위한 테오토코스, 유대인을 위한 제이 데이트, 무슬림을 위한 멕투브 등이다. 달리기 마니아는 런투밋을 통해 만나 프로틴 바를 먹으며 데이트를 할 수 있고, 동물을 좋아하는 사람은 아니모플뢰르트에서 만날 수 있으며, 버닝맨 축제 마니아는 킨드라에서 그들만의 독특한 축제를 연장할 수 있다. 채식주의자를 위한 데이팅 사이트인 베지데이트에서 만나면, 그 사람이 만든 오트밀을 먹다 베이컨 조각이 나올까 봐 걱정할 일은 없다.

공통점이 있다는 것은 언제나 좋은 일이다. 가정을 꾸리고 자녀에게 종교를 가르치고 싶다면 같은 철학을 가진 사람을 택하는 것이 좋다. 데이트 웹사이트의 존재 자체는 전혀 문제가 되지 않는다. 누군가를 만날 때 대화를 시작하는 질문들은 대개 취미, 취향, 욕망 등에 관한 것이고 공통 관심사가 있으면 가까워지기 쉽다. 이상한 것은, 첫 데이트에서 다음과 같은 어처구니없는 말을 듣는 것이다. "나는 나처럼 내향적인 여자를 찾고 있어요. 외향적인 사람들은 피곤해서요." 또는 "두 번째 데이트에서 내가 좋아하는 영화를 보러 갔는데 글쎄, 자더라고요. 그녀가 내 스타일이 아니라는 걸 알았죠."

사회학자 장클로드 카우프만에 따르면, 훑어보기를 목적으로 하는 이러한 다양한 매칭 시스템은 우리를 벽에 부딪치게 만든다. "모든 커플은 서로의 다름을 필요로 하는 보완성과 담합이 뒤섞인, 복잡한 시스템에 근거한다." 커플관계에서 상대방을 받아들이는 과정은 커플로서의 생활에 적응해가면서 단계별로 이루어진다. 담합을 추구하는 일은 복잡하고, 커플은 기본적으로 타자관계다. 그 안에서 서로에게 거슬러 제3의 목소리를 만들어야 한다. 정신분석학자 자크 라캉의 유명한 선언 "성관계는 없다"는 두 사람 간의 성행위는 상호 보완을 중심으로 하는 경우가 거의 없다는 그의 생각을 표현한 것이다. 쾌락에는 '서로'라는 것은 없고, 오로지 '자기 자신'만 있을 뿐이다. 친밀감이 깊더라도 상대방은 항상 '타자'로 남을 것이다. 라캉은 또한 커플에 관한 장난스러운 문구를 우리에게 남겼다. 상호 보완적인 상대를 찾는 우리의 헛된 수고를 예고하는 말이다. "사랑은 우리가 갖고 있지 않은 것을, 그것을 원하지 않는 사람에게 주는 것이다."[80]

더 나은 상대를 같은 범주 안에서 찾다

이상적인 상대를 찾는 데 있어 또 다른 걱정거리는, 알고리즘이 신체적 또는 사회적으로 서로 닮은 사람들을 매칭할 때 나타나는 알고리즘의 일탈이다. 예를 들어 틴더는 이제 '풀(pool)'로 작동한다. 프랑스 사회과학 고등교육원의 연구원인 이고르 갈리고는 이를 다음과 같이 설명한다.[81]

> 틴더 회원의 등급과 가시성을 높이는 세 가지 점수가 있다. 이 세 가지 점수는 세 가지 탐색 알고리즘을 가리킨다. 첫 번째, 회원의 매력 점수는 다른 회원이 그를 오른쪽으로 스와이프한 숫자에 따른다. 두 번째, 연계성 점수는 그가 앱에 로그인한 횟수에 따른다. 세 번째, 매칭 점수는 그가 얻은 매칭 횟수를 기반으로 한다. 그러나 어떤 회원이 로그인하고 스와이프를 많이 했는데도 '좋아요'를 거의 받지 못했다면, 그는 알고리즘에 의해 매력이 없는 사람으로 간주될 것이다. 이렇게 되면 플랫폼 전반에 걸쳐 잠재적 매력도를 높게 유지하고

싶은 틴더에 해를 끼치게 된다. 그러므로 틴더는 이 사람을 제외시키려 하고, 그가 틴더 플랫폼에 남아있기를 단념하도록 그의 '좋아요' 숫자를 더 줄인다. 최대한 많은 수의 회원을 만족시키려는 틴더의 계략은 매력 점수가 같은 회원들을 만나게 하는 것이다. 매력 점수가 높은 회원은 매력 점수가 높은 회원을 만나고, 중간 점수를 가진 회원은 중간 점수 회원을 만나게 된다.

그러므로 틴더에게 세상은 못난 것과 아름다운 것이라는 두 가지 범주로 나뉜다. 이러한 매칭 시스템은 당신의 초기 정보를 바탕으로 한다. 그러므로 초기에 얼마나 많이 매칭되었는지는 당신이 미래에 이 앱에서 상위 계층일지 아니면 하위 계층일지를 결정한다. 못난 사람들의 세상에서 아름다운 사람들의 세상으로 넘어가는 것은 대기업 인턴 면접 과정보다도 복잡하다.

우리에게는 알고리즘이 우리에 대해 초기에 가정한 사실을 취소할 방법은 없다. 마찬가지로 우리는 자신의 범주에 속하는 프로필과 매칭될 수밖에 없다. 항상 그래왔던 걸까? 사회학자 알랭 지라르는 1959년 "모두가 아무하고나 결혼하는 것은 아니다"라고 말했다.[82] "모든 일이 그렇게 진행된다. 마치 특정한 순간, 특정한 문화에서, 각자가 일반적으로 자기 주변에서 발견하는, 그리고 어느 정도 자기의 결정을 좌우하는 사회적 규범에 맞게 행동하는 것 같다." 두 사람 사이의 사랑은 단순한 우연의 산물이 아니다. 우리는 비슷한 삶의 방식, 공통 관심사, 같은 표현 방식을 공유하는 사람과 사는 것이 훨씬 낫다고 생각한다. 이 요소들은 본질적으로 우리 각자의 사회 계층에 속한다. 데이팅 앱은 사진을 체계에 맞게 올리고 각자의 개성을 몇 가지 단어로 요약하게 만들어 고정관념을 조장한다. 데이팅 앱은 우리에게 다른 지평을 열어주는 도구로 여겨지지만, 사실은 매칭되는 프로필끼리 연결해야 하는 끊임없는 압박을 받으면서 인간의 본래 성향을 연장할 뿐이다. 비슷한 사람끼리 한편이 되려는 성향 말이다. 〈채털리 부인의 연인〉, 〈타이타닉〉, 〈귀여운 여인〉의 여주인공들처럼 사랑 때문에 사회 계층을 넘나드는 것은 시나리오 작가들의 순수한 환상일 뿐인가?

데이팅 앱, 라야 체험

라야는 현재 세계에서 가장 선별적인 데이팅 앱이다. 다른 그 어떤 앱에서도 나는 이렇게 경계가 삼엄한 것을 보지 못했다. 프로필 사진을 손보고, 인스타그램 계정을 조작하고, 팔로워 수를 인위적으로 부풀리고, 라야에서 활동 중인 다른 회원의 추천을 받는 등 여러 가지 시도를 해봤지만 별 수 없었다. 이 앱은 원래 스타들을 위해 만든 것이었지만, 점차 대상을 넓혀 아주 아름답거나 엄청 부자이거나 매우 많은 팔로워를 보유한 사람들로 대상을 확대했다.

　(마치 엘리트 사교계처럼) 일단 대기 명단에 오르면 당신의 가입(당연히 유료)은 3개월 후 확정되거나 취소된다. 트럼프 시대 리얼리티 방송의 아바타들과 최고 인기 인플루언서들이 있는 진정한 에덴동산이다. 당신은 미스터리한 알고리즘이 계산하는 '라야 점수'를 받는데, 아마도 인스타그램에서의 '영향력'과 연관이 있을 것이다. 따라서 당신의 성생활은 당신이 소셜 네트워크에서 얼마나 눈에 띄는지에 달려 있으며, 당신의 내적 풍요로움과는 추호도 관련이 없다. 다른 흥미로운 특징은 프로필 사진이 다섯 장으로 제한되지 않는다는 것이다. 무한정 셀카 사진으로 구성된 예고편을 만들 수 있다. 20~30장의

사진을 선택한 음악에 맞춰 천천히 보여주는 방식으로, 바캉스 사진을 확대해 짜증 나는 슬라이드를 만들어놓은 사람도 있다. 그런 것을 보면 너무 경악스러운 나머지 이타적 사랑에 대한 모든 믿음을 잃게 될 수 있다.

우리는 선택의 자유라는 명분을 내세우며 사랑을 선택하기 위해 중매결혼에 반대했다. 그러나 이상적인 파트너를 찾는 데 집착하다가 다시 중매결혼이라는 원점으로 돌아가는 것은 아닐까? 우리가 결코 침투할 수 없는 사회 계급들로 구성된 닫힌 세계로 돌진하고 있는 것인지 어떻게 알까? 사회학자들이 비슷한 배경을 가진 사람끼리 결혼하는 것을 가리킬 때 쓰는 용어인 '집단내혼'에 대한 우리의 경향을 관찰해보면, 집단내혼에 열린 성향인지 닫힌 성향인지를 파악할 수 있다.

프랑스 국립인구학연구소 연구원인 마리 베리스트룀에 따르면, 틈새시장을 노리는 일부 사이트들은 '독특한 문화적 관행을 공유한다'는 원칙을 내세워, 현재 회원이 신입 회원을 추천해야 가입할 수 있도록 조장한다(따라서 집단내혼이 된다). 또 '일반 대중'을 위한 사이트에 있던 사용자들이 경제적, 문화적 자본가들만 모이던 사이트로 옮겨가는 현상도 나타난다.[83] 이러한 데이팅 앱의 민주화는 일부 '분리된 민주화(프랑스 사회학자 피에르 메를이 교육에서 '사회적 출신에 따라 분리되거나 차별받는 기회의 불평등' 문제를 지적하면서 사용한 표현-옮긴이)'를 감춰주는 역할도 한다.[84]

맞춤법은 교육 수준을 나타내므로 데이팅 앱에서 상대를 파악할 수 있는 주요한 지표다. "안냥머해"라는 인사는 학문적 소양이 있는 사람들에게 설득력 있는 필터가 될 것이다. 반면 첫 메시지에서 12음절

시구를 사용하면 그들의 열정에 불을 붙일 수 있을 것이다. 물론 상황에 따라 찬물을 끼얹을 수도 있다. 프로필에 설정되어 있는 위치도 돌이킬 수 없는 판단의 근거가 될 수 있다. 프랑스여론연구소의 프랑수아 크라우스가 수행한 연구 중 유명한 하나가 '93세 남자와 자겠는가?'이다.[85] 그는 이 연구에서 사회적, 지리적, 민족적 혼합에 대한 열린 자세를 중요시하는 일반적인 경향과 달리, 실제로는 사람들이 그런 열린 자세를 별로 실천하고 있지 않음을 보여준다. 소수 민족 또는 거주 지역에 대한 호감도의 차이가 존재한다는 것이다. 프랑스에서 이런 식의 배척으로 가장 손해를 입는 지역이 센생드니다. 이 연구에서 파리에 사는 여성 셋 중 하나는 센생드니 주민과는 커플이 되지 않겠다고 답했다. 오명으로 농축된 표현인 '9-3(이민자들이 주로 거주하고 실업률과 범죄율이 높은 센생드니 지역을 말할 때, 프랑스인들이 은어처럼 사용한다. 이 지역 행정번호인 93에서 따왔다-옮긴이)'은 따라서 감정적 관계에 심각한 방해물이 된다. 반대로 프로필에서 위치가 파리 시내로 설정된 경우에는 모든 성별과 유형의 앱 사용자들을 안심시키기 충분했다.

온라인에 당신의 출신지가 종종 드러난다고 해서, 인터넷이 집단내혼에 영향을 미친다고 주장할 수는 없다. 마리 베리스트룀에 따르면, 그 사회적 영향은 분석하기 쉽지 않다.

> 그 가설은 인터넷에서 사회적, 지리적 경계가 사라지면서 배경이 비슷한 사람과의 동질혼이 사라지거나, 아니면 사회학적으로 완전히 다른 파트너를 선택한다는 것이다. 사실 설문조사로는 그러한 특이성을 밝혀낼 수 없다.[86]

이 사회학자에 따르면 특정 사이트들의 포지셔닝은 단지 시장의 세분화를 반영할 뿐이다. 경제적으로 경쟁력이 있으려면 앱 제작자들은 각자의 앱을 차별화해야 한다. 그들 각자 독자적인 행보에도 불구하고 대부분의 일반적인 데이팅 앱은 모든 계층에 있는 개인들과의 상호작용을 장려하는 경향이 있다. 알고리즘은 사생활을 점차 침범하고 있는데 말이다. 미국의 일부 앱은 심지어 인종 간 결혼을 전문으로 한다. 따라서 그 앱들을 통해 사회 집단의 동질성을 교묘히 피해 새로운 집단에 접근할 수 있다.

마지막으로, 1969~2011년에 사회학자 밀랑 부셰-발라가 수행한 연구는 프랑스 사회의 전반적인 변화를 보여준다. 사회적 범주 내에서 또는 학위를 딴 사람들과 그렇지 않은 사람들에게서 집단내혼이 사라지는 경향이 나타난 것이다. 여전히 그들끼리 결혼하는 고학력 계층을 제외하고는, 교육의 대중화 덕분에 부부 형성에 본질적인 변화가 생긴 것으로 보인다. "요컨대 프랑스는 1960년대에 비해 좀 더 개방적인 사회가 되었다."[87] 그는 이렇게 결론을 내린다. 논의의 여지가 없는 이 결과는 배우자 선택에서 우리가 더 큰 사회적 개방성을 향해 가고 있음을 보여준다. 소울메이트에 대한 과장된 평가가 우려스러운 건 사실이다. 하지만 온라인이나 오프라인으로 소울메이트를 찾는 일은 '그들만의 리그'로 돌아가는 것이 아니며, 더 많은 수의 잠재적 파트너에 다가갈 수 있다는 사실은 오히려 카드 패를 다시 섞는 일이라는 점에 주목해야 한다. 새로운 플랫폼들에는 가장 비슷한 사람들끼리만 매칭되게 하는 몇 가지 기능이 있기는 하지만, 그래도 다양한 사회 집단을 고루 섞고 문화적 혼합을 장려하는 데 기여하는 것으로 보인다. 앞으로 10년

간의 집단내혼에 대한 사회학자들의 통계가 기다려진다.

여기에 무시할 수 없는 그리고 커플 문제와는 관련 없는 놀라운 사회학적 발전을 하나 추가할 수 있다. 바로 전 세계 독신 집단의 가파른 성장이다.

5

독신의 증가

"부부의 삶은 지루하다. 남자들도 지겨워하고, 여자들도 지겨워한다."

지나가는 사람

모든 것은 2003년 어느 아름다운 날 시작된다. 새하얀 가죽 점프슈트를 입은 브리트니 스피어스가 파파라치를 소리쳐 부르고는 가운뎃손가락이 아닌, 다이아몬드 반지를 낀 오른손 약지를 흔들어 보인다. 꺼지라는 뜻의 새로운 표현 방식인 듯 말이다.[88] 우리는 왜 독신일 때 스스로에게 결혼반지를 사주지 않을까? 왜 독신임을 세상에 당당히 외치지 않을까? 머지않아, 할리 베리와 사라 제시카 파커가 이 반항적인 행동에 동참한다. 결혼반지를 오른쪽 손가락에 끼는 것은 페미니스트 '임파워먼트(역량 강화)'와 동의어가 되고, ABC 방송국 〈투데이 쇼〉 앵커

케이티 쿠릭의 모습을 통해 텔레비전 화면에 등장한다. 샤넬 반지를 끼고 촬영장에 온 그녀는 이렇게 말한다. "오늘날에는 많은 여성들이 합리적인 수준의 임금을 받고 있어요. 그런데 왜 남자가 다이아몬드 반지를 사줄 때까지 기다리는 거죠?" 낭만적인 약혼의 마지막 단계를 위해 24캐럿 반지를 판매하는 전략에 익숙한 보석 브랜드 드비어스는 기회를 놓치지 않고 다음과 같은 슬로건을 내세우며 대대적인 광고 캠페인을 벌인다. '당신의 왼손은 우리를, 당신의 오른손은 나를 말한다.' 오늘날 광고 대행사들에게 모범 사례로 여겨지는 이 마케팅은 특히 35세 이상의 고소득층 여성들에게 용기를 주었다. 꼭 남자에게서 반지를 얻을 필요는 없다고. 이어 『베니티 페어』를 비롯한 잡지들에 커다란 삽입 광고가 뒤따른다. 광고 속 아름다운 여인이 반짝거리는 다이아몬드를 내보이고 주문 같은 문구가 함께 등장한다. "세상의 여성들이여, 오른손을 들어라." 그해 결혼반지가 목적이 아닌 다이아몬드 반지 판매량은 기록적이었다.[89] 모든 보석 매장과 명품 숍이 이 콘셉트에 가담하고 일반 상점들도 재빨리 뒤를 따랐다. 월마트는 291유로라는 매우 저렴한 가격으로 0.5캐럿 다이아몬드 반지를 내놓고 '독립'이라는 이름을 붙였다.

독신이 유행에 영향을 미치는 것으로 일단 확인되면 브랜드들은 독신을 공략한다. 2008년 쉐보레가 만든 광고에서는 한 여성이 데이트에 실패한 후 기분 전환을 위해 친구와 빨간 카브리올레를 타고 떠난다. 그리고 어떻게 될까? 그녀들은 깔깔대며 웃고 머리카락이 바람에 흩날릴 것이다. 독신은 자유로운 존재이고 구속받지 않으며 누구에게도 책임질 것이 없다. 삶에 만족을 느끼고 트렌디하며 자유로운 정신을 지니고 예술과 문화에 열정을 쏟으며 새로운 기술에 정통하다. 그래서 독신은 아방가르드의 상징이 된다. 반면 부부는 낡은 이미지를 반영한다. 시대에 뒤처진 부르주아적 이상이자, 흰 티셔츠를 다른 옷과 함께 세탁해 회색으로 만드는 주부의 이미지인 결혼은 말할 것도 없다. 시끄럽게 떠드는 아이들이 항상 따라다니는 핵가족은 아침 6시 30분에 엄청나게 상승하는 코르티솔 분비 그 자체다. 기름기가 그대로 남은 식기류, 미니밴, 주택 담보 대출, 신용 대출로 산 집까지. 세기말 분위기에서 여성은 종종 관리자로서 무거운 책무를 해내야 한다.

삶을 즐기는 생활 방식으로 승격된 독신의 놀라운 세계에는 이런 것들이 없다. 해픈과 네스카페의 컬래버레이션, 매치와 미틱과 글리든 등이 벌이는 캠페인들은 욕망, 유혹, 자유를 내세운다. 독신은 미래를 내다보고, 그 시장과 발을 맞추고, 거침없이 커리어를 쌓을 수 있다. 틴더가 내건 슬로건 '독신임을 애석해 마세요'는 콤플렉스에서 벗어나 밝고 성숙한 모습으로 독신의 '모험'을 하는 이들에게 바치는 송가다. 예전의 부정적 이미지에서 벗어나, 이제 독신의 시기는 재미와 탐구로 가득 찬 시기다. 브리짓 존스나 탕기(동명의 영화에서 유래된 말로, 성인이 되어서도 부모님과 함께 사는 젊은이를 뜻한다-옮긴이)와도 거리가 멀고, 고독과는 더더욱 어울리지 않는다. '공유' 경제의 마법 덕분에, 독신은 오늘날 '집단' 내에서 혹은 '브로맨스' 안에서 살고 있다.

왜 다들 독신 시장에 손을 뻗을까? 장래성이 있기 때문이다. 첫째, 놀라운 데이터가 이를 뒷받침한다. 독신은 세상에서 가장 크게 성장하고 있는 인구 범주다. 둘째, 독신의 당당한 구매력은 어떤 투자자도 침을 흘리게 만든다. 대형 컨설팅 그룹의 웹사이트에서 다음과 같은 내용을 볼 수 있다. "저당 잡힌 것은 적고 쇼핑에 쓸 돈은 많은 독신들은 특히 고급 프리미엄 제품의 타깃으로 삼기 완벽한 시장이다. 쓸 수 있는 여윳돈은 많고 돌볼 가족은 없으니, 더 많이 지출할 준비가 되어 있다."[90] 그리고 저축한 돈을 유기농 풀드포크 버거를 사 먹는 데에 탕진할 의향도 있다.

미혼 여성의 설욕[91]

미국의 150개 대도시 중 147곳에서[92] 30세 미만에 자녀가 없고 미혼인 여성의 임금은 같은 범주에 있는 남성보다 8% 더 많다.

주요 대도시에서, 그리고 20대 여성에서 이러한 격차는 더 벌어진다. 뉴욕에서는 17%, 샌디에이고에서는 15% 더 많은 소득을 올린다.

자신의 돈을 100% 자유롭게 쓸 수 있고 '충동적으로' 소비하는 경향이 많은 싱글 여성은 광고 대행사들이 새롭게 베팅하는 가장 유망한 시장이 되었다.

마크 저커버그도 자신의 독신 생활에서 아이디어를 얻어 명성을 쌓았다. 대학 네트워크를 해킹해 여학생들의 외모를 평가하는 서비스를 만들었는데, 이것이 페이스북의 선조 격인 페이스매시였다. 저커버그는 페이스북의 '싱글' 프로필과 관련된 귀중한 데이터로 사업을 한다. 예를 들어 '연애 중'에서 '싱글'로 상태를 변경해 실연한 것이 알고리즘에 표출된 페이스북 회원들은 이벤트나 여행 초대를 수락할 확률이 25% 늘어난다. 이별을 공식화하기 직전에 남성들은 메시지에 더

'감정적'인 모습을 보이며 상태 메시지에 '드라마 몰아보기', '슬픔을 삭이다', '디톡스' 같은 문구를 적어 넣는다. 일반적으로 상심한 사람들의 경우, 페이스북에 접속하는 횟수가 전보다 증가한다. 게다가 성공적인 마케팅은 두 유형의 독신, 즉 독신을 선택한 사람과 어쩔 수 없이 독신인 사람을 구분하지 않고는 이루어질 수 없다. 16세 청소년이 20년 동안 하우스메이트와 함께 산 사람이나 이혼한 사람처럼 행동하지는 않을 것이기 때문이다.

이러한 이유로 광고주들은 도시에 사는 20~30세 소비자를 타깃으로 선호한다. 과도기에 있고 빚이 없으며 여가를 즐기는 이 범주는 오늘날 '여키'라 불리는데, 기존의 '힙스터'와 '여피'를 합해 만든 용어다. 주로 대도시에 살고 한편으로 반문화(예를 들면 버려진 창고에서 친환경적으로 열리는 협동조합 축제), 다른 한편으로 명품(예를 들면 10유로짜리 말차 라테)을 좋아하는 20대 젊은이를 말한다.

이 새로운 시대의 독신들(이들의 60%는 결별 이후 이 상태를 5년 이상 유지하므로 독신으로 남을 가능성이 있다고 한다)에다가 스스로 선택한 독신들을 추가해야 한다. 스스로 선택한 독신의 수는 매년 조금씩 증가한다. 고소득 전문직에서 결혼 연령은 점차 높아지고 있으며, 사회학자들은 '이머징 어덜트후드(성장하는 성인기)'라는 새로운 생애 발달 단계를 제시한다. 성인으로의 발달이 지체된 청소년기가 떠오른다.

이 원기 왕성한 사회 집단의 또 다른 공통점을 브랜드들은 이미 잘 알고 있다. 바로 독신은 집안 관리에 문제를 겪는다는 점이다. 늦게 퇴근하는 데다 혼자 살기 때문에 일을 분담할 수 없고, 따라서 집안일 하는 데 더 많은 시간을 쓴다. 그래서 혼자 사는 사람은 최대한 집안일을 줄이려 하고, 로봇화 제품들의 핵심 타깃이 된다. 싱글은 스마트폰에 정통해 온라인 쇼핑을 즐긴다. 또 당연히 집에서 배달 음식 시켜 먹는 것을 좋아하므로 전자레인지를 이리저리 조작하지 않아도 된다.

21세기에는 독신이 새로운 주부가 되었다. 전후 기간 동안 대중 소비와 대규모 광고 캠페인에는 가전제품 제조업체들의 뮤즈인 가정주부가 등장했다. 그녀는 편리한 삶을 위해 고안된 로봇 가전제품을 비롯한 모든 새로운 도구에 감탄했다. 이제는 '디지털 원주민'인 독신이 등장해, 시간 절약과 블루투스 기술이 합쳐진 박식한 모습으로 주부의 이미지를 현대화한다. 신생 스타트업들이 제안하는 제품들은 이렇게 독신들의 관리 문제를 덜어주는 것을 겨냥한다. 독신이 이케아에 가기 위해 휴가를 내지 않도록 집에 매트리스를 배달해주는 것처럼 말이다.

이 새로운 주부는 대형 유통업체들이 겨냥하던 부부 고객의 자리를 빼앗을 정도로 성장해서, 밸런타인데이의 신성한 이미지에 의문을 제기하기에 이르렀다. 광고 대행사들은 이제 2월 14일 저녁에 금전적으로 방황하는, 가처분 소득이 높은 외로운 소비자를 타깃으로 한다. 그들의 타겟팅 전략[93]을 살펴보자. "밸런타인데이가 되면 독신에게 자신감 향상이 필요할 수 있다. 비누, 스파 용품, 고급 의류나 기타 액세서리처럼, 매일 구매하지는 않는 코쿠닝(누에고치처럼 자신만의 안식처에 틀어박혀 지내는 것-옮긴이) 제품을 판매해야 하는 마케터에게는 이상적인 날이다." 집에 머물기 좋아하는 사람으로 인식되는 독신은 3차 산업혁명의 핵심 타깃이 되었다.

싱글데이의 탄생

중국에는 부부의 날처럼 싱글족을 위한 '싱글데이(광군제)'가 있다. 거의 국경일이나 마찬가지인데, 이름대로 독신을 기념하는 날이다. 더 정확히 말하자면 독신의 쇼핑 바구니를 위한 날이다. '블랙프라이데이'의 아시아 버전으로 매년 11월 11일에 열린다. 숫자 1은 독신을 나타낸다. 1990년 대에 중국 동부의 난징시 학생들 사이에서 시작된 싱글데이는 기숙사에서 열리는 괴짜들의 사교 모임 같은 것이었다. 기원을 정확히 알 수 없는 이 축제가 오늘날 어떻게 주요 문화 현상으로 자리 잡을 수 있었을까? 그리고 어떤 목적으로 독신의 개념을 소비 파티로 바꾸었을까?

모든 것은 막대과자 '포키'에서 시작된다. 2009년으로 거슬러 올라가보자. 세계는 서브프라임의 잔혹한 위기에서 벗어나기 위해 고군분투 중이다. 알리바바는 불황에서 벗어날 방법을 찾기 위한 회의를 연다. 프로젝트 매니저들에게 이 브레인스토밍은 까다로운 임무다. 소비가 저조한 시즌인 가을에 있을 세일 행사 날짜를 정해야 한다. 갑자기 안개 속에서 실마리가 나타난다. 누군가 막대과자 포키[94]를 조금씩 갉아먹고 있는데, 이 과자가 '벌거벗은 나뭇가지'에 대한 대화에 영감을 준다. 중국에서 '벌거벗은 나뭇가지'라는 용어는 독신 남성을 가리키는데, 독신 남성은 한 자녀 정책 이후 비교적 보편화된 사회적 위치다. 따라서 막대과자를 독신에 비유하고 다시 여기에서 영감을 받아, 11월 11일로 세일 날짜를 택하고 공격적인 프로모션 캠페인을 시작한다. 벌거벗은 나뭇가지(숫자 1)만으로 구성되어 의미도 있고 미학적으로도 그럴듯하다. 2009년 첫 번째 세일에는 이런 광고 슬로건이 붙었다. "애인이 없어도 쇼핑만큼은 신나게 할 수 있습니다." 이 세일이 의도하는 메커니즘은 온라인으로 좋은 제품을 구매할 수 있게 해서 독신의 외로운 마음을 달래는 것이다.

중국은 독신자를 중요시 여기고 이들을 행복하게 만드는 것 또한 진정한 사상 혁명이라 여긴다. 이벤트는 빠르게 성공을 거두었다. 영국 드라마 〈블랙 미러〉의 불길한 에피소드에서처럼 택배 배송은 몇 달씩 지연되고 해를 거듭하면서 배송 자체가 진정한 지옥이 되었다. 판매업자들의 프린터는 고장 나고 기업들은 회계 일을 도와줄 구원병을 찾아야 할 정도다. 오늘날 글로벌 이벤트가 된 이 광군제의 프로모션 행사에는 머라이어 캐리, 미란다 커, 태양의 서커스까지 초대되어 절정에 이르렀다.

싱글데이는 미국의 블랙프라이데이와 사이버먼데이를 합친 것보다 더 큰 규모를 자랑한다. 2018년 싱글데이는 1분 25초 만에 알리바바에 10억 달러 매출을 올려주었다. 알리바바는 단 하루 거래액으로 라트비아의 국내총생산과 맞먹는 307억 달러의 온라인 판매 기록을 세웠다.[95] 오늘날 알리바바는 2만 장이 넘는 담요를 이벤트가 시작되는 자정에 자리를 지켜야 하는 인턴 사원들에게 나눠 주며, 인턴들은 이날 목격하는 모든 히스테리를 인턴십 보고서에 상세히 기록한다. 대중 소비지상주의 축제의 주인공인 독신은 이제 자정에 '새로 고침' 되는 웹사이트들과 동의어가 되었다. 그리고 욕실용 마사지 매트를 파격적인 가격에 공동 구매하기 위해 전 세계에서 몰려드는 소비자들과 동의어가 되었다.

수익성의 범위를 정하기 위해, 인상적이지만 완전히 쓸모없는 데이터가 매초마다 수집된다. 예를 들어 2012년 큰 사이즈 브래지어를 구입한 여성들은 이 사이트에서 가장 많은 돈을 쓴 사람들이기도 하다는 자료(이는 인류가 브래지어 크기로 구매 충동을 예측할 수 있는 도구를 만들었다는 결론을 끌어낸다)[96] 등이다. 또 다른 흥미로운 통계인 연도별 최고 판매 제품 순위를 보면 독신의 필요 물품에 대한 진화의 연대기를 규정할 수 있다. 스팀 아이마스크(2014년), 라텍스 폼 베개(2015년), 전기 세안 브러시(2016년), 유리창 청소 로봇과 고양이 급식 로봇(2017년), 식품 보조제(2019년)…… 전 세계 시장이 이 독신의 날을 주목하고 있으며, 이제는 독신이라는 한 가지 사회 범주만을 겨냥하지 않는다. 알리바바는 러시아, 브라질 또는 미국의 독신을 위해 서비스 수출을 모색하고 있다. 현재 220개 이상의 국가가 알리바바의 광군제 프로모션에 참여한다. 광군제는 미국의 블랙프라이데이처럼 전동 킥보드나 로봇 진공청소기 등을 매력적인 세일가로 판매하면서 프랑스에도 상륙 중이다. 싱글데이는 이제 '프리패스'가 되었다. 커플들도 그들이 원하는 거의 모든 것을 할 수 있는 날이다. 이 집단 카타르시스의 순간은 1년에 한 번씩 일탈을 허용하면서, 인간은 충실한 존재가 아님을 인식하도록 만드는 것 같다.

크리스마스의 자리를 빼앗고 있는 이 독신 기념행사는 '원하는 것은 무엇이든 할 수 있는' 자유의 개념과 연관된다. 그리고 독신이라는 지위를 실패로 보기보다는 스스로 생활 방식을 선택하는, 우리 개인의 자유에 대한 진정한 확인으로 보도록 기여한다.

나 홀로 웰빙

일본은 '오히토리사마', 즉 혼자 사는 사람을 위해 다양한 활동을 장려한다. 원래 목표는 그들을 한데 모으는 것이었다. 그러나 새로운 독신에 적응한 일본 기업들은 테마파크의 독신자용 자유이용권이나 영화관의 칸막이 좌석처럼 희한한 상품들을 제공한다. 그중 하나인 '솔로 가라오케'는 주목할 만하다. 고립된 부스 안에서 친구들 없이 국수 한 그릇을 먹으며 혼자 노래를 부를 수 있는 곳이다. 언뜻 생각하면 이러한 활동이 애정 결핍을 초래할 것 같지만, 일찍이 이 콘셉트를 도입한 체인인 고시다카 가라오케는 혼자 오는 고객들이 점점 많아지는 것을 목격했다. 그것도 우울증을 치료하기 위해서가 아니라, 단지 스트레스를 풀기 위해서였다. 이러한 경향은 혼자만의 활동을 계획하고 싶은 현실적인 욕망을 나타낸다. 우리에게 요구하는 것이 많은 사회에서 어떤 이들은 강박적으로 어디에든 참여하려고 하는 반면 다른 이들은 군중 속에서 살아가는 것에 지쳐 자신만의 욕망에 집중하기를 원한다. 음정이 맞든 음 이탈이 나든 두려워하지 않고 가라오케에 기분을 풀러 가는 이들처럼.

　독신에 대한 부정적 이미지가 사라지면서 자신만의 시간을 찾으려는 욕구와 관련된 죄책감도 줄어들었다. 우리 시대의 우선적 탐구 과제인 개인의 행복은 어느 정도의 고독 없이는 이루어질 수 없다. 그래서 사람들 간의 상호작용이 최소화되는 새로운 장소들이 나타난다. 일본에서는 혼자 저녁을 먹고 기계로 계산하는 일이 흔하다. 몇몇 일본 음식점들에서는 나무 칸막이로 구분된 1인용 좌석들 중 어느 곳이 비었는지를 표시등으로 알려준다. 레스토랑 체인 가스토는 와이파이를 사용할 수 있는 캡슐형 좌석을 제공한다. 사람과 대화할 필요 없이 대화형 메뉴판에서 음식을 고를 수 있다. 비사교적인 사람들에게는 좋은 기회다. 몇몇 사람들은 이러한 새로운 관습이 고급스러운 감옥에 머무는 것과 비슷하다고 생각할 것이다. 하지만 일상적인 장소에 마주하는 사람 없이 혼자 앉아있을 때 우리에게 필연적으로 몰려드는 결핍감을, 이곳에서는 느낄 필요가 없는 것이다. 터치스크린의 고요함을, 예의상 나누는 한담에 참여하지 않아도 되는 기회를 왜 걱정스러워하는 것일까? 일본에서는 이렇게 외로움과 관련된 금기 사항을 모두 제거해 완전한 행복의 순간을 맛볼 수 있다. 일본 미디어는 '오히토리사마 황금기에 대비해 준비해야 할 10가지', '오히토리사마 실패를 피할 8가지 비밀' 같은 기사들을 무척이나 좋아한다.[97] 문제는 현재 진행 중인 인구통계학적 변화, 즉 2035년에는 15세 이상의 절반이 독신일 것이라는 예측에 대비하는 것이다.[98]

'피스 앤드 러브'에서 '사랑은 죽었다'로

독신 문화는 일본 열도 너머로 확장되었다. 로스앤젤레스에서는 독신으로만 구성된 하우스셰어링이 나타났다. 이 셰어하우스에서 하우스메이트들은 필요에 따라 서로 교류하거나 '고스팅'을 한다. 붉은 나무로 지어진 고풍스러운 건물 레드 반은 오늘날 서민 계급은 들어올 수 없는 베니스 지역에서, 높은 집세에 대한 저항의 섬처럼 솟아 있다. 이곳의 재임대되는 방 여섯 개는 반쯤 비어있는 큰 거실을 내려다본다. 정원에는 야외 자쿠지(!)가 있고 파티의 잔해들, 빛바랜 할로윈 가면, 빈 병, 담배꽁초가 곳곳에 흩어져 있다. 이곳에 사는 젊고 잘생긴 미국인 루디는 이혼 후 데이트를 이어가고 있다. 마흔세 살 지나는 자신이 '안으로부터 죽었다'고 생각하기 때문에 사랑을 찾지 못한다. "그녀는 아무것도 없고, 감정도 없어요"라고 세 번째 하우스메이트 래리가 인정한다. 여러 번의 장기적인 관계에서 감정적인 혼돈을 겪은 그는 마흔일곱 살에 레드 반으로 도피했다. "난 게을러요. 여자들을 쫓아다닐 에너지가 없어요." 그들 공동체의 철학은 '개방'이다. 그들은 모든 독신을 인류의 긍정적이고 포괄적인 진화로 여긴다. "내 친구들 대부분과 내가 만나는 여자들은 장기적인 관계를 맺지 않아요. 2주 이상 가는 건 드문 일이죠. 도리어 다른 사람과의 관계에 대해 이야기하죠." 이곳에서 확인된 사실은 캘리포니아 히피의 이상과는 거리가 멀다. '피스 앤드 러브(Peace & Love)'가 아니라 '사랑은 죽었다(Love is dead)'이다. 래리는 누군가와 관계를 형성하는 것이 어려워 더는 기대하지 않기로 했다. 그러나 완전히 틀어박히는 것보다는 다른 하우스메이트들처럼 열린 상태로 있기를 원한다. "둘이 있다가 가슴이 찢어질 위험이 있는 한 순간을 택하느니, 차라리 여러 명과 함께 있는 여러 순간을 선택하겠어요." 래리의 설명에 따르면, 이곳 사람들은 낭만적 사랑을 포기한 지 오래다. "레드 반은 상처 입은 사람들의 집합체예요. 상처는 우릴 나르시시스트로 만들었어요. 우리가 두려워하는 의미에서의 나르시시스트요. 우린 세상으로부터 폐쇄된 느낌을 받아요. 어떤 의미에서는 감정적으로 닫혀 있지만 육체적으로는 열려 있죠. 우린 다른 사람들과 쉽게 잠자리를 갖지만, 어떤 관계를 형성하는 건 너무 어려워요." 이것이 좌절의 원인인가? "우리는 정착하지 않아요. 우리 관계는 집시들의 관계 같은 거예요. 왔다가 떠나고, 어디에 있는지, 어디로 가는지 모르는 그런 사람들이요." 그는 안타까운 듯 말한다. 그러나 레드 반은 그들이 커플 관계에서 찾지 못했던 정서적 안정감을 준다. "우리가 모두 독신이라는 사실 덕분에 우리는 다시 가족을 만들 수 있죠." 선택에 의해 한 지붕 아래 모인 솔로들이 증가하면서 독신의 개념도 재정의되고 있다. 독신은 연애에 새로운 특징을 부여한다.

천사들의 도시, 로스앤젤레스에서 사랑은 더는 우선순위가 아니다. 우선순위는 일이다. 감독인 래리는 카페에서 시나리오를 쓰며 매일을 보낸다. 당분간 그의 열정이 타오르는 장소다. "내 목록에서 사랑은 두 번째도 아니고 열네 번째예요." 여가 생활의 순위와 거의 같다. 로스앤젤레스 주민 일부는 일주일에 하루 저녁 이상은 사랑에 투자하지 않는다. 사랑보다 스포츠를 좋아한다고 말할 수도 있다. 솔로인 도시인은 앱에 코를 박고 있기보다는 달리기로 긴장을 푸는 것을 좋아할 것이다. 일에 지친 어느 날엔 데이트를 해보기로 결심할 것이다. 하지만 보수를 받는 업무 제안이 들어온다면 당일에라도 데이트를 취소할 것이다. 스스로 선택한 독신이므로, 행복은 이제 커플관계가 아니라 자아실현에 달려 있다. 개인적 혹은 직업적 목표에 도달하지 않는 한, 사랑에 너무 많은 시간을 투자하는 것은 그에게 헛된 일이다.

'싱글' 말고 '솔로'

엉클 샘의 나라, 미국에서는 독신이 차지하는 새로운 사회적 위상 때문에 어휘를 손질할 필요가 있었다. 때로는 이해하기 어려운 이 존재를 지칭하기 위해, 오늘날에는 '솔로'라는 용어를 더 선호한다. 사회에서 독신의 부정적 이미지에 대항하는 활동을 벌이는 협회인 '미혼자의 평등'은 이러한 의미론적 변화를 지지한다.

'독신'이라는 단어는 혼동을 줄 수 있다. 이 단어는 미혼인 모든 사람을 포함하지만, 오랫동안 커플관계로 지내는 대부분의 미혼들은 자신을 독신이라고 생각하지 않는다. 독신은 의미 있는 성관계나 애정관계를 가질 수 없다고 생각하는 것도 문제다. 이 용어와 관련된 부정적인 연관성 때문에 우리는 '솔로'라는 단어를 대신 사용한다. 독신의 절반 이상은 그들의 가족과 친구, 룸메이트에 둘러싸여 있다. 그들은 '혼자'지만 많은 관계를 맺고 산다!

혼자 사는 것은 또한 많은 혜택을 준다. '미혼자의 평등' 사이트는 "아무도 당신의 이불을 가져가거나 물건을 엉뚱한 데 두거나 아침에 무슨 라자냐를 먹느냐고 말하지 않는다"고 주장한다. 한 단계 더 열성적인 수준으로 올라가면 '싱글리즘'이 있다. 이 분야의 가장 적극적인 활동가인 벨라 드파울로가 고안한 싱글리즘이라는 용어는 싱글이 겪을 수 있는 소외에 대항하는 투쟁을 일컫는다(이 점에서 프랑스는 여전히 뒤처져 있다). 독신임을 공개하면 때로 다음과 같이 거들먹거리는 반응이 뒤따를 수 있다. "걱정하지 마, 지금 승자는 너야", "아니야, 분명 어디엔가 너를 기다리는 사람이 있을 거야." 아니, 독신이라고 냉장고에 생수만 달랑 있는 것이 아니다. 오랫동안 독신은 자기 안으로 침잠하는 존재로 여겨졌지만, 오늘날에는 자신의 자유와 독립성을 보호할 의무가 있는 존재로 부상했다. 이렇게 독신의 정치적 의미를 새롭게 정의하는 동시에, 우리는 부부에게서 독신과 반대되는 상황을 목격하게 된다. 부부관계는 점점 더 우려를 불러일으킨다. 만약 동화의 결말을 다시 쓴다면 부부의 삶은 아마도 밀실처럼 표현될 것이다. "그들은 결혼했고 행복하게 살았고 둘만의 공간에서 폐소공포증을 앓았다."

프랑스 철학자 뱅상 세스페데스는 결혼을 "여성을 속이고 사랑을 새장 속에 가두는 장치"로 본다. 그는 독점적이고 공식적인 부부관계를 맺어야 하는 의무를 '부부 형성'[99]이라는 우울한 신조어로 표현한다. 미국 사회학자 엘리야킴 키슬레브[100]는 가정생활에 과도하게 집착하는 '탐욕적인 결혼'을 비난한다. "이러한 부부들은 가족이 삶의 최상의 목표라 믿고 가족에게 모든 노력과 방편을 쏟아붓는다. 반면 독신들은 나이가 들수록 커뮤니티를 형성한다. 이는 그들을 더 행복하게, 덜 이기적으로, 그리고 세상과 더 상호작용하며 살게 해줄 것이다." 커플·독신 간 평등주의를 위해 그가 제안한 것 중 가장 흥미로운 내용은 아이들에게 초등학교 때부터 독신의 원칙을 가르쳐서 나중에 굳이 가족이나 부부의 일원이 되지 않아도 다른 사람들과 관계를 맺고 삶의 의미를 찾도록 용기를 주자는 것이다. 혼자 사는 삶에 대한 교육은 키슬레브가 희망하는 대로 부부라는 유일한 모델에 대한 대안을 제시해줄 것이다. "나는 머지않아 다양한 계약관계가 존재하리라 본다. 결혼한 커플, 동거하는 커플, 결혼했지만 따로 사는 커플, 함께 살지만 지켜야 할 의무는 없는 커플……. 어느 날 우리는 그 모든 단계를 목격하게 될 것이다."

독신 커플들

이렇게 인류학적 관점에서 독신과 부부의 상황이 반전되면, 이제는 부부가 독신의 생활 방식을 모방하기 시작한다. 함께 사는 것이 여전히 중요한 경우, 부부 생활을 영위하는 방식이 진화한다. 함께 살되 개인의 몫을 요구하는 일이 많아지는 것이다. 빅토리아와 데이비드 베컴은 그들의 별장에 각자의 공간을 가지고 있고, 브래드 피트와 안젤리나 졸리도 그들이 행복하던 시절에 그랬었다. 세계에 몇 안 되는 여성 축구 에이전트 중 하나인 소니아 수이드[101]는 적어도 일주일에 한 번은 배우자와 함께 시간을 보내려 노력한다. 헬레나 본햄 카터와 팀 버튼은 함께 사는 13년 동안 각방을 썼다고 고백했다. 물론 처음에는 소음공해 때문이었지만 말이다. 나중에 이들은 그 선택이 결혼의 성공 비결이었음을 알았다. 기네스 팰트로와 그녀의 두 번째 남편 브래드 팰척은 2018년 9월 결혼한 첫날부터 따로 살기 시작했다. 부부가 함께 보내는 밤은 일주일에 네 번이다. 주변 사람들이 부러워하는 방식이다. 기네스 팰트로는 이렇게 고백한다. "결혼한 친구들은 모두 우리 생활 방식이 이상적이라고, 절대 바꾸지 말라고 해요."[102] 아마도 미카엘라 보엠 같은 사람의 신중한 조언에 따른 방법일 테다. 남녀관계 전문가인 미카엘라 보엠은 자신을 "친밀감 전문 교수"라고 칭하면서 '동화를 개혁'하기 위해 애쓴다. 그녀는 결혼의 성공이 일정 수준의 '극성(極性)'을 유지하는 데 달려 있다고 확신한다. 사람 사이에 더 많은 거리를 둘수록 에로틱한 관계는 더 강하게 유지된다는 것이다.[103] 그녀는 우리에게 현대 부부관계의 예측 주기를 다음과 같이 알려준다.

사랑, 다시 말해 깨어있는 모든 순간을 자신의 반쪽과 보내고 싶은 정열적인 욕구는 당신이 이 충만하고 독점적이고 조절 장치 없는 결합을 중심으로 결혼 생활을 꾸려 가게 만든다. 그러다 어느 날, 당신도 모르는 사이에 당신은 트레이닝 바지를 입고 소파에 나란히 앉아 리얼리티 쇼를 보며 감자 칩을 먹고 있는 자신을 발견하게 될 것이다.

그러다가 부부가 더 이상 신체 접촉을 하지 않게 되면……, 열정이 식는 첫 번째 징후가 나타나면 곧바로 논쟁과 질문의 시기가 온다. 그렇게 사랑은 3년, 아니 단 3개월만 지속될 수도 있다. 하지만 독신에게서 영감을 얻는다면, 각각의 애무가 심장을 뛰게 하고 가볍게 스치기만 해도 오르가슴을 느끼던 데이트 시절과 같은 수준의 자극을 유지할 수 있을 것이다. 이때는 상대의 모든 것을 용서하고 어떤 일에도 상처를 받지 않는다. 이러한 최음제 같은 공중부양 상태는 로맨틱 코미디 시나리오 작가들의 관심을 불러일으키는 유일한 요소인 것 같다. 그 이후 단계에서는 그만큼 흥분되는 일이 없다는 것을 알고 있기 때문이다.

지금까지 언급한 부부들은 모두 독신이 누리는 개인의 자유를 요구한다는 공통점이 있다. 각자의 방, 각자의 자동차, 각자의 텔레비전, 각자의 공간, 심지어 각자의 섹스 파트너까지 있다. 그들은 결혼의 자기 파괴적 악순환이 두려워서, 개인적 근간을 유지하기로 선택한 것이다. 이는 독신을 바라보는 새로운 방식을 나타낸다. 낙인이 찍히고 희화화되고 또는 마케팅 목적으로 쓰이는 일을 모두 겪은 후, 혼자인 삶은 건설적인 개인주의와 동의어가 되었다. 훗날 독신의 임파워먼트, 즉 역량 강화로 명명하게 될 것이다.

과도한 개인주의일까?

미국의 독신들을 전문적으로 연구하는 사회학자 에릭 클라이넨버그는 독신이 되겠다거나 단순히 혼자 살겠다는 선택이 개인에게 긍정적인 영향을 준다는 사실을 잘 설명한다. 그는 『고잉 솔로: 싱글턴이 온다』[104]에서 독신자 300명의 일상을 무려 7년간 연구했다! 그는 부유한 50대 독신들, 소위 '골든 걸'들에게 질문을 던진다. 그녀들은 다시 결혼해서 '전일제 간병인'이 될지 모른다는 생각에 공포를 느낀다. 또한 결혼한 자녀들과 같은 지붕 아래 살면서 '임금을 받지 못하는 하녀'나 가정부 겸 베이비시터 노릇을 하길 원치 않는다. 이 여성들은 가족관계에서 벗어나 훨씬 안락한 솔로의 삶을 살고 있다고, 그리고 더는 가정생활로 돌아가고 싶지 않다고 고백한다. 에릭 클라이넨버그에 따르면, 이것은 혼자 사는 삶에 정착한 독신들의 증가가 어떻게 사회의 부의 증가를 나타내는 지표가 되는지를 보여준다. 경제적으로 혼자 살 수 있다면 더는 독신을 사회적 실패로 볼 이유가 없다. 이러한 자기 해방, 즉 혼자 사는 삶의 역량 강화는 온전히 자기 자신이 되기 위해 자신만의 집을 필요로 하는 개인들에게서 드러난다. 고액 소득자들에게는 신경이 곤두서는 사회생활에서 빠져나갈 구멍이 되어줄 것이다. 하지만 솔로로 살고 싶은 욕구는 낮은 사회 계층에서도 나타날 수 있다.[105] 중산층의 경우, 이로 인해 '해로운 관계로부터 자신을 보호'할 수 있으며 '자신을 위한 공간을 만들거나 기대한 만큼을 제공하지 않는 공동체를 모면할 수단'이 될 수 있을 것이다. 형편이 어려운 계층에서는 에릭 클라이넨버그가 "방어적 개인주의"라고 칭한, '위협적'이라고 여겨지는 사람들(또는 기관들)을 구해줄 수 있다.

물론, 이러한 역량 강화도 상대적이다. 혼자 사는 것은 많은 불확실성을 가져오며 자원의 수준에 따라서는 고립의 상황으로 이어질 수도 있음을 부인할 수 없어서다. 그러나 결론적으로 우리는 혼자서 살 수 있다면, 그렇게 할 것이다. 이는 사회의 성장을 나타내는 지표이기도 하다.

독신, 개인주의, 경제 성장 간의 연관성을 분석하는 것은 흥미로운 일이다. 최근 연구들에 의하면, 가치로서의 개인주의는 1960년대 이후 세계 대다수 나라에서 약 12% 증가했다. 개인주의가 확대되지 않은 나라들은 중국을 제외하고는 사회경제적 발전이 가장 취약한 곳들이다. 이러한 개인주의의 증가와 그로 인해 필연적으로 귀결되는 독신과 1인 가구의 증가는 성장의 매개체일까? 아니면 소비지상주의 쾌락이 뒤따르는 경제적 성장이어서, 관계에 대한 욕구를 저지하고 우리를 더

'이기적인' 쾌락으로 몰아넣을까?

클라이넨버그에 따르면 독신을 광적인 개인주의의 표현이라 비난하기는 어렵다. 그가 인터뷰한 사람들은 혼자 살면 모든 것을 얻을 것이라 확신하는, 마음이 평온한 남녀 그룹처럼 보인다. 독신을 과도기적 실패나 성장의 단순한 지표로 보지 않고, 클라이넨버그는 오히려 세계적 현상의 결과로 인식한다. 사생활과 자기만의 공간을 보호하려는 의지이자, 가족이나 연인과의 잠재적으로 달갑지 않은 상호작용을 제한하고 거르려는 의지의 출현인 것이다. 가족 또는 사랑하는 사람에 대한 의무에서 벗어나, 그 시간을 자신의 사회적 관계를 넓히는 데 쓴다.

독신의 증가를 이기주의로 치부하는 것은 지나친 단순화다. 구매보다는 임대와 교환을 하는 경향, 그리고 최근 이어진 공유주택, 직거래, 협업 장소의 성공적인 등장을 볼 때, 자기중심적이고 단순히 소비지상주의적인 사회 모델이 균열을 겪고 있다는 생각이 든다.

공동체가 관리하는 커뮤니티 아파트에 사는 것, 원할 때 식당에 내려가서 수다를 떨고 전자담배를 피울 수 있는 그런 곳에 사는 것이 사실 내게는 썩 괜찮아 보인다. 에릭 클라이넨버그의 책 말미에 나오는, 스톡홀름의 쇠데르말름 지역에 사는 사람들처럼 말이다. 인생의 제2막을 살아가는 그곳 사람들은 도서관과 사우나를 공유한다. 세탁기도 전자레인지도 살 필요가 없고 다른 도구도 필요 없다. 모든 것을 공유하며 함께 사는 데 중점을 둔다. 일종의 유스호스텔이지만 그 옛날의 유스호스텔처럼 다른 사람들의 냄새 나는 양말과 함께하는 곳이 아니다. 모두의 양말에서 향긋한 냄새가 나고 커플도 용인되는 곳이다.[106]

최적의 멈춤 이론

35세 이후에도 여전히 좋은 사람을 만나지 못해 당황스러운가? 수학에 답이 있다. 그리고 좋은 소식이 있다! 당신은 정상이다.

주변의 모든 사람이 당신에게 넌지시 건네는 말과 달리, 특정 연령이 되기 전에는 결혼을 약속하지 말 것을 강력 추천한다. 당신에게 극도로 유리한 일이다. 최적의 멈춤[107] 이론은 행복한 사랑을 위해서는 15~35세 사이에 만나는 모든 구혼자는 거절하라고 제안한다. 이후 첫 번째 만나는 사람이 지나간 모든 사람보다 나으니 그 사람을 선택하라고 한다. 당신이 좋은 사람과 정착할 가능성은 당신이 거절했던 잠재적 사랑의 수와 상관관계가 있다.

어떤 동물 종들은 이렇게 프로그래밍되어 있다. 교미기의 첫 3분의 1 기간에 구애하는 상대는 모두 거절하는 물고기들이 있다. 그러고 나서 교미를 위해 첫 번째로 오는 놈을 선택한다.

인류는 같은 전략을 취하지만 전혀 인식하지 못한다. 그로 인한 장점은, 결혼 약속에 대한 두려움을 수학적으로 증명할 수 있다는 것이다. 그로 인한 위험은, 열다섯 살에 지나간 풋사랑보다 나은 사람을 절대 찾을 수 없을지도 모른다는 것이다.

6

커플이 더 이상
소용없는 이유

> "내 친구 중 하나는 1년 동안 자신과 아무 관계도 맺지 않은,
> 전 애인이 아닌 여자에 대해 이야기했다."
>
> 『퓨처 섹스』 에밀리 위트

미미 토리송은 남편과 여덟 명의 아이들과 함께 시골에 산다. 마흔다섯이지만 스물여덟처럼 보이는 여성이다. 완벽한 피부와 빛나는 머릿결, 늘씬한 몸매를 가진 그녀는 베이비시터도 없이 모든 걸 해낸다. 그녀는 장화를 신고 면 원피스를 입고 꽃밭 한가운데서 사진작가인 남편을 보며 포즈를 취한다. 과일을 먹는 가족, 신선함, 유기농, 여름철 사다리 위에서 체리 따기, 부엌에서 맛있는 딸기 샤를로트(과일, 비스킷, 크림 등으로 만든 푸딩-옮긴이) 준비하기, 테이블에 놓인 해바라기 꽃다발, 귀여운 두 아이의 머리카락에 붙어있는 밀 새싹들, 버드나무로 엮은 바구니, 바닥

타일에 놓인 호박꽃. 인스타그램에서 꿈을 파는 미미 토리송은 고백한다. 자신의 삶이 항상 완벽한 것은 아니라고. 하지만 감정의 사막을 건너는 누군가에게 이런 이미지는 닿을 수 없는 오아시스다.

우울할 때는 안 가는 것이 좋은 또 다른 장소는 '더 소셜라이트 패밀리' 사이트다. '이 시대 가족들의 인테리어 디자인'을 보여주는 이 사이트의 제작자는 매주 한 부부의 집을 방문해 '현명하고 멋진 가족의 표본'을 구성한다. 이들의 탁월한 인테리어 풍경에는 콤, 라자르, 위게트 같은 19세기 이름을 가진 사랑스러운 아이들이 빈티지이거나 재해석한 컨템포러리 클래식 가구 가운데 당당히 자리 잡고 서 있다. 기하학적 펜던트 조명, 르코르뷔지에 작품 같은 피라미드 구조, 성직자가 두르는 스톨처럼 생긴 도자기가 있는 '일가족'에 어느새 빠져들게 된다. 이 꿈같은 존재들과 나 사이의 격차를 깨닫도록 강요하면서, 더 소셜라이트 패밀리는 다른 사람과 함께하는 미래에 뛰어들고 싶은 모든 의지를 아예 꺾어버린다. 보통의 세상에서, 즉 짝짓기를 추구하는 개인들의 세상에서 우리는 상대방과의 두 번째 데이트가 가능한지조차 알지 못한다. 그러니 이 출발선에서부터, 이 웹사이트처럼 미학적 프로젝트를 통해 은신처를 구성하는 융합의 이상을 마음속에 그려 보는 데까지, 필요한 보폭이 너무도 크다. 나를 둘러싼 현실에서는 사람들이 한 지붕 아래 함께 살기 위해 열심히 노력한다. 그들의 아기는 하얀 리넨으로 된 침대 시트 위에서 포즈를 취하지도 않는다. 그 위에 음식을 게워내면 모를까. 더 소셜라이트 패밀리는 우리에게 멋진 인테리어를 판매할 야심을 가지고 있을 뿐, 우리를 다른 사람들의 집으로 초대하려는 것이 아니다. 그러나 더 소셜라이트 패밀리와 같은 스토리텔링이 부부에게 너무 높은 가치를 부여하다 우리가 닿을 수 없는 이상을 구축했음을 일깨워준다.

소울메이트에서 같은 팀으로

1942년 조지프 슘페터가 가족 단위의 붕괴를 예언할 때,[108] 오늘날 우리가 겪는 과도기적 단계를 언급하는 것을 잊은 모양이다. 결혼을 통한 결합관계가 쇠퇴하는 동시에, 그와 모순되는 상황이 벌어지고 있다. 사회적 유대관계가 얼마나 견고한가는 부부가 각자의 역할을 어떻게 수행하는지에 달려 있게 되었다. 가장 유명한 '파워 커플'들, 예를 들어 버락 오바마와 미셸 오바마, 비욘세와 제이지, 조지 클루니와 아말 클루니는 모두 같은 방향으로 가고 있다. 이들의 공통점은 커플의 두 구성원 모두 일을 한다는 것이다. 이들의 숙제는 최대의 독자성을 누리면서 이 위대한 사랑을 해나가는 것이다.

사생활과 가족을 전문으로 연구하는 저명한 사회학자 이렌 테리는 서양 부부의 역사를 세 시기로 구분한다.[109] 르네상스 시기에 부부는 본질적으로 가족을 조직하고 혈통을 보장하는 역할을 했다. 사랑, 욕망 혹은 열정은 존재할 수 있지만 지배적 요소는 아니며, 오히려 가족의 이익에는 잠재적인 위협이 될 수 있다. 18세기에는 선택이 더 자유로워졌다. 인권 선언과 혁명을 겪으면서 개인을 어느 정도 고려하는 새로운 부부 개념이 등장한다. 인간은 자기 자신을 스스로 지배하길 원하는 존재다. 이제 결혼은 '자발적 동의'에 의해 이루어지며 더는 부모의 허락에 의존하지 않는다. 부부라는 연합관계는 점차 개인 해방의 도구로 변한다. 바로 이렌 테리가 "유기적 부부"라고 부르는 것이다. 유기적 부부는 지속 기간이 무한하므로, 부부 사이에 생기는 분쟁은 항상 해결될 것이라 가정하는 것이 특징이다. 남편에게 '부권(夫權)'[110]이 있으므로, 갈등이 일어날 경우 결정권을 갖는 사람은 어쨌든 남편이다. 이후, 여성의 평등에 대한 접근은 이 개념을 뒤흔들게 된다. 부부는 이제 대화를 통해 형성되는 '듀오'가 된다. "예전처럼 두 혈통을 엮는 것과는 아무런 관계가 없다. 분리할 수 없는 유기적 관계를 구성하는 것도 아니다. 열정 속에서 형성되고 대화 속에서 영속되는 관계를 유지하는 문제다."[111] 개인관계 전문가인 사회학자 제라르 네이랑의 해석을 살펴보자.

자아를 실현하라는 명령은 이제 개별 가치로 승격되었으며, 이 명령은 자아실현을 위한 효과적 수단인 부부라는 단계를 거쳐 진행된다. 혼자인 삶이 확대되고 이별이 증가하는 것을 보면 부부를 통한 자아실현이라는 목표가 얼마나 역설적인지 알 수 있는데도 말이다.

파워 커플의 경우, 사회경제적 최상위 계층에 도달하기 위해 서로 상대방의 뮤즈가 되도록 노력한다. 사랑하는 사람과의 관계에서 안정감을 느끼고 그에게서 지지를 받는 것은 삶의 다른 모든 영역에서 성공의 근간이 될 것이다. 페이스북 최고운영책임자인 셰릴 샌드버그는 2011년 젊은 여성들에게 이렇게 선언했다. "경력을 쌓으려는 여성에게 가장 중요한 결정은 어떤 남성과 결혼할지를 택하는 일이다." 기혼 남성이 돈을 더 많이 번다는 연구[112]에서도 설명되는 이러한 유형의 주장은 부부가 사회적 성공의 도구가 되었음을 보여준다. 우리는 이제 사랑하는 사람뿐 아니라, 우리의 가면 증후군(자신의 성공을 노력이 아닌 운 덕분이라 여기고, 언젠가 가면이 벗겨져 자신의 무능력함이 드러날까 봐 불안해하는 심리-옮긴이)을 없애줄 사람을 찾아야 한다. 하지만 우리가 '꿈꾸는' 직업과 길을 찾을 수 있게 도와주겠다는 자기계발 서적들은 셀 수 없이 많아도, 그 성공에 필요한 사람을 찾는 방법에 대한 문헌은 훨씬 적다. 파워 커플을 형성하려면 어떤 사람을 선택해야 할까? 돈을 더 많이 벌도록 격려해주는 사람? 부동산 대출을 갚을 능력이 있는 사람? 아니면 인간의 몸을 한 강아지?

'성숙한 부부'의 투영은 아마도 부부 그 자체보다 더 압박감을 줄 것이다. 1990년대에는 심리학자들과 성의학자들이 부부관계를 유지하는 방법을 알려주었고 우리는 오래가는 부부의 네 가지 비결을 발견했다. 타협, 이해, 의사소통, 공동의 프로젝트다. 결혼 생활을 잘 해내야한다는 이러한 스트레스는 오늘날에도 이어진다. 만약 좋은 사람을 찾지 못하면 경제적 어려움을 겪을 위험이 있다. 이는 시간을 허비하게할 뿐만 아니라 우리가 가는 길에 걸림돌이 될 것이다. 우리는 개인적 성취에 도움이 되는지를 기준으로 우리의 관계를 가늠해야 한다. 이 새로운 요구 조건은 명백한 불안감, 즉 나쁜 사람과 결혼할지 모른다는 아주 구체적인 두려움으로 연결되며 이는 사실상 개인적 삶과 직업적 삶을 둘 다 실패로 이끈다. 자신의 목적을 위해 다른 사람을 도구로 이용하는 일이 윤리에 어긋난다는 사실은 말할 것도 없다.

정신적 비용

100년 넘게 노력해도 압박감을 완화하는 데는 도움이 되지 않을 것이다. 압박감은 두 가지 행동을 유발할 수 있다. 물론 궁극적으로 둘 다 정당화될 만한 행동이다. 먼저, 우리는 유혹의 첫 단계에 머물고 싶은 끊임없는 욕망에 자신을 가둔다. 아무것도 우리를 실망시키지 않는 곳이니까. 영화 〈500일의 썸머〉[113]에서 조셉 고든 레빗은 주이 디샤넬을 진정으로 사랑하지 않는다. 그는 그녀가 자신과 맞는 사람인지 진정으로 알지 못한 채 끊임없이 자신이 가진 이상적인 이미지를 통해서만 그녀를 바라본다. 주이 또한 누군가의 무엇이 된다는 생각에 마음이 편치 않다. 그녀는 그를 사랑하는지 더는 확신하지 못한다. 스스로 강조하듯, 주이는 "사랑을 겪어본 적 없다. 그건 환상"이라고 생각한다. 영화가 시작되는 순간부터 내레이션은 우리에게 알려준다. "이것은 사랑에 대한 이야기가 아니다." 그러나 이것이 사랑에 대한 이야기가 아니면 무엇이 사랑에 대한 이야기란 말인가?

부부를 우상처럼 숭배하다 보면, 실패했을 때 상처가 잘 낫지 않는 연애를 자꾸만 계속하게 된다. 이는 분리에 대한 두려움을 증가시키고 일종의 눈덩이 효과를 일으킨다. 정신분석가이자 치료사인 마틸드 에르베는 부부의 어려움에 관해 쓴 글에서 이를 설명한다.[114]

> 부부를 유기적인 존재로 보는 개념에서 위험한 요소란 개인을 소외시키는 유대관계에 갇히는 것, 그리고 평생 결혼 생활의 지옥에서 살아야 하는 것이었다. 오늘날, 그보다 더 큰 위험은 심오하거나 실

제적인 이유 없이 이루어지는 분리의 폭력이다. 그저 "더는 당신에게 아무 감정이 없어. 떠날 거야"라면서 몇 년간 이어진 관계를 끝내 버리는 것이다. 상대방에게 자신이 원하는 모습을 더는 요구하지 않으려면, 자신의 환상과 이상화를 떠나보내야 한다.

'짝짓기'의 또 다른 걸림돌은 둘이 접착제처럼 붙어있을 때 뇌에서 활성화되는 이상한 시냅스 연결이다. 이에 대해 내게 처음 이야기해준 사람은 친구 아담이다. 당시 그는 새로운 여자친구와 함께 살게 되었는데, 매일 그들 커플의 지속성에 대해 걱정했다. "내 머릿속 커다란 부분이 우리를 생각하느라 바쁘다는 느낌이 들어. 엄청난 에너지를 요구해. 정말 말도 안 되는 일이지." 모든 다툼, 모든 위기, 모든 의심은 마음의 상처가 된다. 그러나 아담은 자신의 기대가 지나치게 크다는 것을 깨닫는다. "나는 그 사람을 너무 사랑하는 것 같아. 누군가를 이 정도로 사랑한 적은 없었어. 난 노력해야 하고, 동시에 우리 관계가 성공적이어야 한다는 압박감이 너무 커. 끔찍해." 여자친구와 다툰 후 거리를 서성이던 아담을 발견한 어느 날, 그는 눈물을 글썽이며 내게 고백한다. 그들은 커플 심리 상담을 받기로 결정하고 일주일에 한 번씩 각자만의 활동을 하라는 조언을 듣는다. 왜냐하면 그들에게 이런 분리는 상대방에게서 버림받는 경험을 주기 때문이다(이곳은 사회적 접촉이 거의 없고 자립적인 삶을 선호하는 로스앤젤레스다). 그들 커플은 일주일 중 서로에게 의존하지 않는 하루를 구상해야 한다. 마틸드 에르베가 지적하듯, 우리가 융합과 독립 사이에서 균형을 잡기 위해 노력하다 보면 문제가 생긴다.

부부가 추구하는 이 새로운 이상은 명백한 위험을 안고 있다. 부부 중 한 명이 우리는 왜 부부의 정당성을 구성하려는 약속을 지키지 않느냐며 부부의 존재를 문제 삼는 것만으로도 위험해지기 때문이다. 이런 점에서, 흔히 말하는 것과는 달리 부부의 가치에 공동으로 투자하는 일이 늘어나고 있다.

매일 우리는 딜레마에 직면한다. 혼자 있지만 또 함께 있다. 두 경우 모두 고통을 야기한다. 우리는 현대성의 규범, 즉 자기 자신으로서의 존재를 존중하면서 집단을 위해 타협하고 희생하기를 원한다. 부부가 '합의에 의한' 분리를 할 때와 마찬가지로, 이혼에도 '성공적'이어야 한다는 압박이 존재한다. 헤어질 때조차 우리가 느낄 괴로움을 부인하면서 호의적인 방식으로 헤어지도록 요구받는 것이다. 부부로 사는 것은 엄청난 에너지와 투자를 요구하며, 이는 우리를 감정적으로 황폐하게 만드는 위험한 결과를 초래할 수 있다.

장기적인 관계를 맺어야 할 때 우리는 주저한다. 첫 번째 장애물 앞에서 일단 멈춘다. 내 친한 친구 살바도르는 아주 아름다운 여성과 사귀는데, 사랑의 질이 점차 떨어지는 것을 느낀다고 내게 고백한다. 내가 열정이 식는 이유를 묻자 살바도르는 그녀와 함께 살기 위해 부다페스트로 건너갔던 일을 이야기한다. 어느 날 저녁, 모든 것이 바뀐다. 살바도르와 여자친구가 함께 영화를 보던 중 그녀는 잠이 든다. 그리고? 그게 다다. 그는 이것이 그들 사이에 있을 수 없는 일이라고 생각한다. 나는 놀란 얼굴로 그를 쳐다본다. 이 사소한 사건은 부부가 될 가능성이 있는지에 대해 의구심이 들게 했다. 그들이 서로를 위한 사람이 아니라는 증거처럼 느껴졌다. 살바도르의 바람이 비상식적이고 심지어 정신적으로 이상이 있다고 생각할 수도 있다. 하지만 그보다 훨씬 복잡한 문제다. 그는 자신이 좋아하는 영화를 보다가 여자친구가 잠들었으니, 그녀가 자신을 좋아하지 않는 것이라고 추론했다. 자신이 인정받지 못한다고 느낀 것이다. 아니면, 또 다른 가정도 있다. 살바도르는 자신이 더는 그녀를 사랑하지 않는다는 것을, 그래서 그녀는 이제 자신을 위한 사람이 아님을 느꼈다. 그래서 그는 자신이 결국 올바른 사람을 찾지 못했다는 불안감을 그녀의 졸음에 덮어씌웠다. 오늘날에는 모든 사소한 것이 사랑의 미래에 영향을 미친다.

드라마는 사절합니다만

미국에서는 커플의 붕괴 위기가 데이팅 앱에 나타나고 있다. 드라마 같은 연애는 싫다는 '노(No) 드라마'라는 표현이 그것인데, 비슷한 문구도 여럿 찾을 수 있다. '100% 드라마 없음', '드라마 없는 관계 추구함', 심지어 '드라마 절대 허용 안 됨'까지 있는데, 특히 젊은 남성들의 프로필에서 볼 수 있다.[115] 아무 마찰도 없는 커플이 존재할 것이라는 심오한 환상을 가진 사람들은 울지 않는 사람을 찾는 것인가? 감정적인 짐이 그들을 두렵게 하나? 관계의 위기에 대한 이런 두려움은 언뜻 보기에 미성숙함의 한 형태인 것 같다. 무미건조한 삶을 살고 싶다고 노골적으로 희망하는 사람들은 감정적 종말에 위험할 정도로 호의적인 심리 상태를 가지고 있을 것이다. 『뉴욕타임스』에 따르면, '노 드라마'를 찾는 것은 온난화나 바이러스처럼 매일 우리 행성에서 발생하는 위협의 직접적 증상이기도 하다. 또는 일자리를 구하지 못할 것 같은 개인적인 위협으로 인한 증상일 수도 있다.[9] 사랑할 상대를 찾으면서 '노 드라마'를 사용하는 것은 특히 우리가 세상에 취약하다는 증거다.

고스팅은 세기의 저주일까?

1973년 어느 가을날, 베로니크 상송은 흔히 '담뱃갑 사건'이라 불리는 소동을 벌였다.[116] 스물세 살의 여가수는 싱어송라이터 미셸 베르제와 함께 연습을 하던 스튜디오를 나와 담배를 사러 간다. 몇 시간이 흐르고 그녀는 돌아오지 않는다. 미셸 베르제는 병원들에 전화를 돌리고 경찰에도 신고한다. 사흘 후 그는 그녀가 미국행 편도 티켓을 끊었음을 알게 된다. 그들은 다시는 만나지 못한다. 미셸 베르제가 그녀와 시선을 마주치지 않기 위해 신발을 고쳐 신었던 몇몇 프로그램을 제외하고는 말이다. 이것이 우리가 고스팅의 마스터 클래스라 부르는 사건이다. 고스팅은 어떤 설명도 없이 하루아침에 모든 커뮤니케이션을 멈추는 것이다. 베로니크의 사건 이후, 새로운 통신 수단이 등장하면서 고스팅은 일반적 행동이 되었고 고스팅이라는 용어도 널리 퍼졌다. 오늘날엔 주로 연인관계에서만 쓰인다. 우리 세대는 관계의 시작부터 도망치려는 경향이 강하다. 우리는 어쩌다 '그들은 결혼해서 많은 아이를 낳았다'에서 '우린 서로에게 끌려 할 수 있는 모든 것을 했고 다시는 만나지 않았다'로 바뀌었을까?

고스팅을 당하는 사람의 입장이 되어 보자. 당신은 누군가와 사귀고 있다. 어느 아름다운 가을 오후, 당신은 그 사람에게 가벼운 메시지를 보낸다. 답이 없다. 메시지는 시공간에 붕 떠 있다. 그러나 전송된 것은 분명하고, 겹화살 표시가 뜨는 것을 보면 괴롭게도 상대는 메시지를 읽었다. 처음 몇 시간 동안 당신은 핸드폰만 붙들고 있다. 하루에 평균 58회 핸드폰 화면을 본다는, 이미 우려스러운 그 수치를 더 악화시킨다.[117] (격리 이후로, 이 수치를 업데이트할 용기를 가진 연구 기관은 아직 없다) 당신이 화면에서 시선을 뗄 때 보이는 혼탁해진 각막이 주변 사람들을 걱정시킬 정도다. 당신은 상대방이 당신을 무시한다는 명백한 사실을 인정해야 한다. 당신이 너무 직접적이었나? '좋은 아침'이 '하이'보다 덜 바보 같았을까? 다시 한번 문자를 보내려면 상대에게 흠뻑 빠진 사람처럼 보일 위험을 감수해야 한다. 그리고 그것은 상대가 답할 가능성을 결정적으로 없애버릴 것이다. 당신은 어찌할 수가 없다. 그러나 상대방은 여전히 존재하고 당신은 그 모습을 본다. 그는 7킬로미터 달리기를 하는 동안 327칼로리를 소모했다. 그러고 나서 지하 주점에서 술에 취한 단짝 친구들과 밤을 보냈다(오전 4시 2분에 사진 게시). 오늘 아침에는 페이스북에 "이스라엘-팔레스타인 분쟁으로 일어나는 이 모든 폭력 사태를 더는 참을 수 없다"고 썼고 여기에 몇 개의 눈물 이모티콘이 달렸다. 당신은 당신을 고스팅한 사람의 세계와 평행한 세계에서 영원히 사는 것을 받아들여야 한다.

로스앤젤레스 에코파크 지역에서 헤어스타일리스트로 일하는 리지는 애정사에 있어서만큼은 마르지 않는 보고를 가지고 있다. 그녀의 살롱에서 비밀이란 존재하지 않으며 고객들은 이별 이야기를 거리낌 없이 털어놓는다. 머리를 자르는 일은 어찌 보면 삶을 재충전하는 것이기 때문이다. 그녀의 경험적 통계에 따르면, 현대의 감정적 단절은 대부분 다음과 같은 사라짐의 범주에 속한다.

한 여자가 앱에 로그인하고 채팅해서 어떤 사람을 만나요. 일이 잘 진행되고 여러 번 데이트를 하고 사귀기 시작하면서 커플은 서로의 우호적 영역으로 들어가죠. 새롭게 듀오가 된 둘은 온갖 계획을 세우기 시작해요. 그리고 어느 날, "일요일에 타코 먹을까?" 같은 특별할 것 없는 메시지를 보낸 이후 상대방에게서 답이 없어요. 며칠이 지나도요. 수백만이 사는 도시이니, 그 사람을 다시는 볼 수 없을 거예요.

처음 몇 번은 이러한 행동이 우리를 심각하게 뒤흔들었다. 이제는 고스팅을 하는 일도 당하는 일도 흔하다. 예를 들어 틴더를 사용하는 스푸키는 자신의 프로필 문구를 통해 우리에게 단박에 예고한다. "나는 모두를 고스팅합니다." 이 솔직함이 그가 누군가와 매칭되는 것을 방해할까? 아닐 것이다. 사회면 기자들은 고스팅을 재앙으로 여기고, 연락 두절에 희생된 영혼들을 치료할 풍부한 자료들을 내어놓는다. 이에 맞서 여러 데이팅 앱이 기술적 해결책을 찾고 있다. 바두는 사용자가 누군가와의 커뮤니케이션을 중단하면 알림을 보내는 새로운 기능을 도입했다. 힌지는 '우리 만났어요' 기능을 개발했다. 첫 데이트 후 며칠이 지나면 당사자들의 전화번호를 자동으로 식별해 각 당사자에게 메시지를 보내고, 데이트가 괜찮았는지, 다시 만날 의향이 있는지를 묻는다. 이 앱들이 우리 데이터를 점점 더 많이 수집한다는 사실은 차치하더라도, 이러한 병리가 과연 알고리즘으로 해결될 수 있을까?

18~33세 독신의 78%는 고스팅 형식의 거절을 당한 경험이 있다고 한다.[118] 고스팅을 하는 이유들은 때로는 당황스러울 만큼 비상식적이다. 상처를 입을지 모른다는 두려움, 비겁함 또는 단순히 게으름 때문일 수도 있다. 뭔가 잘못 전달되었거나 틀리게 해석된 의미 때문일 수

도 있다. 예를 들어 실뱅은 데이트 상대자 중 한 명이 그에게 오늘 저녁에 만날 수 없겠다는 메시지를 보내자 그녀를 고스팅했다. "그 사람이 데이트를 코앞에 두고 취소하는 게 싫어요. 난 그렇게 별 볼 일 없는 사람이 아녜요." 아미나는 첫 데이트에서 고스팅이 주는 공포감에 대해 이야기해놓고는 정작 자신을 고스팅한 여성을 떠올린다. 영국 『인디펜던트』의 한 기자도 이 문제를 조사했다. 그녀는 자신을 고스팅했던 모든 남자에게 연락해 설명을 부탁했다.[119] 그중 한 명은 관계 유지에 드는 비용을 이유로 들었다. 그는 교통비를 포함한 평균 데이트 비용이 55유로 정도 될 것으로 추산했고 이는 그가 계속해서 지출하기는 어려운 금액이었다. 때로 그 이유는 클레르가 말하는 것처럼 훨씬 더 간단하다. "어느 날 저녁 한 남자가 이렇게 문자를 보냈어요. '오늘 저녁에 축구 경기가 있어. 몸을 던지기 좋은 기회지.' 표현이 역겨워서 곧장 고스팅했죠."

처음에는 고스팅이 불쾌하고 충격적인 행동으로 보일 수 있지만, 침묵으로 대응하는 것은 점차 관습으로 스며들었다. 고스팅은 일종의 정서적 학대일까? 연구들에 따르면 사회적 거부는 신체적 고통을 느낄 때와 동일한 신경 회로를 활성화한다. 따라서 사회적 거부와 고통 사이에는 분명 생물학적 연관성이 있을 것이다.

우리 뇌는 '사회적 감시'[120]라 불리는 시스템을 가지고 있다. 이 시스템은 우리를 둘러싼 환경과 분위기, 사람들을 지표로 삼아 우리가 상황에 따라 어떻게 반응해야 할지를 알려준다. 문제는 고스팅을 당하는 사람에게 그것이 큰 타격을 준다는 점이다. 당신이 고스팅을 당하는 경우 너무 갑작스러워서 이 감시 시스템을 활성화할 수가 없고, 상대방에게 어떻게 반응해야 할지 판단이 서지 않으며, 따라서 그 관계를 인지적으로 '종결'할 수가 없다.[115] 그 사람과의 역사가 사라짐을 인정하지 못하고 자신을 비하하기 시작한다. 게다가 유기 증후군, 즉 누군가가 눈길을 주지 않고 지나가면 동물보호소의 작은 동물이 된 것처럼 느껴지는 증후군을 가진 사람에게는, 이러한 갑작스러운 결말이 깊은 고통을 유발할 수 있다. 두통약이 이 고통을 덜어줄 수 있다……. 그렇다. 맞게 읽었다. 미국의 일부 신경생물학자들에 따르면, 아세트아미노펜 성분은 애정관계, 심지어 친구관계에서도 사회적 거부의 고통과 관련된 신경 반응을 감소시킨다.[121] 이를 복용하면 무언가 문제가 있다는 신호를 뇌에 알리지 않도록 억제한다는 것이다. 당신의 주치의도 이 결과를 인정하는지는 모르겠다…….

아니면 대답 없는 문자에 둔감해지는 방법을 배워야 한다. 예를 들어 나를 무시하는 그 사람 입장에서 무슨 일이 일어나는지를 이해하는 것이랄까? 몽트뢰유에 사는 스물일곱의 예쁜 아가씨 아나이스는 자신을 전문적으로 고스팅하는 사람이라고 칭한다. 그녀에게 고스팅은 일상적 행동이다. 그녀는 긴 대화에서 자신이 답할 차례가 되는 순간부터 기분이 안 좋아진다. 그녀는 어느 날 내게 약간 멋쩍어하며 말한다. "난 고스팅을 해야 해요. 누군가가 내 대답을 기다리고 있다는 생각을 하면 참을 수가 없어요. 그건 날 너무 불편하게 만들어요. 난 항상 조금 기다렸다가 답을 하거든요. 그 사람이 날 잊어버리길 바라면서요." 아나이스는 모든 전 남자친구를 고스팅했다. "한 명도 빠짐없이 다"라고 그녀가 콕 집어 표현한다. 아나이스가 그렇듯, 많은 사람들이 상대에게 상처를 주려는 의도로 고스팅을 하는 것은 아니다. 그들 대다수는 오히려 상대방이 이별이라는 폭력을 당하지 않게 자신이 보호해주는 거라 여긴다.

갈색 머리를 가진 서른여덟 살의 멋진 여성 클레어는 데이팅 앱 해픈에서 트렌드 디렉터로 일했었다. 그녀는 이 인터뷰를 할 때 애인과 막 결별한 상태였지만 그 사람을 고스팅하지는 않았다. 그러나 클레어는 해픈에서 일하면서 고스팅이라는 행동을 오랫동안 연구했고 수십 개의 인터뷰에 응했으며 구체적인 해결책을 찾기 위해 노력했다. 그녀는 고스팅을 다음과 같이 요약한다.

결국, 고스팅한다는 것은 더 할 말이 없다는 거예요. 고스팅을 겪으면 당신은 계획을 명확히 하고 상황을 바꿀 수 있죠. 별 상관없을 수도 있고 아니면 괴로울 수도 있어요. 괴로운 경우에는 당신의 요구 수준을 수정해야 해요. 만약 당신이 업무에서 이미 고스팅을 겪은 적이 있다면 그리고 사랑에서 또 고스팅을 겪게 된 거라면, 정말 고통스러울 거예요. 뭐가 문제인지 스스로 생각해봐야 해요. 아니면 당신도 신경 쓰지 말고, 그 사람은 그냥 꺼지라고 하세요. 고스팅이 반드시 거절당한 고통을 유발할까요? 아니면 그저 교육의, 예의의 문제는 아닐까요?

떠나게 두자. 멀리. 우리는 유능한 '고스트버스터즈'가 되어 유령을 퇴치하면 된다. 생각해보면, 데이트 세 번도 안 해보고 대화 한 번으로 모든 걸 끝낼 필요가 있을까?

웬디 월시와 고스팅의 세 가지 유형

심리학 교수 웬디 월시는 2017년 #MeToo 운동 당시 함께 침묵을 깬 사람들과 함께 『타임』이 선정한 올해의 인물 중 한 명으로 선정되었다. 그녀는 고스팅을 세 가지 범주로 분류했다.

경량급 당신이 전날 여동생과 다투었는데 여동생이 당신 문자에 답하지 않는다면 이 범주에 속한다. '미니 고스팅'이라 부를 수 있겠다.

미들급 분명 자주 만났는데 갑자기 회피 전략에 들어가는 것이 특징이다. 아주 심각한 것은 아니다. 별로 관심이 가지 않는다면 빨리 떨어내는 것이 좋다.

헤비급 신체적으로는 물론 정신적으로도 관계를 맺고 있는데, 둘 중 한 명이 아무 설명 없이 잠수를 타서 나머지 한 명의 허를 찌르는 경우를 말한다.[122]

고스팅 이후: 게으름이 열정을 누를 때

고스팅이 지배적인 행동이 된 것은 기술 때문일까? 이론의 여지가 있다. 한편으로 생각하면 소셜 네트워크로 인해 많은 회피 전략이 발전했음을 부정할 수 없다. 우리는 마주 보고 힘든 이야기를 꺼내기가 간단치 않으므로, 시간이 흘러가게 내버려 두고, 상대방 면전에서 결별의 가능성을 알리고 싶지 않아 대화를 미루는 경향이 있다. 오늘날 우리가 누군가를 거절할 수 있는 방법은 상당히 많아졌다. 차단하기, 무시하기, 친구에서 삭제하기, 앱에서 매칭을 해제하기, '좋아요'는 누르되 대화는 하지 않기……. 이러한 변형 버전들 중 가장 나중에 생겨난 것이자 내가 보기에 시급히 채택해야 할 천재적인 기술은 '관대하지만 공허한 제스처'다.[123] 상대방을 별로 만나고 싶지는 않은데 직접 거절하는 것은 예의가 아니라 생각할 때, 상대방이 할 수 없거나 하고 싶지 않을 것 같은, 그리고 받아들일 수 없을 것 같은 일로 '반대 제안'을 내놓는 것이다. 예를 들어, 처음 만나는 데이트에 나의 이모가 주최하는 자선 행사에 함께 가자고 제안하는 것이다. 아니면 하모니카와 비올라 연주회에 가자고 제안하는 것이다. 건조기를 돌리는 동안 빨래방에서 보자고 제안할 수도 있다. 이런 전략은 나도 당신도 사용해본 적이 있다. 'No'라는 거절은 하지 않으면서도 노력한 보람은 얻을 수 있는 방법이다. 이렇게 권모술수를 쓰는 거절의 기술을 나타내는 단어가 존재한다니 즐거운 일이다. 앞으로는 우리가 고스팅을 하더라도 상대에게 어느 정도 위선적인 친절을 유지할 것임을 알 수 있다.

모든 것을 기록할 수 있는 세상이지만, 그렇다고 문제가 쉬워지지는 않는다. 최대한 핸드폰에 있는 통화 버튼을 터치하지 않으려는 내 이웃 발레르는 이렇게 지적한다. "내 통화 기록을 보면 죄다 부모님뿐이야. 난 메시지로만 소통하거든." 통신사에 매달 핸드폰 요금을 내는 것 외에도, 우리의 모든 커뮤니케이션은 통신에 기반한 경제 모델이 되어주고 있음을 잊지 말자. 우리가 포스팅을 할수록, 글을 게시할수록, 답장을 보낼수록, GAFAM(구글, 애플, 페이스북, 아마존, 마이크로소프트)은 수익을 얻는다. 페이스북, 링크드인, 인스타, 트위터, 틴더에서 우리가 나누는 모든 대화는 보관된다. 우리가 포털에서 더 많이 통신할수록 포털은 더 많은 돈을 버는 것이다. 연락을 끊는 것도 결국은 우리의 애정사가 보관되는 아카이브에 'No'라고 말하는 방식이 아닐까? 무의식적

반항? 기존 질서에 대한 반항? 우리의 응답을 기다리는 세상에 대한 반항? 위대한 작가들도 때로는 적당한 단어를 찾는 데 몇 년이 걸리는데, 그저 평범한 인간인 우리가 글을 쓰는 것으로 연애의 난관에서 빠져나올 수 있을까?

하지만 다짜고짜 연락을 끊는 일이 증가하는 경향을 분석하면서 발견하게 된 가장 흥미로운 사실은, 우리가 '포스트-고스팅'의 시대로 진입했다는 점이다. 데이팅 사이트에서 사람들은 서로 매칭이 되더라도 더는 직접 만나지 않는다. 따라서 만나기도 전부터 사라지는 일이 일어난다. '슬로 미디어(현재의 화젯거리보다는 한 사안을 깊이 있게, 즉 '천천히' 다루어 저널리즘의 본래 의미를 찾으려는 미디어-옮긴이)'라는 미개척 분야에 발을 들인 영국 매체 토터스의 기자는 이렇게 증언한다. "틴더에서 누군가와 매칭된 횟수는 333번이지만, 데이트를 한 적은 한 번도 없다."[124] 이렇게 연결되는 것이 의미가 있을까? 대다수의 데이팅 사이트가 광고하는 것과 달리, 누군가와 데이트할 기회가 모두에게 주어지는 것은 아니다.[125] 데이팅 사이트 사용자들 중 기껏해야 둘 중 하나만이 누군가를 실제로 만난 적이 있으며,[126] 첫 번째 메시지를 보낸 사람들의 절반은 답을 받지 못했다고 밝혔다.[127] 나는 범블에서 약속한 데이트에 나갈 수 없다는 메시지를 보낸 적이 있다. 상대방은 이렇게 답했다. "나도 같은 메시지를 보내려던 참이었어요." 우리는 이후로도 6개월 동안 대화를 나누었다. 나는 그를 만난 적은 없어도 그가 어디에 살고 무슨 일을 하는지, 하루하루를 어떻게 보내는지 알고 있다. 하지만 이러한 대화가 구체적인 상황으로 이어지지는 않는다. 일종의 '사후' 매칭 같은 것이다. 우리는 매칭이 된 다음에야 서로의 프로필을 살펴본다. 사진을 다시 한번 유심히 살펴보고 스스로 질문을 던져보고 결국 이 사람을 만나지 않기로 결정한다. 어쨌든 이는 데이팅 앱을 건전하게 사용한다는 증거이며 우리는 이미 데이트의 인터페이스에 대해 감정 교육을 받은 것이다. 엄청난 스와이핑 속에서 길을 잃은 우리는 여러 번의 제거 단계를 실행한다. 여기에는 독특한 세부 기준들이 적용된다. 프로필 사진이 흐릿하면 제거, 평균 수준의 대화를 하면 제거, 대화를 재개할 때 문장이 서툴면 제거, 쓰레기면 제거하는 것이다.

고스팅의 가장 흔한 징후는 마지막 순간에 약속을 취소하는 일이 점점 늘어나는 것이다. 당신이 친구와 영화관에 가기로 했는데 친구가 영화 시작 3분 전에 메시지를 보내 못 오겠다고 한다면, 대부분의 경우 그 친구에게 더 나은 계획이 있는 것이다. 친구 사이에서 이러한 태도를 보이면 우정이 급속도로 망가진다. 그러나 이런 현상은 점차 보편화되는 것으로 보인다. 최근 로스앤젤레스에 정착한 마리아마는 고스팅에 익숙해지기 시작했다.

처음에는 약속이 취소될 때마다 너무 섭섭할 거예요. 그렇지만 때로는 당신이 뭔가 잘못해서 상대방이 약속을 취소하는 걸 수도 있어요. 최악인 건, 로스앤젤레스에서 2년을 살다 보니 나도 그런 사람이 되었다는 거예요. 토요일 저녁이 되면 자주 그래요. 빈둥거리고 싶어지죠. 그래서 약속을 취소하고 나면 그 사람을 만날 때까지 몇 달은 걸려요. 아니면 아예 못 보던가요. 프랑스에서 이렇게 하면 친구들이 믿지 못할 애로 여기겠지만, 여기서는 다들 아무렇지 않아 해요.

이제 우리는 약속 1시간 전에 문자를 보내 정말 만날 의향이 있는지 확인할 것이다. 갑자기 약속을 취소하고 싶은 이기적인 마음이 하필 이때 상대방에게 생기지는 않았는지 확인하기 위해서다. 약속 취소를 당한 사람, 그러니까 이 약속 말고는 다른 대안이 없던 우리는 약속을 취소한 상대방이 무례하다고 여길 것이고, 상대와의 관계를 피상적인 영역으로 재분류할 것이다. 우리가 다른 일정으로 대체될 수 있는 사람이라는 것을 상대방이 일깨워준 것이다. 개인적인 기회에 따라 마지막에 모든 것을 계획하는 이런 경향은 결국 우위를 점하려는 방법이 아닐까? 약속을 취소하는 사람이 권력을 잡게 된다. 그 사람이 당신을 보류 상태에 두기 때문이다. 갑자기 깜짝 놀랄 일이 일어난다. 이제부터는 수요의 대상인 당신이 권력을 잡는다. 돈이 아닌 시간과 관련되는 이 권력 장악은 순간성이 인간관계의 질에 얼마나 영향을 미치는지를 보여준다. 우리는 상대방은 생각하지 않고 그때그때 순간적 심리 상태에 따라 무엇이 좋은지를 결정한다. 어쨌든 우리에게 다른 선택권은 없다. 우리가 이러지 않으면 누군가가 우리 대신 이럴 것이다. 당신이 고스팅을 당했다고 괴로워하는 데 시간을 허비해서는 안 된다. 동요하지 말고 거부당했다 생각하지도 말고, 자존심이 다치지 않게 잘 보살피면서 계속 나아가면 된다. 1986년 미국의 위대한 작가 데이비드 포스터 월러스의 자기실현적 예언처럼 "모든 사랑 이야기는 고스트(유령) 이야기다."[128]

고스팅의 하위 집합

이 동사들은 관계의 부재를 나타내기 위해 'ing' 형태로 되어 있다.

고스팅(ghosting)　유령처럼 아무 말 없이 사라지는 것.

캐스퍼링(caspering)　마치 호감 가는 유령처럼 하루아침에 친절한 방법으로 사라지는 것. 즉 문자에는 12시간 간격으로 계속 대답하면서 아무런 구체적인 계획을 제안하지 않는다.

오비팅(orbiting)　'좋아요' 누르기, 조회, 리트윗을 기반으로 소셜 미디어를 통해 대화를 계속하면서 직접적이고 의미 있는 커뮤니케이션은 모두 차단하는 것.

피싱(fishing)　매칭된 모든 사람에게 연락한 다음 차차 선별해 정리하는 것. 즉 단순히 게을러서 다른 사람을 희망 고문하는 것이다.

스태싱(stashing)　상대방을 자신의 주변 사람들에게 보여주지 않는 것. 연인 사이지만 친구와 가족에게 소개하기를 거부한다. 일시적이고 대체될 수 있는 관계로 여겨진다는 단순한 이유로 함께 있는 사진을 게시하지 말라고 간청하기도 한다.

브레드 크럼빙(bread crumbing)　'헨젤 앤드 그레텔링'이라고도 하며, 관계가 지속되고 있다는 희망을 유지할 만큼만 관심을 주는 것. 그러나 상황을 진전시킬 의도는 없다.

좀빙(zombieing)　당신을 고스팅했던 사람이 "안녕, 뭐해?" 같은 문자 메시지를 보내며 무덤에서 나오는 것. 그것도 월요일 밤이 지난 새벽 2시에 말이다.

벤칭(benching)　'보류 중' 또는 말 그대로 '시험대에 놓는 것'으로, 잘 될 가능성이 있는 멋진 사람을 찾았지만 데이트를 계속할지 다른 사람으로 넘어갈지 망설이는 것. 선택하는 대신 '가능성 있음'으로 분류하는 것이다.

몽키 브랜칭(monkey branching)　현재의 관계에서 실패할 경우 원숭이처럼 다른 나뭇가지로 풀쩍 뛰어 건너가는 것. 현재 연인이 있으면서 다른 옵션을 고려한다. 상대방을 자신의 외로움을 완화하는 '에어백'으로 생각하기 때문에 '쿠셔닝'이라고도 한다.

스크루징(scrooging)　선물을 사주기 싫어서 기념일 전에 누군가를 버리는 것.

클로킹(cloaking)　상대를 바람맞히는 동시에 그 사람과 통신 중인 애플리케이션에서 상대방을 차단하는 것.

세렌디피데이팅(serendipidating)　실제 만남이 두려워서, 더 나은 사람을 찾고 싶어서, 또는 게을러서 첫 데이트를 한없이 미루는 것.

매력 이론 또는 자유로운 사랑의 법칙

모든 영역에서 그렇듯, 사랑에서도 매력적인 모습을 유지하려면 절망적인 모습은 보이지 않는 것이 좋다. 내 친구 살바도르는 이것을 '매력 이론'이라 부르면서 다음과 같이 설명한다.

> 독신일 때는 항상 여러 애정사를 병행해야 해. 여자들을 만나는 걸 그만두면 누군가를 찾을 가능성이 바로 줄어들거든. 그러니까 유혹적인 분위기를 잃게 되는 거지. 만약 내가 여자들이랑 가깝게 지내면 여자들도 그걸 느껴. 이건 정말 확실한 건데, 내가 아무도 못 만나고 있을 땐 어떤 여자도 말을 걸지 않는다니까. 열려 있는 문이 다섯 개 있거나, 아예 문이 없거나, 둘 중 하나야. 그래도 0보다는 5가 낫잖아.

에너지가 넘치는 살바도르는 일부다처를 주장하는 것도, 유혹의 기술을 배우는 중도 아니지만 항상 동시에 두세 명을 만난다. 인스타그램에서 만난 여자친구들도 하나의 선택을 위한 것이 아니다. 살바도르의 이론에 따르면, 이렇게 다수의 상대와 가벼운 연애를 하면 매력 지수가 높아지며, 자신과 맞는 사람을 기다리며 집에 혼자 틀어박혀 있는 것보다 훨씬 효과적이다. 게다가 이러한 관계에는 반드시 육체적인 해법이 필요한 것도 아니다. 대부분의 경우 다소 플라토닉한 평행 차원 안에서 일어난다. 내 하우스메이트 레미는 라야 앱을 통해 로스앤젤레스 출신 폴란드 여성을 만났는데, 계속해서 장거리 관계를 유지할 계획이다. 레미는 세계 어느 도시든 클로즈업할 수 있는 위치 기반 기술 덕에 그녀를 만났다. "우린 하루 종일 대화해. 그녀는 내가 필요로 하는 모든 애정을 주고. 서로 영상, 사진, 음악을 보내지만 한 번도 만난 적은 없어. 웃기지. 하지만 덕분에 난 다른 데이트를 할 때 집착을 덜하게 되고, 그녀가 내게 좋은 사람인지 아닌지 골치 아프게 생각하지 않아도 되지. 그렇지 않으면 내 머리가 모든 걸 망쳐버릴 수도 있어." 결국 수요와 공급 이론과 비슷한 이 '에너지와 애정' 관계에서, 우리는 매력 이론을 이용해 우리의 가치를 가장 효과적으로 활용할 수 있다. 한 사람이 가진 매력의 수준은, 그 사람의 가용성(공급)과 반비례한다. 당신이 많은 사람들과 데이트를 할수록 상대는 당신을 매어둘 수 없는 사람으로 여기고, 이는 당신의 매력 지수를 급상승시킨다.

이 매력 이론은 과학적 근거가 있을까? 여러 관계를 키워나가는 것이 정말 그 사람 주위에 '성화' 같은 후광을 유지해줄까? 애인들을 무더기로 끌어들일까? 과학의 입장에서 보면 그럴 가능성은 거의 없다. 매력은 먼저 화학과 생물학에서 발생한다. 예를 들어 우리는 유전자를 보완하기 위해 우리와 다른 면역 체계를 가진 사람에게 더 끌릴 수 있다.[129] 호르몬 분비도 작용한다. 먼저 도파민이 분비되고, 일단 커플이 되고 나면 애착 또는 쾌락 호르몬들이 분비된다. 친밀감을 느끼게 하는 옥시토신이라든가 엔도르핀, 세로토닌 등이 있다.[130] 신경생물학자 루시 빈센트에 따르면 우리의 유전 형질은 '3년 동안 사랑을 지속'하도록 우리를 프로그래밍함으로써, 아이를 낳은 후 아이가 어느 정도 자랄 때까지는 부부 간에 애정이 유지되도록 보장한다. 번식이 끝난 후의 사랑 문제와는 상관없다.[131]

이것이 처음 사랑을 할 때의 성적 매력에 관한 것이다. 그다음, 생물학과 유전학이 떠나간 자리에 다른 형태의 애착이 형성되는 심리학이 들어온다. 이제 중요한 것은 '이유'다. 우리 선조들이 이 단계부터 시작하고자 한 것이 크게 잘못된 것은 아니다. 장기적인 안목으로 볼 때 사랑은 문화적이어야 한다. 사랑은 말을 통해 전달될 수 있다. 사랑은 감정, 대화, 애정, 환상에서부터 피어날 것이다. 일부 심리학자들은 우리가 아버지나 어머니를 닮은 사람에게 끌릴 것이라 주장한다. 그러나 그것은 별개의 문제다.

이렇게 부부의 과학을 짧게나마 분석해보면, 가벼운 연애관계를 늘리는 것은 좋은 상대를 만나는 데 적합하지 않다고 추론하게 된다. 그럼에도 유혹의 기술을 가르치는 많은 코치들은 이 유명한 매력 이론을 검증하기 위해 애쓰고 있다. 아래는 매력 이론을 정당화하기 위한 논거로, 웹사이트 naturalseduction.fr에서 볼 수 있다. 이곳에서는 '숫자 이론'이라 불리며 시간 변수별로 수집된 전화번호에 적용된다.

유혹자 B가 있다고 가정해보자. (······) 그는 숫자 이론을 활용한다.

그에게 적당히 관심 있는 여성에게 전화번호를 알려달라고 설득하느라 1시간을 보내는 대신, 그는 5~10분만 그녀에게 할애하고 결과가 어떻든 간에 자리를 뜰 것이다. 그러니 이 유혹자 B는 1시간 동안 적어도 대여섯 명에게 접근할 것이고, 따라서 한 여성과 침대로 갈 기회가 대여섯 번은 있음을 알 수 있다. 이는 한 명에게 집요하게 구는 것보다 적은 에너지를 사용하면서, 1시간에 여섯 명의 여성과 잠자리를 하기로 합의하는 데 성공할 수도 있음을 의미한다.

물론, 유혹자 B는 여섯 명과 자지는 않겠지만, 논리적으로는 적어도 그중 한 명과 결말을 지을 가능성이 훨씬 높다. 의도적으로 과장한 예시이기는 하지만, 유혹에서 더 많은 성과를 얻을 수 있는 효과적인 방법을 잘 설명하기 위한 것이다. 즉 한 명의 여성을 유혹하기 위해 그녀를 악착같이 따라다니기보다, 접근하는 수를 늘리면 더 많은 성과를 얻을 수 있음을 알아야 한다.

사람들을 많이 만날수록 사람들을 만날 기회는 당연히 늘어난다. 그런데 이 사실을 발견하기 위해 군이 유혹 코치가 필요할까? 계란을 한 바구니에 담지 않는 전략은 이력서를 최대한 많은 잠재적 고용주에게 돌리는 것, 또는 여러 은행에 경쟁을 붙여 대출 금리를 낮게 받는 것만큼 흔한 일이다.

결국, 매력 이론은 미국식 유혹의 기술과 동일한 원칙을 취한다. 상대방에게 공식적인 관계라고 말하지 않는 이상 우리는 여러 명과 계속 데이트를 할 것이다. 그것이 우리를 외로움이라는 늪의 밑바닥으로 가라앉지 않게 막아준다면, 왜 안 되겠는가. 특히 연애를 시작할 때, 우리가 어떤 한 사람에게 애착이 생기기 전에 여러 명과 동시에 데이트를 하면 우리의 욕구를 더 쉽게 파악할 수 있다. 그리고 상대방에게 우리가 그의 것이 아님을 이해시킬 수 있다. 관계 분야의 라이프 코치인 줄리안 투렉키는 그의 고객들에게 여러 명과 가벼운 데이트를 하라고 조언한다.

모든 사람을 위한 조언은 아닙니다. 하지만 경험이 없는 분들은 시도해보시길 권합니다. 관계에 대한 경험이 없는 분들이나 평생 한 사람과 사셨던 분들은 정말 효과를 볼 겁니다. 이를 통해 자신이 무엇을 하는지, 무엇을 원하는지, 혹은 무엇을 원하지 않는지 더 잘 이해할 수 있습니다. 명확하게 알 수 있게 됩니다.

불분명한 관계가 늘어나면 개인적 성장의 우선순위가 강화된다. 고스팅을 이용해 우리는 언제든지, 그리고 비용을 들이지 않고 상대방과의 관계를 취소할 수 있다. 우리는 더는 자신을 하나의 표본에 가두고 싶어 하지 않는다. 그래서 만남의 기회를 늘리려고 시도한다. 그러나 사랑에 경쟁의 법칙을 적용할 때는 미래에 대해 스스로 질문을 던져야 한다. 우리 각자는 그때그때 자신의 외로움을 덜기 위해 상대를 이용하려 한다. 순간성이 특징인 사회에서, 어떤 대상은 빼앗기는 순간부터 탐나는 존재가 된다. 무엇으로 테스트를 해도 알 수 있을 것이다. 사랑의 감정에 적용하면 다음과 같이 요약된다. "나에게서 도망가. 나도 너에게서 도망갈게." 하지만 그러다가 영영 만날 수조차 없게 될 위험은 감수해야 하지 않을까?

인터넷에 살지만 현실에는 없는 가상의 새

모든 사람이 가상의 새(암컷 또는 수컷)를 이미 만났다.[132] 아무도 실제 얼굴을 본 적은 없지만 이 악마 같은 존재에 대해 몇 가지 이야기가 떠돌고 있다. 몽타주를 그려 보자.

가상의 새는 매우 날쌔게, 그가 당신과 친분을 맺고 싶어 한다는 사실을 당신이 알게 만든다. 일단 소셜 네트워크나 기타 앱에서 소통을 시작하면, 만남을 주도하는 것은 그 사람이다. 만남의 마법이 작동한다. 그는 낭만적인 데다가 유머도 있다. 관계는 금세 친밀해진다. 마치 그 사람과 가족생활을 이루어가는 것 같다. 그 생활이 인터넷에서만 이루어진다는 점을 제외하면 말이다. 그는 먼저 당신 프로필에 있는 사진에 댓글을 남길 것이고, 7년 전 가족들과 보낸 크리스마스에 대한 포스팅에 '좋아요'를 누를 것이다. 매일 그 사람은 메신저를 통해 하루 일을 이야기한다. 당신에게는 이유를 알 수 없는 중독이 일어난다. 그러나 현실에서는 절대 그 가상의 새를 볼 수 없다. 그는 당신에게 영화를 보는 저녁 데이트와 기타 훌륭한 계획들을 약속하지만, 실제로는 아무 일도 일어나지 않는다.

당신이 다른 곳으로 가려고 마음먹을 때마다 그의 닉네임이 당신의 알림 피드에 나타난다. 가상의 새는 당신 삶의 부스러기를 쪼아 먹으러 온다. 관계는 뜨거워지고, 다시 뜨거워진다. 건강에 매우 해로울 수 있다. 자기애에 도취된 변태보다 교활하고 형편없는 이 새는 당신을 고스팅하는 것이 아니라 그 반대다. 디지털 세상 이곳저곳에서 과도하게 나타나는 것이 특징이다. 당신 삶에서 절대 사라지지 않을 것이고, 계속해서 당신의 포스트와 사진을 좋아할 것이다.

그러니 당신에게 시간에 대한 개념이 조금이라도 있다면, 당신의 시간을 그에게 쏟지 마라.

7

섹스가 더 이상
흥분되지 않는 이유

"나는 내 세포들이 환희로 진동하는 것을 느꼈고, 내 그림자들이 열락으로 밝아지는 것을 느꼈다. 강렬한 기쁨, 달콤함, 인정, 놀라움, 내가 누구인지에 대한 수용, 웃음, 사랑, 빛과 향연, 우리 존재의 장엄함, 그리고 주어진 삶의 마법. 이 모든 것을 화합 안에서 만끽했다."

알린의 증언, 몽펠리에에 자리한 탄트라 요가 수련장에서

성적인 불꽃. 반복되는 오르가슴. 파트너와의 끝없는, 하지만 언제든 멈출 수 있는 사랑 유희. 어떤 규제도, 어떤 속박도 없는 쾌락. 언뜻 보면 이것이 오늘날 젊은이들의 삶이다. 우리는 왕성한 성욕을 가진 이세대가 억제된 섹슈얼리티의 '지원(처방전 없이 원가로 사는 사후피임약)'을 받아 하룻밤 사랑을 즐긴다고 상상한다. 인생을 살면서 여러 명의 파트너를 가지는 것은 이제 권력자나 창녀만 누릴 수 있는 특권이 아니다. 상담사가 집으로 와서 섹스토이의 배터리를 교체하거나 난자를 냉동하기 위해 대출을 받는 방법과 같은 민감한 주제들을 알려준다. 둘이서

(누드 요가), 장비를 이용해서(페티시), 또는 아예 혼자서(러브돌) 하는 실습을 통해 욕망은 매일 재발견된다. '에너지 순환이 치유의 연금술로 통합'된다는 탄트라 요가 수련으로 절정에 이르기도 한다. 이상한 이름의 사이트에서는 누구든 일일 포르노 배우로 변신할 수 있다. 이렇게 자유롭게 육체적 관계를 즐기므로 우리가 성의 해방을 이루었다고 생각할 수도 있다. 그러나 수치를 보면 그 반대다. 최근 연구에 따르면, 청소년과 젊은 성인이 그들의 충동을 억제하고 있는 것으로 나타났다. 역사상 처음 있는 일이다. 단지 한 세대가 지나는 시간 동안, 대다수 고등학생들이 성관계를 경험한 사회에서 소수만이 육체적 즐거움을 맛보는 사회로 넘어간 것이다. 하지만 우리가 수도승 같은 생활을 하게 될지 모른다고 해서 수도승에게 성생활을 허용하라는 운동을 벌일 수는 없지 않은가?

'노 섹스' 교육

재미있는 미국 시트콤 〈사인펠드〉에는 사인펠드의 친구 조지가 섹스를 중단한 뒤 천재가 되는 에피소드가 나온다.[133] 모든 것은 조지의 여자친구가 걸린 단핵구 증가증에서 시작된다. 여자친구의 회복을 위해 6주간의 금욕 생활이 이어지고, 침통한 심정의 조지는 이 관계를 지속해야 할지 망설인다. 그러다 책을 읽기 시작한 조지는 갑자기 야구공의 중력을 계산할 수 있게 되고 포르투갈어를 유창하게 구사해 친구들을 놀라게 한다. 조지의 머릿속을 독차지하던 성관계에 대한 생각이 빠져

나가면서, 뇌의 거대한 공간이 자유를 얻었을 것이다. 마침내 총명함이 발휘될 수 있는 틈이 생긴 것이다. 조지의 여자친구는 결국 단핵구 증가증이 아닌 것으로 밝혀졌지만, 조지는 예전의 삶으로 돌아가길 주저한다. "내가 지금처럼 사는 게 세상에 더 도움이 되지 않을까?" 내 친구 살바도르는 독신으로 4년을 보낸 후 같은 이야기를 한다. 내 어머니도 "아주 잘생긴 남자"라고 표현한 살바도르는 그를 숭배하는 여성들로 구성된 거대한 데이터베이스를 갖고 있지만, 자신은 돌아올 수 없는 상황에 이르렀다고 고백한다.

나는 누군가와 만날 때 절대 앞서가지 않아. 관계가 무르익는다고 느끼면 바로 중단하고 책을 읽기 시작해. 나를 깨우는 시간이랄까. 그렇게 6개월이 지나면 관계를 되살리긴 너무 늦지. 게다가 천재들의 삶을 보면 알겠지만 그들은 사랑을 하지 않아. 천재들은 온종일 예술에 몰두하지. 그러니 다른 일을 할 시간이 훨씬 적을 수밖에.

모든 천재가 무성애자인 것은 아니다. 피카소만 봐도 그렇다. 그러나 살바도르는 우리 사회의 새로운 경향을 확실히 이해한다. 내 이웃 발레르가 "우리는 직장에서 지나치게 생산적이어야 하잖아. 그러니 우린 시간이 없고 녹초가 된 상태지. 최악의 경우 그냥 자위하고 끝내는 거야"라고 말한 새로운 경향을 말이다.

10년 전만 해도 상상할 수 없었던 이 검약은 수치로 확인할 수 있다.[134] 미국에서는 역사상 처음으로 젊은 세대가 이전 세대보다 성 파트너를 적게 가지고 있다고 한다. 무엇보다 성생활을 시작하는 시기가 늦어졌다. 10년 전에는 대다수 청소년(54%)이 고등학교 시절에 성 경험을 했다. 오늘날에는 비율이 역전되어 성 경험을 한 고등학생이 40%다. 대다수는 성 경험 없이 고등학교를 떠나는 것이다.[135] 종합사회조사연구소의 최근 수치를 보면 18~29세의 23%가 당해 연도에 한 번도 성관계를 가지지 않았다. 2008년에는 이 비율이 8%였다. 성적 비활성[136] 기간이 그 어느 때보다 길다는 것을 알 수 있다. 성적으로 비활성인(성 파트너가 없는) 여성은 단 한 세대 만에 세 배(5%에서 16%로) 증가했고, 남성의 경우 두 배 가까이(8%에서 14%로) 늘어났다.

그러나 일부 사람들이 청교도적이라 여기는 미국 사회에서 나온 이 데이터가 다른 곳에도 적용될 수 있을까? 어릴 때부터 학업 스트레스에 시달리는 미국 10대들이(그들의 머릿속에서 독수리처럼 맴돌고 있는 수십만 달러의 학자금 대출을 어떻게 갚을까?) 실연이 학업 성적에 영향을 미칠 것이라는 두려움 속에 사는 것일 수 있다. 그러나 다른 여러 나라에서도 이러한 신호가 늘어나고 있다. 영국, 핀란드, 호주 및 네덜란드의 많은 데이터는 이러한 하향 추세를 확인시켜준다.[137] 스웨덴에서는 국민들의 성욕이 감소하는 이유를 파악하기 위해 정부가 성생활에 대한 대대적 조사에 착수했고, 그에 대한 데이터를 무려 7년간 쌓았다! 스웨덴 보건부 장관 가브리엘 위크스트렘은 일간지 『다겐스 뉘헤테르』에 "스웨덴인들이 왜 사랑을 덜하는지, 그 이유가 무엇인지 알아내는 것이 중요하다"고 걱정스레 말했다. 그렇다면 프랑스는 어떤가? 지난 10년간 어떤 포괄적인 연구도 발표된 적이 없어 우리는 무엇도 알 수가 없다. 우리가 찾아내어 분석할 수 있는 유일한 데이터는 첫 성관계의 중위연령이다. 약 17.5세로, 10년 동안 거의 변하지 않은 것으로 보인다. 침체되어 있는 수치를 해석 가능한 데이터로 간주할 수 있느냐고? 그렇다. 이것은 첫 성 경험을 하는 나이가 더는 그 아래로 내려가지 않음을 입증한다. 그렇다면 이 사실로부터 젊은이들이 넷플릭스나 포르노를 볼 때 작은 스트레스만 생겨도 몸을 움츠린다고 추론할 수 있는가? 그렇지는 않다. 하지만 전 세계 여러 나라에서 이러한 추세를 볼 수 있다는 사실은 이것이 프랑스에도 영향을 미칠 수 있다고 믿게 만든다.

전문가들에 따르면 이러한 성 경험의 감소는 젊은이들 사이에서 더 두드러지지만 X세대와 베이비붐 세대를 포함한 모든 연령대에 영향을 미친다. 드라마와 영화에서도 관찰된다. 〈플리백〉의 두 번째 시즌에서 주인공 피비 월러-브리지는 사제에게 흠뻑 빠지고 만다. 하지만 그녀는 이 세상만큼이나 오래된 플롯, 즉 '사제와는 사랑을 이룰 수 없음'으로 돌아간다. 드라마가 성공한 것을 보면 우리의 염원을 잘 구체화했다고 말할 수 있다. 드라마 〈오티스의 비밀 상담소〉에서 어머니의 넘치는 성적 활력이 두려운 주인공이 연애에서 플라토닉 관계를 유지하고 싶어 하는 것을 봐도 알 수 있다.

성욕이 감퇴하는 이유

언론의 반향을 일으켰던 한 설문조사에서 『애틀랜틱』 기자 케이트 줄리안은 성욕 감퇴를 설명할 수 있는 이유를 나열한다. 그녀는 많은 사실을 발견했다.

성욕 감퇴는 다음 요인들의 결과라고 한다. 훅업 문화(하룻밤 관계를 자유롭게 즐기는 문화—옮긴이), 부담스러운 경제적 압박, 불안 비율 증가, 심리적 허약함, 항우울제 사용의 급증, 텔레비전 스트리밍, 플라스틱에서 나오는 내분비 교란 물질, 테스토스테론 수치 감소, 온라인 포르노, 진동 기구의 황금기, 데이팅 앱, 선택의 마비, '헬리콥터' 부모, 출세 지상주의, 스마트폰, 뉴스 채널, 전반적인 정보 과부하, 수면 부족, 비만.

이러한 진단은 꽤 완벽해 보인다. 예를 들어 내분비 교란 물질이 성조숙증, 고환암의 증가에 일정 역할을 하고 테스토스테론 결핍 및 불임을 유발하는 것은 사실이다. 이는 성호르몬의 감소로 이어지며 따라서 성욕도 감퇴한다. 그러나 줄리안이 생각하는 주된 이유는 더 간단하다. 그녀는 수십 명의 젊은이와 전문가를 인터뷰하면서 한 지붕 아래 사는 커플이 점점 줄어들고 있다는 사실을 알았다. 35세 미만 성인의 60%가 현재 배우자나 파트너 없이 살고 있다는 것이다. 이 연령대의 성인 세 명 중 한 명은 부모와 함께 살고, 이는 분명 성생활에 좋은 소식이 아니다. 커플인 사람이 적다는 것은 성생활을 하는 사람도 적다는 의미다.

줄리안에 따르면 성욕 감퇴의 또 다른 주요 이유는 훅업 문화[138]다. 더 나은 관계를 찾을 가능성을 생각해 한 관계에 완전히 몰입하지 않는 경향이다. 앞에서 살펴보았듯이 데이트 규칙은 약혼 시기를 지연시키는 특징이 있다. 상대방과의 독점적 관계임을 공식화하지 않는 한, 아무도 책임을 지지 않는다.

훅업 문화에 따른 연애 단계

<섹스 앤 더 시티>를 보았다면 이 내용은 건너뛰어도 좋다.[139]

1. 이야기 나누기 데이팅 앱에서 '매칭' 이후에 일어나는 단계다. 문자나 전화로 이야기를 나누면서 가벼운 연정이 생긴다. 직접 만나 이야기를 나누는 것보다 효과적일 수 있다. 이 단계는 이미 연인관계라고 생각하는 채로 몇 달 동안 지속될 수 있다.

2. 미국인들이 '행잉 아웃'이라 부르는 것 함께 시간을 보내는 것이다. 일반적으로 첫 데이트는 지났을 단계이지만, 당신이 상대와 불가분의 관계에 있다고 생각하는 시점은 아니다. 이 단계에서 헤어지게 되는 경우 자신을 엑스(ex), 그러니까 전 애인이라고 생각하지는 않는다. 그저 서로 갈 길이 다른 것이라고 생각한다. 고스팅을 하기 좋은 타이밍이다.

3. 프렌즈 위드 베네핏 '혜택이 되는 친구'로 잘못 번역될 수도 있다. 비슷한 영어 표현으로 '섹스 프렌즈'가 있다. 미래에 대한 어떤 약속도 없이 섹스를 한다. 계속 혼란스러움을 느낄 수 있지만 대신 다른 사람들과도 사귈 수 있다. 둘 중 어느 한쪽도 감정이 개입되지 않는 한 모든 것이 괜찮다. 이 암묵적인 동의는 굳이 다른 사람에게 알리지 않는 것이 좋다.

4. 데이트 일주일 또는 10년 동안 지속될 수 있는 상태다. 당신은 성관계를 가질 수 있지만, '섹스 프렌즈'와 마찬가지로 서로 간에 한 약속을 존중해야 하는지는 알 수 없다. 당신은 그 사람과 독점적인 관계일 수도 있고 캐주얼한 관계일 수도 있다. 모든 가능성이 열려 있으며, 아무도 이 관계의 본질을 정의하지 못한다.

5. 독점적/캐주얼한 관계 이전에는 모든 커플이 독점적 관계였으나, 이제는 독점적 관계를 획득해야 한다. 심지어 먼저 구두로 증빙해야 한다. 우리는 아무 조건 없는 캐주얼한 관계일 수도 있고 그렇지 않을 수도 있다. 어떤 경우든 간에 현재 상황이 걱정스럽다면 운명을 가를 수 있는 질문을 상대에게 던져야 한다. "우리는 정확하게 무슨 사이야?"라고 묻는 것이다. 하지만 조심하라. 당신이 제거될 수도 있다.

6. 사귀기 '섹스 프렌즈'보다 발전된 단계로, 서로가 상대의 우호적인 영역을 조금 더 잘 알게 된다. 다음 단계로 넘어가려면 당신의 지위를 명확히 하는 대화가 필요하다. 이 역시 불쾌한 순간을 맞닥뜨릴 수 있다.

7. 남자친구/여자친구/배우자 이 단계가 되면 상대방에게 더는 제3자와 자지 말라고 요구할 수 있다. 일부다처제나 일처다부제가 아닌 한(단, 예방 조치를 생각해둘 것) 말이다.

그렇다면 우리가 진짜 커플인 순간은 언제일까? 『애틀랜틱』 기자 줄리안에 따르면, 당신이 아플 때 상대방이 당신 침대로 수프를 가져다줄 준비가 되었을 때다. 이 단계에 도달하기 전에 극복해야 할 단계가 많다. 미국에서 인터뷰한 많은 사람들의 경우, 캐주얼 섹스로 만족하는 것을 선호할 것이다. 섹스를 토요일 오후에 즐기는 취미 활동 중 하나로 밀어 넣는 것이다. 이러한 만남은 2주에 한 번 이루어지고, 때로는 걸으면서 말차 라테를 마시는 것과 같은 짧은 외출을 함께한다(로스앤젤레스에서는 거리를 고려할 때, 사는 구역 밖에서 누군가를 유혹하는 것은 권장하지 않는다). 아니면 기껏해야 쇼핑몰에서 영화를 보는 정도다. 이러한 만남은 주 70시간 일하고 1년에 2주 휴가를 얻는 무미건조한 삶에서 균형을 되찾게 해준다.

이러한 성욕 감퇴는 다른 엔터테인먼트를 선호하기 때문으로 설명할 수도 있다. 나라별 사랑의 특성을 다룬 다큐멘터리 〈지구촌 성 풍속도〉 시리즈에서 기자 크리스티안 아만푸어는 일본을 방문해 더는 부정할 수 없는 사실을 단 한 문장으로 요약한다. "엔터테인먼트의 대량 소비는 그것이 어떤 형태이든 간에, 실제 사람 사이의 관계에 쓰는 시간을 빼앗아 간다." 이 다큐멘터리를 제작한 이들은 천재가 분명하다. 그들은 우리에게 현실보다 훨씬 더 매혹적인 대화와 상황을 제공한다. TV 시리즈 또는 스탠드업 쇼 앞에서 느끼는 감정이 우리가 하루 중에 경험할 수 있는 유일한 감정인가? 내 경우에는 가끔 그렇다. 성공적인 드라마의 비결은 시청자가 흠뻑 빠질 만큼 매력적인 등장인물들이다. 그래서인지 18~38세의 36%는 지난 6개월 동안 드라마를 보기 위해 성관계를 거부한 적이 있다.[140] 따라서 우리가 반동분자인 것이 아니라, 잡지 『슬레이트』의 저널리스트 티티우 르코크가 사설에 쓴 것처럼 우리의 성생활에 대한 '디지털 라이프의 승리'[141]다.

마지막으로 무시할 수 없는 데이터는 핸드폰 사용 시간이다. 이 통계는 등골을 오싹하게 한다. 2017년 18세 이상 미국인의 핸드폰 사용 시간은 하루 평균 2시간 51분에 달했다.[142] 일주일에 거의 20시간이다. 이 상황을 보다 구체적으로 파악할 가장 좋은 본보기는 역시 내가 가장 좋아하는 이웃 발레르다. 월요일 저녁 피자 한 판을 앞에 두자 발레르는 한 앱의 일일 소비 곡선을 내게 보여주고, 자신은 차마 보지 못한다. 3시간 28분. 월요일. 곡선은 발레르가 일주일에 약 30시간 핸드폰을 사용한다고 알려준다. 말하자면 풀타임 근무랄까. 우리는 무언가로부터 이 수십 시간을 빼앗아 와야만 했다. 우리의 일정표 어디에 있는 시간일까? 화면으로 즐기는 유흥은 여가 활동으로 여겨지지만 사실은 사회생활에 써야 할 시간들을 조금씩 갉아먹는 것이다. 그러니 일과 잠을 위한 시간 외에는 남는 시간이 별로 없어, 머리를 계속 물속에 처박고 있는 듯한 힘겨운 느낌이 든다.

〈지구촌 성 풍속도〉에서 아만푸어는 30대 일본인 두 명을 만난다.

일본은 35세 미만 남성의 40%가 성 경험이 없는 나라다. 아만푸어는 그들에게 어떻게 사랑에 빠지는지 질문한다. 둘의 대답은 여름 저녁 협주곡의 두 하프 선율처럼 일치한다. "너무 피곤해서 사랑에 빠지고 싶지도 않다"고 한 명이 말한다. "만날 상대를 찾는 일은 피곤해요. 사랑에 빠지는 일에는 많은 에너지가 필요한데, 지금 내겐 에너지가 별로 없어요." 또 다른 한 명이 반복되는 말을 한다. 피곤함은 오늘날 누군가와 관계를 맺지 않으려는 이유가 된다.

그렇다면 우리는 왜 이렇게 피곤할까? 우리 중 많은 이들이 3차 산업에 종사하고 대부분의 시간을 앉아서 일한다. 많은 일을 프로그램에 떠맡길 수 있다. 가전제품 덕분에 집안일도 줄었다. 영양 보조 식품도 더 많이 섭취한다. 프랑스에서는 수면 시간이 7시간 밑으로 떨어졌지만, 이것이 우리가 선조들보다 더 '피곤하다'는 것을 정당화할 수 있을까? 그들은 하루에 14시간씩 일했고 때로는 휴가도 쓸 수 없었다! 물론 우리에게는 화면을 보는 데서 오는 피로, 계속 관심을 기울여야 하는 상호 연결성에서 오는 피로도 있다. 그러나 결정적인 요인은 우리의 기대와 현실 사이의 간극에 있을 수 있다. 우리는 자신을 너무 많이 소모하고 항상 더 많은 것을 원한다. 저녁식사, 나들이, 스포츠·문화·예술 활동, 주말 계획. 그중 어느 것도 허투루 할 수 없고 '살아있음'을 느끼려면 모든 것을 해내야만 한다. 이제 여기에 실존에 관련된 피로감까지 더해진다. 사회학자 알랭 에렝베르[143]가 표현한 것처럼 "자기 자신이 되기 위한 반복적인 피로"는 소멸, 즉 광대한 우주에서 한 방울의 물에 불과한 느낌에 대한 투쟁의 한 형태다. 이 투쟁은 우리가 존재하기 위해, 다른 사람들과 마찬가지임을 느끼기 위해 엄청난 에너지를 쏟아붓도록 강요할 것이다. 나는 미국에서, 영화계에서 일하는 내 하우스메이트 대부분이 항우울제를 복용하고 있다는 사실을 알게 되었다.

게다가 사생활과 일의 경계도 점차 사라지고 있다. 많은 이들이 "지금은 누군가를 만날 시간이 없다. 난 내 일에 집중하고 있다"고 말한다. 마치 삶의 어느 단편에 온 육체와 영혼을 바치고 나머지 삶을 길가에 버려두는 것 같다. 왜 일과 사랑이 양립할 수 없을까? 앞서 이야기한 엔터테인먼트, 핸드폰 화면, 피로감 등 모든 요소가 합쳐져 젊은이들이 겪는 육체적 결합의 결핍으로 이어지는 것이 분명하다.

성의 현저한 퇴행에 대한 답을 주는 이러한 모든 증상은 당연히 우려할 만하다. 그러나 가능한 한 섹스를 많이 하지 않는 것이 매우 긍정적인 요소가 될 수도 있음을 솔직하게 인정해야 한다. '나쁜 성에 대한 건강한 반응'인 경우도 있기 때문이다. 여성은 원하지 않는 성관계를 해야 한다는 압박감을 덜 느낀다. 섹스를 하고 싶지 않은 사람들이 억지로 하는 일은 덜하거나 아예 없다. 특히 성평등을 위한 투쟁은 여성들이 열악한 관계에 안주하지 않고 성생활에서 진정으로 원하는 것을 찾을 수 있게 해준다. 몇 세대에 걸쳐 미국인들의 성 문제를 해결해온 아흔 살의 유명한 성의학자는 다음과 같이 회상한다. "내가 생각하는 이 문제의 긍정적인 면은, 오늘날 오르가슴을 어떻게 느끼는지 아는 여성이 많아졌다는 것이다."[144] 남성들은 또한 더 긍정적이고 덜 민망하며 덜 정량적인 성생활을 갈망한다. 양보다 질, 결국 그렇게 나쁜 것은 아니다.

성적 일탈의 가시화

어느 날 인터넷 여기저기를 돌아다니다 괴물에 매료된 커뮤니티인 '성애 괴물'을 만났다. 광적이지는 않은, 이 비교적 진부한 판타지는 흉칙한 생물(예티(히말라야에 산다는 상상의 설인—옮긴이), 파리 또는 드라큘라)과 사랑에 빠진 소녀에 관한 옛날이야기에 완벽하게 들어맞는다. 기예르모 델토로 감독이 만든, 말을 하지 못하는 젊은 여성과 반수 생물의 이야기에 대한 영화 〈셰이프 오브 워터〉[145]가 개봉된 후 더욱 널리 받아들여지는 환상이다. 이 환상은 모험, 이국적인 존재, 우리가 어찌할 수 없을 정도로 거대한 존재와의 만남에 대한 열망과 관련이 있다. 여기서 우리의 관심을 불러일으키는 것은 이 초자연적 로맨스의 지속성이 아니라, 그것이 '컬트'와 결합하면서 인터넷에 퍼지는 속도다. 간단하게 검색만하면 '늑대인간 포르노' 또는 '3D 괴물 포르노'와 같은 여러 하위 범주가 화면에 뜬다. 반인반우인 미노타우로스를 택할 것인지, 거인 괴물을 택할 것인지는 당신에게 달렸다. 미국 출판사인 리버데일 애비뉴 북스는 이 하위 장르의 에로 문학을 전문으로 하며, 미국 전역에 있는 수십만 여성 독자들이 만족하고 있다고 주장한다.[146] 이 괴물에서 영감을 받은 진동기(전문가는 '몬스터 딜도'라고 부른다)는 수집가들이 열광적으로 찾는 물건이다. 궁극의 성배라 할 수 있는, '정액 주입' 섹스토이는 젤라틴으로 된 에일리언 알들을 자궁 안에 전달한다. 게다가 어떤 '몬스터 딜도'가 당신에게 어울릴지 궁금하다면 유튜브에서 수천 조회 수를 기록하는 인플루언서들에게서 크기와 모양에 대한 조언을 얻을 수도 있다. 이 장르의 베스트셀러 중 하나인 곡선 모양 촉수는 콘비니 사이트에서 사랑스러운 여배우 루나 리발이 리뷰한 제품이기도 하다. 루나는 이렇게 결론을 내린다. "질에 촉수를 삽입하는 것이 쉽지는 않다. (……) 음핵 자극에 완벽하다. 간단히 말해 아주 특별하지는 않지만, 아주 멋진 이 섹스토이는 서랍장 위 가족사진 옆자리에 놓아두기 딱 좋다."

같은 시대를 사는 사람들의 성적 행위는 언제나 매혹적이다. 사람들을 에로틱하게 자극하는 것은 항상 풍부한 다양성에서 비롯되었다. 1920년대의 매춘 업소에 있는 방들은 이미 각자의 욕구에 맞는 테마로 장식되어 있었다. 아폴리네르의 『일만 일천 번의 채찍질』처럼 요사스러운 내용이 포함된 책들은 1970년대에 고등상업학교 입시 준비반 프로그램에 포함되었다.[147] 오늘날 어떤 사람들은 오르가슴에 도달하기 위해 나일론 레인코트에 몸을 비비거나 새 운동화 안쪽 냄새를 맡기도 한다는 것은 공공연한 사실이다. 할리우드에 있는 평범한 바에 가서 줄을 서기만 하면 모두에게 열려 있는 BDSM(신체 결박, 구속, 사디즘, 마조히즘 등과 관련된 성행위-옮긴이) 행사에 대해 배우게 된다. 엘프, 말, 개, 고양이처럼 꾸미고 '펫 플레이'를 즐기는 사람이 있고, 끈, 가죽 채찍, 사람용 말 재갈 또는 말발굽처럼 생긴 비닐 슬리퍼를 구입하기 좋아하는 사람도 있다. 내가 좋아하는 '리프트 앤드 캐리'는 유튜브에서 쉽게 찾을 수 있다. 그저 번쩍 안기고 싶어 하는 사람을 번쩍 들어 올려주는 놀이다.

이들 중에 특별히 미친 것은 없다. 단지 상상력을 자극할 뿐이다. 그러나 어떤 사람들은 자신의 페티시즘 때문에 힘들어한다. 그들 장르에서는 상당히 평범한 축에 속하는 리프트 앤드 캐리 게시판에는 다음과 같은 글이 올라와 있다. "이 페티시즘 때문에 예전부터 괴로웠습니다. 그냥 평범한 남자가 되고 싶어요. 내가 복종적이어서 그럴 수도 있다고 들었지만, 난 복종적인 것도 싫고, 그냥 남자가 되고 싶을 뿐이에요. 조언해줄 사람 있어요?" 또는 "여성을 들어 올리는 끔찍한 페티시즘을 갖고 있는데, 치료하고 싶어요. 어떻게 하면 좋을까요?" 이 사람들은 자신의 페티시즘을 '치료'하고 싶다고 주장한다. 그러나 리프트 앤드 캐리는 절대로 의학 논문의 주제가 될 수 없을 것이다.

또 (드라마 〈플리백〉처럼) 오바마의 연설 앞에서 자위를 하거나 끈적끈적한 슬라임 동영상을 보면서 느끼는 즐거움 같은 모든 기분 전환 행위들도 떠올릴 수 있겠다. 인터넷에서 널리 알려진 'Rule 34'는 '만약 무언가가 존재한다면, 그에 대한 포르노 버전 역시 존재한다'는 규칙이다. 곳곳에 포르노가 등장하면서, 판타지의 확산은 전에 없던 속도로 빨라졌다. 『뉴욕 매거진』에 '섹스 라이브스' 칼럼을 썼던 저널리스트 모린 오코너는 다음과 같이 말했다.

누군가가 영화에서 새로운 것을 시도하면, 상대적으로 규모가 작은 포르노 애호가 커뮤니티를 통해 비디오테이프 또는 DVD로 나오기까지 몇 년이 걸리던 때가 있었다. 그러나 오늘날에는 일반 대중도 포르노에 친숙하고 포르노를 소비한다. 성적인 '나비 효과'가 나타나도록 자기 몸에 시도해볼 필요조차 없다. 그에 대한 영상을 보고, 글을 올리고, 텀블러 앱에 음담을 올리고, 그라인더 앱에서 토론할 수도 있다. 그 행위를 생각하면서 자위하거나 단순히 수많은 검색 엔진에 그 행위의 이름을 입력할 수도 있다. 이 모든 행동이 성의 세계를 크게 변화시키는 데 기여하고 있다.[148]

우리는 이제 새로운 국면에 접어들었다. 판타지의 틈새시장이 순식간에 주류가 된 것이다. 성과 관련한 우리의 검색 역사는 사드 후작의 『소돔의 120일』[149]에서 할리퀸 문고의 로맨스 소설에 이르기까지 방대하게 걸쳐 있다. 이러한 키워드 검색은 성에 관한 사회학적 연구의 새로운 주제가 될 수도 있다.

강간이나 근친상간을 제외한 모든 성향이 허용되는 것 같다. 일부 사람들이 '가짜 택시', '가짜 경찰' 또는 나 같은 사람들이 좋아하는 '마사지'의 다양한 변형 버전을 찾는 데서 만족했던 공간에, 이제는 '다른 인종 간'의 행위를 다루는 콘텐츠가 들어왔다. 특히 유색 인종이 출연하는 범주인데, 이상하게도 정치적 관점에서는 누구에게도 충격을 주지 않는다. '혼음'은 떡갈나무 잎에 맺힌 봄 이슬처럼 오랫동안 풍경의 일부로 존재해왔다. 항상 등장하는 똑같은 주제(권위적 인물, 여성의 절망, 제복 등)도 여러 욕구를 충족시키고 유사한 취향의 하위 집합을 자극할 수 있다. 결국, 모든 구성은 새롭게 바뀌지만 여전히 이전 구성과 유사하게 유지된다. 2015~2016년에 미국 폰허브에서 가장 인기 있는 검색어는 '장모'였다. 피드에 등장하는 '의붓딸', '두 자매와 함께' 또는 '오빠와' 같은 유형의 검색이 반복되는 것은 근친상간조차 일반적인 판타지가 되었음을 증명한다. 어쨌든 그 배우들이 실제 형제자매가 아니라는 것을 알기 때문이다.

반세기 동안 일본 문화에 스며든 가장 인기 있는 검색어 중 하나는 에로 만화 '헨타이'다. 폰허브에서는 '일본 여자'에 이어 검색어 2위를 차지했다.[150] 이 만화에 등장하는 캐릭터들의 특징은 비상식적인 신체 비율을 갖고 있다는 것이다. 예를 들면 몸과 얼굴은 청소년인데 거대한 가슴을 가진 여성이나 거대한 페니스를 가진 남자처럼 말이다. 어떤 면에서는 안 될 것이 뭐 있나 싶다. 누구도 촬영 조건으로 고통받지 않는 것이 확실한, 윤리적인 포르노를 볼 수 있으니까 말이다. 그래도 헨타이가 상위 검색어에 속한다는 사실은 여전히 우리를 궁금하게 만든다. 육체가 더는 우리 것처럼 보이지 않는 판타지 쪽으로 향하고 있는 것인가? 우리와 동일시할 수 없는 판타지로? 우리는 왜 정상적인 포르노를 보지 않는가? 그렇다면 정상적인 포르노는 무엇인가? 포르노는 우리의 섹슈얼리티와 관련이 있는 것인가, 아니면 우리의 섹슈얼리티를 변화시키는 것인가?

서른두 살인 내 친구 제레미는 카페 테라스에 앉아 이렇게 말한다. "내 포르노 취향은 여성에 대한 취향과는 달라." 확실하게 대비하기 위해, 그는 항상 첫 데이트에서 어떤 성적 판타지를 가지고 있는지 묻는다. 일반적으로 그가 만나는 여성들은 "선생님과 여학생"이라 답한다. "어쨌든 판타지와 현실을 구분할 줄 알아야 해. 하지만 상대방에게 충격을 주지 않으려면 자신의 취향을 명확하게 표현하는 게 좋아." 유감스럽게도 그중에는 부적절한 행동도 있다. 도미니크는 키스도 하기 전에 얼굴 사정을 요구하는 남자를 세 번이나 만났다고 말한다. 그녀는 거절하는 것 외에는 어떻게 반응해야 할지 몰랐다. "내가 그 남자들을 고스팅해야 하나? 그들이 무례한 건가? 내게 맞는 단계라는 게 있다는 걸 설명해야 하는 건가? 아니면 처음부터 그들이 그런 판타지를 가지고 있다는 걸 이해하지 못한 내 잘못인가? 내 섹슈얼리티는 그런 식으로 작동하지 않는다는 걸 어떻게 이해시킬 수 있지? 그럴 때 내 섹슈얼리티는 멈춰버린다는 걸?"

미국 드라마 〈라미〉 시리즈의 첫 번째 에피소드에서, 주인공은 첫 만남에서 '초크(상대의 목을 조르는 것)' 하기를 주저한다. 적절한 성교육을 받지 못한 상태에서 청소년들은 성을 이해하기 위해 포르노에 관심을 쏟게 되고, 필연적으로 둘 사이에 일정 수준의 준비, 교류, 공모가 필요한 특정 관행이 보편화된다. 바로 이 '질식'에 대한 요구처럼 말이다. 섹스에 언제나 상호 동의가 필요하다는 것은 분명하다. 쾌락에의 도달을 둘이서 공유하고 또 상대의 욕구를 고려하는 것이 바로 섹슈얼리티의 목적이다.

그래도 '성의 불황'이라는 맥락이 번성하고 있는 포르노 비즈니스와 잘 어울린다는 점은 흥미롭다. 이 모든 판타지에 온라인으로 접근할 수 없다면, 우리는 밖으로 더 많이 나가게 될까? 상대를 찾기 위해 더 많은 노력을 기울이게 될까? 더 많은 성행위를 하게 될까? 그럴지도 모른다.

자위행위를 한다고 자웅동체가 되는 것일까?

자위행위가 우리 삶에서 중요하다는 것을 부인할 수는 없지만, 아직 다른 사람과의 관계를 대체할 정도는 아니다. 수치를 살펴보자. 2019년에는 여성 네 명 중 세 명[151]이 자위를 한 적이 있다고 인정했는데, 2006년에는 60%,[152] 1992년에는 42%,[153] 그리고 1970년에는 고작 19%[154]였다. 50년 동안 자위행위를 한다고 '고백한' 여성의 비율이 네 배 증가한 것이다. 남성의 경우 9%가 매일 자위를 하며,[155] 24%는 매주

한다고 답했다. 95% 이상이 자위를 한 적 있다고 인정했는데 1970년대에는 73%였다. 이러한 남녀 간의 역사적 격차는 자위행위가 남성의 행동과 직결된다는 사실을 확인시켜주는 것이었으나, 이제 그 격차가 서서히 해소되는 중이다. 일주일에 몇 번 하는지를 따지면, 거의 양성평등이 이루어졌다고 볼 수 있다.[156] 약간 과장하면, 모든 사람이 자위를 하고 있으며 이 영역에서는 한쪽 성이 하는 특유의 행동이 수렴되는 경향이 있다고 말할 수 있다.

자위행위는 우리를 '프로크래스터베이션(procrasturbation)' 세대로 묘사할 정도로 일반화되고 있다. 프로크래스터베이션은 미국의 유명한 심리학자 필립 짐바르도가 사용한 혼성어로, 컴퓨터 앞에서 자위를 하느라 다른 일을 미루는 것을 의미한다.[157] 자위는 특히 더 간단하고 덜 피곤하다는 이점이 있다. 진동 기구가 등장하면서 자위는 세계 여러 곳에서 자유로운 행동이 되었으며, 사춘기 이전의 청소년들이 브리지트 라에(70~80년대에 포르노 배우로 활동했던, 프랑스의 라디오 진행자-옮긴이)의 사진을 보며 환상을 품던 시절과는 멀어졌다. 둘이서 할 수도 있다. 교회조차 이를 용인할 것이며, 자위행위가 번식에 이용되는 한 더는 부정적으로 보지 않을 것이다. 물론 그 단어 자체가 좀 못나기는 했다. 자위의 분신인 '자기색정'도 우울한 단어이기는 마찬가지다. 여성의 자위를 묘사하는 명사가 없는 문제를 해결하기 위해 스웨덴인들은 '클리토리스'와 '반짝이다'의 단축형인 '클리트라(klittra)'라는 새로운 단어를 만들기도 했다.

우리가 자위행위에 대해 이야기하고 있기는 하지만, 자위행위가 항상 공공연하게 거론되지는 않았음을 기억해야 한다. 서구에서 자위행위는 오랫동안 본능의 일탈, 지능 저하의 원인, 심지어 변태 행위로 여겨졌다. 자위행위에 대한 억압이 절정에 달했던 19세기에[158] 타락했다는 의심을 받는 여성들은 온갖 종류의 처벌을 받았는데, 가장 잔인한 벌은 '빨갛게 달군 쇠로 지지는'[159] 것이었다. 전류가 흐르거나 달군 쇠로 생식기 조직을 태워 신경을 괴사시키고 감각을 약화시켰다. 남성들은 여성들에게 채울 허리띠, 자물쇠 또는 철망을 가질 권리가 있었다. 또 다른 방법은 생식기 부위에 거머리를 붙여 피를 빨아먹게 해서 '색욕을 유발할 수 있는 피 몰림을 원천 차단'하는 것이었다.[160] 잠옷 대신 구속복을 입게 하거나, 몸을 차가운 시트로 감싸 체온을 낮춰 욕구가 일어나지 않게 하거나, 또는 아주 단순하게 손을 침대 머리맡에 묶어 놓기도 했다. 성적 일탈과의 대결에 있어서, 도덕적 질서는 항상 풍부한 상상력을 발휘했다.

자위행위를 막기 위해 개발된 콘플레이크

19세기 후반 미국 의사들은 맛있는 음식을 먹는 것이 자위를 조장하는 반면, 싱거운 음식은 자위를 억제한다고 생각했다. 켈로그 콘플레이크 시리얼(당시 무설탕)은 이 골칫거리를 해결하기 위해 특별히 고안된 식품이었다.

콘플레이크를 발명한 존 하비 켈로그 박사는 자신이 담당하던 미시간 배틀크리크 요양원 환자들의 식단에 콘플레이크를 포함했다. 여러 해악에 맞서 싸울 수 있는 건강한 식단을 제공한다는 목적이었는데, 당시 매우 비난받는 행위였던 자위도 해악에 포함되었다. 당시 자위행위는 자궁암, 요로 기능 장애, 발기 부전, 간질 등 다양한 질병의 원인으로 여겨졌다.

"자위는 두 배로 사악한 죄"라며 자위행위를 강력히 반대한 켈로그 박사는 부모들에게 자녀의 자위행위를 막기 위해 마취 없이 포경수술을 시키거나 클리토리스에 페놀을 바르라고 권고하기도 했다. 제칠일안식일예수재림교의 독실한 신자이기도 한 그는 위생, 청결, 순결의 중요성을 강조하는 '건강한 삶 운동'을 옹호했다. 켈로그 박사는 아내와도 사랑을 나누지 않았다는 이야기도 전해진다. 켈로그 박사 부부는 별도의 침실에서 잤고 당연히 모든 자녀를 입양했다. 아마 신혼여행도 성관계 반대 팸플릿을 만들면서 보냈을 것이다.

자위는 이제 더 이상 은밀하게 감춰야 할 행위가 아니며, 심지어 페미니스트 역량 강화를 위한 도구가 되었다. 신체 곳곳을 탐색해 성적 쾌감이 어떻게 작용하는지 재발견하는 것이다. 커플이 함께 자위를 공유하고 또 서로 유도할 수 있다. 신성에 반하는 것으로 여겨졌던 자위행위는 이제 에로틱한 약동에 한 걸음을 보태준다.

하지만 여기까지다! 불과 한 세기 전에는 완전히 금지되었던 관행에 대해 우리가 찬가를 부를 수는 없지 않은가. 자위행위는 계속해서 많은 사람들을 둘이 하는 사랑으로부터 멀어지게 만든다. 이는 일종의 외로움으로 이어질 것이다. 자위하는 사람들은 혼자서 즐기는 기쁨을 발견하게 되고 더는 다른 사람을 필요로 하지 않을 것이기 때문이다. 자위행위가 그 자체로 충분한 것이며 둘이 하는 섹스를 대체한다는 생각이 완전히 틀린 것은 아니다. 커플의 3분의 2는 독신일 때보다 자위행위를 덜한다고 한다. 그러나 인과관계는 오히려 반대일 것이다. 자위행위를 하는 이유는 무엇보다도 혼자이기 때문이다. 현대 젊은이들은 특히 독신으로 지내는 동안 자위에 의지할 것이다. 예를 들어 부모 세대가 겪는 중년의 위기처럼, '30세의 위기'를 겪을 수 있다. 어느 날 사랑의 관계가 멈추는 것이다. 종종 비극적으로. 뒤이어 친구와 술로만 살고 싶어지는 이기적인 나약함의 시기가 온다.

밋밋한 하룻밤과 5분 만에 해치우는 자위 사이에서 사람들은 후자를 선호할 수도 있다. 내 단골 헤어스타일리스트는 매우 아름다운 쉰여덟 살 알제리 여성이다. 몇 년 전 남편과 헤어지고 꿋꿋하게 딸을 키우고 있는데, 항상 내게 이렇게 말한다. "당신 몸의 작동 방식을 이해하려 하지 않는 남자랑 하느니, 차라리 혼자 하는 게 나아요." 최근 들어 여성들을 사로잡은 자위행위의 즐거움은 새로운 차원으로 접어든다. 여성의 42%는 섹스를 하는 것만큼 자위에서도 즐거움을 느끼며, 23%는 확실하게 자위를 선호한다고 대답한다. 남성의 52%는 낭만을 지키면서 상호관계적인 섹스를 선호하는 반면, 여성에서는 이 비율이 36%로 나타났다.[161] 어느 날, 우리가 남성들 없이 살기로 결심하는 위험이 발생하지 않을까?

남성 자위에 맞서는 '노 팹' 운동

자위에 의존하는 것이 때로 나쁘게 여겨지는 이유는 특히 남성들 사이에서 자위가 음란물을 과도하게 소비하는 것과 관련되기 때문이다. 동기를 부여하기 위해 음란물을 시청하는 남성의 비율은 71%로, 여성의 두 배다. 여성들은 상상력을 발휘하거나(여성의 절반), 에로틱한 이야기를 읽거나(10%), 음악을 듣는 경향이 있다(7%).[162] 포르노 중독에 대한 불안감으로 인해 미국에서는 반대 운동이 일어났는데, 여기에 참여하는 이들의 행보와 명칭이 관심을 끈다. 그들은 '노 팹(No Fap)'이라 불린다. 이 단어를 어떻게 번역할까? '팹'은 남성의 생식기를 강하게 흔들 때 나는 소리라고 한다. 이 자위 중독자들은 금욕 과제를 조직하고 '로켓을 재발사'하기 위해 '자위행위 없는 90일' 같은 유형의 도전에 참여한다. 이렇게 스스로 금욕하는 이유는 무엇보다 포르노 시청 후 발기 부전이 증가하기 때문이다. 노 팹의 공식 웹사이트는 120달러를 결제하면 자위행위를 하지 않게 도와주겠다면서 다음과 같이 짓궂은 조언을 제공한다.

> 속옷은 당신과 당신 생식기 사이에 있는 얇은 물리적 장벽일 뿐입니다. 밤에는 옷을 한두 겹 더 입도록 합니다. 이렇게 하면 그곳을 문지를 때 감각이 덜합니다. 자기 전에 생식기에 찬물을 약 10분간 바르십시오. 편안한 침대를 사용하지 마십시오. 몽정은 실격 사항이 아니니 괜찮습니다.

전하는 바에 따르면 노 팹은 2009년 미국 온라인 커뮤니티인 포챈 게시판에 처음 등장했으나 이제는 성장해 그 자체로 경제적 실체가 되었다. 프랑스에서도 유사한 자위 금지 위원회가 생겨나고 있다. 노 팹은 주로 커플 문제나 외로움으로 이어지는 중독의 희생자들을 대상으로 한다. 자위행위를 끊으면 예를 들어 에로틱한 상상력을 자극하는 데 도움이 된다는 것은 말이 되는 논리다. 그러나 사이트에서 제시한

다른 이유들은 설득력이 덜하다. 자위를 중단함으로써 축적되는 테스토스테론이 남성의 신체와 정신에 긍정적 영향을 미친다는 것이다. 자위를 줄일수록 목소리에 무게감이 생긴다거나, 자위를 중단하면 더 멋있어진다는 내용도 있다. 아래와 같이 많은 이점을 얻었다고 주장하는 네티즌도 있다.

> 나는 대가 없는 노동을 여러 개 거절했다(내 생애 처음이다). 나는 크리스마스 성가대에 들어가길 거절했다(내 생애 처음이다). 나는 매일 사람들을 만나 참아내던 일을 거절했다(내 생애 처음이다). 나는 상사에게 거짓말을 그만하라고, 그렇지 않으면 무슨 말을 하든지 간에 내 머릿속 '헛소리' 저장 공간에 넣어버리겠다고 말했다.

노 팹의 여성 회원은 5%다. 그들은 포르노 속 섹스에 대한 접근 방식이 남성의 쾌락을 중심으로 구성된다는 점을 비난한다. 자위행위를 중단하면 X등급 영화에서 멀어질 수 있으며, 따라서 여성들이 모욕적이거나 성차별적이라고 생각하는 이미지를 더는 보지 않게 된다. 이 또한 말이 되는 논리다.

이상하게도 자위 금지 위원회는 현재 남성 우월주의 단체인 '프라우드 보이스'의 지원을 받고 있다. 이 단체를 설립한 개빈 맥긴스는 디지털 방송사 '바이스 미디어'의 공동창립자다. 그러니 그는 모르몬교 수도승이 아니라 원래부터 힙스터 운동의 대부인 것이다. 맥긴스는 음란물과 자위행위가 젊은 세대의 부부 해체에 책임이 있다고 본다. 자위행위와 비(非)자위행위의 개념을 둘러싼 정치적 논쟁을 전개하다니, 매우 특이하다. 남성은 성적 충동의 노예이자 동물이라는 전제에 기반하고 있기 때문이다.

그러나 죄의식을 느끼게 만드는 것은 결코 좋은 결과로 이어지지 않는다. 모든 관행에서 그렇듯, 가장 좋은 방법은 그곳에 빠져 있지 말고 한 걸음 물러서서 긍정적인 측면만 건져내는 것이다. 그러나 다른 과잉 행동들처럼 광적인 자위 또한 심리학자가 연구할 만한 행동을 유발할 수 있다는 사실은 부인할 수 없다. 포르노그래피 사용에 호의적인 성의학자 이안 커너는 그의 많은 고객들이 포르노에 너무 심하게 빠져서, 실제 성생활을 희생시켜가면서 "마치 17세인 것처럼 매일 자위"한다고 말한다.

금욕은 결과일까, 예방일까, 미래일까?

오늘날 점점 더 많은 사람들이 성생활에서 더 큰 만족감을 찾고자 자위행위를 자제한다. 금욕의 귀환이다. 현재 곳곳에서 무성애 운동이 일어나고 있다.[163] 금욕을 권장하는 것이 일부 사람들에게는 해방의 원천이 된다. 이별 후 몇 개월 동안 섹스를 자발적으로 중단하는 것은 드문 일이 아니다. 이러한 관행(또는 비관행)은 심지어 저항의 행위가 되기도 한다. 저널리스트 소피 퐁타넬의 생각도 그러한데, 그녀는 자신의 책 『욕망』에서 성적 규범에 대한 '불복종'의 욕구를 설명한다.[164] 섹스가 웰빙의 도구가 되는 사회에서 이해될 수 있는 일이다. 이 사회는 섹스를 하면 수명이 늘어난다고 고장 난 음반처럼 되풀이한다. 예를 들면 수면 습관을 개선하고, 다이어트를 촉진(10분에 50칼로리 감소)하고, 독소를 배출하고, 엔도르핀을 분비하고, 편두통을 억제하고, 마음을 진정시키고, 불안을 줄여준다는 것이다.[165] 이 정도면 섹스가 여전히 사회 보장 제도의 환급 대상이 아니라는 점이 불가사의하다.

어떤 사람들은 섹스를 하지 않는 것이 의도적인 성적, 낭만적 휴면이라고 말한다. 또 다른 사람들에게 금욕은 우울증이나 슬픈 사건으로 유발된다. 금욕하기로 결정하는 것은 때때로 바캉스를 떠나거나 정규직 계약을 포기하는 일과 비슷하다. 그러나 이러한 금욕은 미셸 우엘벡의 책들에 나오는 내용처럼, 어쩔 수 없이 겪는 일일 수도 있다. 특히 『투쟁 영역의 확장』에 나오는 환멸에 차 있고 외로운 주인공은 성적 영역에서의 실패를 자신이 어쩌지 못하는 경제 체제의 탓으로 돌린다. 나는 오랫동안 어떤 관계도 맺지 못한 나의 몇몇 친구들에게서 지속적인 금욕의 문제점을 발견했다. 금세 악순환이 되어 많은 좌절을 초래할 수 있다는 것이다. 성적 관계에서 사회적 관계로 관심의 초점을 옮기면서 극복하거나, 레이스 자수 수업이나 그림 수업을 들으면서 승화될 수 있지만, 그에 대한 생각을 멈추는 것은 대부분의 사람들에게 별로 도움이 되지 않는다.

부부관계를 맺을 수 없을 거라는 두려움을 가진 이들도 있는데, 이는 종종 이혼한 부모나 이전의 실패로부터 물려받은 것이다. 이들은 사랑이 바스러질 가능성이 매우 높다는 것을 안다. 스물세 살인 내 5촌 조카 멜키오르는 장기 관계의 추종자이지만, 어느 일요일 저녁 함께 식사를 하다 내게 말한다. "꼭 부부일 필요는 없을 거예요. 누군가와 함께하기 위해 우리가 태어난 것인지 난 모르겠어요." 그리고 우리의 열망을 결정짓는 이 문장을 덧붙인다. "혼자라면, 자신에게 실망할 일은 없잖아요." 오랜 기간 감정적 금욕을 겪은 내 이웃 발레르도 마찬가지다. "난 어째 점점 거꾸로 가. 이성애자 남자랑 사랑에 빠졌었어. 그다음에는 집에서 1만 킬로미터 떨어진 곳에 사는 애인 있는 남자랑 사랑에 빠졌어." 마흔 살인 내 친구 블레즈는 집에서 100킬로미터 떨어진 곳에 있는 한 소녀와 그저 사진을 주고받으면서 여름 내내 관계를 유지했다고 말한다. "하지만 우리는 서로 만난 적이 없어. 앞으로도 그럴 거고. 그냥 그게 좋아." 서른여덟 살인 줄리아는 왓츠앱 메신저에서 두 사람과 대화를 한다고 내게 고백한다. 그중 한 명은 다른 나라에 산다. "만난 적은 없지만 우리는 매일 서로 대화하고 삶에 대해 이야기해. 그러면 마음이 따뜻해져. 그 사람들을 결코 볼 일이 없을 거라는 걸 알지만 상당히 깊은 이야기를 나누지." 이 '새로운 낭만주의'는 사랑에서 성적 쾌락을 분리한다. 이렇게 사랑의 신화는 해체되고 만남으로부터 분리가 일어난다. 가상에서의 관계를 통해 우리는 사랑에 대한 철학적 필요를 충족할 수 있다. 우호적 관계는 우리가 살아가는 데 필요한 애정의 많은 부분을 충족해준다. 우리는 이런 식으로 일종의 가족을 다시 만들 수도 있다. 육체적 쾌락을 원하는 우리의 본능적 욕망은 여전히 남아있다. 혼자서 충족할 수는 있지만, 영원히 혼자 충족하기는 어려워 보인다.

비사회적 보장

로스앤젤레스는 가로등이 없는 도시라 밤 10시면 어두워진다. 저녁이면 방에서 나가기가 힘들다. 원심력이 나를 방 안으로 미는 것 같다. 확실히 캘리포니아는 모든 면에서 사막이다. 하지만 그렇다고 왜 다른 사람들과의 모든 상호작용을 취소할 정도로 내 방에 틀어박혀 있는 것을 좋아할까? 이 비사회적인 병리에 대한 나의 이론은 다음과 같다. 거대한 연립주택처럼 보이는 이 도시에서 우리는 열네 살에 멈춰 있는 것 같다. 우리가 청소년일 때 어머니가 해주었던 모든 것을 이제는 앱이 대신한다. 식사는 우버 이츠나 그럽허브에 맡긴다. 시내를 오가는 일은 승차 공유 서비스인 리프트가 책임진다. 밤의 이야기는 넷플릭스에서 흘러간다. 우리는 소파에 앉아 렌터카를 신청하고, 잠옷을 입고 시리즈물을 시청한다. 하지만 주의하라! 배달 앱 딜리버루는 초인종을 누르니, 어쨌든 우린 일어나야 한다. 엄마의 보살핌을 받는 기분이 들 뿐만 아니라 우릴 보호하는 이 요람에서 나갈 기운조차 없다.

이렇게 미라가 되는 현상은 비활동성과 정착화가 놀랍도록 증가하면서 일어난다. 프랑스에서는 2006년 이후 국민들의 비활동성이 증가했다. 어린이의 경우 하루에 최소 1시간은 중등도 또는 격렬한 활동에 참여해야 하는데[166] 이를 달성하는 어린이는 평균적으로 네 명 중 한 명 미만이다. 신체 활동이 부족한 아동의 비율은 남아의 경우 다섯 배, 여아의 경우 세 배 증가했다.[167] 또 재택근무나 원격근무가 증가하면서 우리는 아파트의 네 벽 안에 점점 더 단단히 갇히게 되었다. 한두 번의 격리 상황이 더 발생하면 우리의 비활동성도 한 단계 더 올라갈 것이다. 행복한 알렉상드르의 깨달음을 맛보는 날까지 말이다(프랑스 코미디 영화 〈이 세상에서 가장 행복한 사나이〉의 주인공 알렉상드르는 자신을 노예처럼 부려 먹던 아내가 세상을 떠나자 침대에서 꼼짝하지 않는 게으름뱅이가 된다―옮긴이).

이러한 칩거에 익숙해지면 우리는 소셜 네트워크를 끊임없이 찾게 된다. 두 행동에 한 가지 공통점이 있으니, 아무도 고통받기를 원치 않는다는 것이다. 그러나 자신을 집에 점점 더 가두면서, 그리고 여러 매개를 통해 외부 세계의 폭력으로부터 스스로 보호하려고 노력하면서, 우리는 육체적이고 애정이 담긴 모험에 대한 욕망에도 바리케이드를 쌓은 것이 아닐까? 우리의 실패한 사랑 이야기가 결국 그렇게 치명적이지 않다면 어떨까? 이상형과 함께할 수 없다면 안타깝지만 할 수 없는 일이다. 거리에서 1시간 동안 길을 잃는다면 안타깝지만 그것도 할 수 없는 일이다. 이번 연애가 단 이틀 밤만 지속된다면, 아쉽지만 그뿐이다. 일이 나쁘게 끝나고, 우리가 아무것도 배우지 못하고, 아무 결실을 맺지 못한다 해도, 안됐지만 뭐 어떤가.

우리는 아스팔트길을 1킬로미터 걷기 위해 등산화와 트레킹 폴을 챙기는 사람들처럼 되고 있지는 않은가? 혼자 방 안에 있는 것이 삶을 더 쉽게 만들어준다고 생각하든, 박차고 나가 사람들을 만날 때가 되었다고 스스로에게 말하든 간에, 사람들과의 교류는 원맨쇼를 스트리밍해 보는 것보다 덜 재미있을 것이고, 〈왕좌의 게임〉 에피소드보다 덜 강렬할 것이다. 그러나 우리가 살아있음을 느끼게 해준다. 그리고 광적인 자위행위는 고립, 정서적 침체, 깊은 외로움을 느끼는 사람들이 많은 이 사회에서 우리가 여전히 살아있다는 환상을 스스로에게 심어주기 위해 필요한 대용품이 아니었을까? 이 중독이 결국 사람끼리 느끼는 친밀감을 대신해 인위적으로나마 만족스러운 경험을 주는 강박적인 임시방편이 되었다면 어떨까? 우리가 더 이상의 위험을 감수하지 않았기 때문에 우리의 사생활은 적막해졌고, 결국 우리에게 남은 것은 여전히 살아있음을 느끼기 위한 성적 쾌락뿐이었던 것이다.

8

시간은 흘러가는데,
그래서 뭐 어쩌라고?

"이렇게 말해 유감이지만, 결혼하고 싶은 욕구는 여성에게 근본적이고 원시적인 것이다.
그리고 바로 다른 욕구가 뒤따르는데, 다시 독신이 되고 싶은 욕구다."

노라 에프론

중국에서 매해 섣달그믐이 되면 독신들은 비장한 각오를 하고 마치 공격에 나설 준비가 된 탱크처럼 차려입는다. 결혼하지 않으면 사회적으로 강등될 수 있는 문화에서, 남성과 여성은 가족의 빈정거림에서 해방되고자 다양한 전략의 무기를 사용한다. 특히 '가짜' 애인을 만든다. 하루에 약 200유로를 내면 당사자 간 계약이 체결되며 신체 접촉이 있는 경우 추가 비용이 청구될 수 있다. 계약 내용에는 두 '가짜 배필'이 같은 침대에서 자지 않되 같은 방을 공유함으로써 주변 사람들이 그들의 사랑을 신뢰할 수 있도록 한다는 조항이 있을 수 있다. 일부 기업에서는 새해를 앞둔 독신의 상황이 너무 걱정스러워 열흘간의 '데이트 휴가'를 도입했다. 독신인 직원들은 새해가 시작되기 전에 자신의 구세주를 만날 확률을 높이기 위해, 고향에 미리 내려가서 시간을 보낼 수 있는 것이다. 그러나 오늘날 대부분의 나라에서 30세 이상의 독신자는 자신을 절망적인 상황에 처하거나 운명의 희생자라고 생각하지 않는다. 그는 정상 범위에 있다.

왜 독신 여성에 대한 낙인이 더 뿌리 깊을까?

프랑스에서 독신 여성은 종종 이 비극적인 딜레마에 직면해왔다. 혼자 사는 여성의 참조 모델은 잔 다르크와 마농 레스코 사이를 오가고는 했다. 처녀와 창녀 사이다. 우리는 어떻게 같은 지위의 독신 남성에 비해 독신 여성의 신화를 훨씬 나쁘게 만들어냈을까? 역사를 잠깐 거슬러 올라가 보자.

중세 시대, 부부는 가족의 결합과 유산의 공유가 허용된다. 사랑은 결혼 과정의 핵심이 아니며 부부에게 중요한 것은 출산이다. 결혼 적령기의 여성은 하루 빨리 가정생활을 시작하라는 권유를 받는다. 그렇지 않으면 미성년자와 동등한 법적 지위에 갇힐 위험이 있다. 나이 든 처녀들은 조건 없이 수녀원에 들어가는 것이 아니라면, 집에서 힘든 일을 감내해야 한다.[168] 시골에서는 가족들이 이들을 하녀처럼 부려 먹는다. 이들은 변변치 않은 음식을 먹고, 형편없는 옷을 입으며, 때로는 성적 학대를 당하고 심지어 두들겨 맞기도 한다. 운이 좋으면 어머니와 함께 양떼를 지키고 양털 깎는 일을 맡을 수 있다. 봉급을 받지만 결코 자유롭지 않으며 죽을 때까지 가족에게 종속되어 산다. 그래서 중세의 독신은 남자든 여자든 엄밀히 말하면 고독한 삶을 살지는 않는다. 대부분의 시간을 가족에 얽매인 채 보내기 때문이다. 그러나 결혼이 의무 사항은 아니기 때문에 약간의 관대함을 누릴 수 있다. 그러다 16세기에 독신자에게 재앙이라고 할 수 있는 트리엔트 공의회가 열린다. 이 '19차 에큐메니컬 공의회'는 개신교의 종교개혁에 대한 로마 가톨릭의 방어로 여겨지는, 역사상 가장 길고 가장 논란이 많았던 회의다. 결혼하지 않을 자유에 대한 모든 희망이 여기서 무너진다. 극도로 강압적인 교회의 명령으로 동거하던 많은 남녀들이 강제로 결혼하게 된다. 철학자이자 『독신, 특별한 여성들』[169]의 저자인 주느비에브 길팽에 따르면 중세 시대 독신의 지위가 도덕적인 면에서는 더 자유로웠다.

> 트리엔트 공의회는 교황의 절대주의, 중앙 집중화, 비밀 의식을 장려한다. 더 구속적인 압박이 가해지고 생활 방식과 사회적, 종교적 제한이 더 맹렬해진다. 미혼 여성은 오명을 쓰게 된다.

부르주아 이데올로기가 발달하면서 독신 여성에 대한 사회 인식이 악화되기 시작한다. 핵가족이 표준인 시대에 독신 여성은 자기 자리를 찾기 어렵다. 그러나 1791년 파리에는 16~18%의 독신 여성이 있었다(과부 제외). 16세기부터 매년 11월 25일 생트-카트린의 날이 되면 독신 여성들은 은신처에서 나온다. 이들을 절망적인 상황에서 구해줄 기념일이다. 시골에서는 남편 없는 젊은 여성들이 이 날짜를 고대하지만 큰 희망은 없다. 여성이 스물다섯 살을 넘기면 생트-카트린의 날은 축제라기보다 장례식에 가깝다. 가임기를 지났다고 여겨져서 사랑에 빠지는 것마저 마을의 웃음거리가 되기 때문이다.[170] 차별이라고? 두말할 것 없이 그렇다.

이날 나이 든 총각들은 '생트-카트린의 왕'이라는 별명으로 초대된다. 그들에게 군주의 지위가 주어지는 것이다. 주느비에브 길팽은 "남성 독신은 더 잘 용인되었으며 그들의 이미지는 돈 주앙, 또는 부르주아 생활에 잘 적응하지 못하는 예술가와 섞인다"고 말한다. 필요한 경우, 독신 남성이 가진 예술적 또는 종교적 소명이 그들을 정당화한다.[171] 따라서 남성의 독신은 여성의 독신과 달리 더 많이 선택되는 지위다. 거기에는 가벼움이 깃들어 방랑, 보헤미안 생활, 댄디즘을 낳는다. 여성이 이러한 정신을 바탕으로 대담하게 자유로운 생활을 하는 것은 인정받지 못한다. 독신으로 남아있는 여성은 종종 교양 있는 상류층 여성이다. 그러나 시골에서 독신 여성이 선택할 수 있는 운명은 매우 제한적이다. 19세기 말이나 20세기에는 여러 번의 전쟁으로 많은 남성들이 사망하고, 여성들이 홀로 남아 가정을 돌보게 된다. 여성이 독신을 주장하면 주변 사람들의 빈축을 산다.

> 독신 여성들은 사회 질서를 위반하는 것처럼 여겨진다. (……) 빈정대지는 않아도, 독신으로 살겠다는 주장이 나오자마자 여성들에게 비판이 쏟아진다. 일부는 마치 생시몽주의자처럼 여성 단결을 호소하며 19세기 전반부의 사회주의 페미니스트 운동에 가담한다. 그러나 이 기간 동안 여성들은 주변인 상태에 머문다.

조직화된 페미니스트 해방 운동이 등장한 1950~1960년대가 되기 전까지, 독신 여성은 보잘것없는 사람이고 나쁜 평판에 둘러싸이기 일 쑤이며 심지어 매춘을 할 운명이다. 그들을 위한 만남의 장소 같은 것은 생각할 수도 없다. 주느비에브 길팽은 다음과 같이 말한다. "많은 여성들이 외로운 운명을 지니고 있다. 그들은 종종 교사를 직업으로 택하고 다른 독신 여성들과 친구가 된다. 페미니스트 운동, 노동조합운동을 통해 연대를 이룬다." 전투적인 태도와 해방 투쟁으로 독신주의는 더욱 복잡해지고 점차 자아실현의 길로 접어든다. 심지어 사회 조직의 기반을 흔드는 노골적인 무정부주의 선택이 되어간다. 이들을 여성으로 규정하는 것은 혼인이므로, 독신에 대한 욕망을 공개적으로 나타내는 것은 혼인 제도에 대한 반항이나 마찬가지다.

1970년대가 되어서야 여성이 자신의 삶을 스스로 영위할 수 있다고 인정받기 시작한다. 그러나 부르주아 이념이 지배적인 사회에서 독신은 아직 사회에 완전히 통합되지 않았으며 기껏해야 이제 막 용인되는 상태다. 그러나 어떻든 발전하고 확산된다. 1990년대에 등장한 신조어 '독신 투사'는 어느 정도의 양면성을 보여준다. 여성 잡지 표지를 뒤덮은 의기양양한 독신 투사들은 결혼하지 않기로 스스로 결정하고, 새로운 권리를 요구하고, 자신의 운명을 책임진다. 자신의 바람에 따라 아이를 가지고, 직업 활동과 가정생활을 병행한다. 그러나 그들은 종종 고통스러움으로 점철된 갑옷을 입은 워커홀릭의 이미지를 반영한다. 사실 이 용어에는 아이러니가 서려 있다. 독신 투사는 왜 꼭 싸워야만 하는가?

마치 부적처럼 여성에서 여성으로 전해지고 있는 모나 숄레의 책

『마녀』[172]에서, 쇼레는 수세기에 걸쳐 독립적인 여성, 특히 독신 여성이 어떻게 악마화되었는지 설명한다. 오늘날 "여성의 독립은 허용되지만 좌절한, 그리고 꼴이 우스운 노처녀라는 고정관념으로 귀결된다."[173] "결혼과 출산을 거부하는 여성은 누구에게도 도움이 되지 않는다"[174]고 생각하기 때문이다.

고양이 여사들

'노처녀'라는 용어는 이제 우리 어휘 목록에서 거의 사라졌다. '노총각'도 마찬가지다. 일본에서는 '기생하는 독신'이란 뜻의 '패러사이트 싱글'로 대체되었다. 독일에서는 '둥지 약탈자'라 불리고, 이탈리아에서는 '큰 아기'라는 뜻의 '밤보치오니'라 불린다. 스페인에서는 공부도 취업도 포기한 '니니족'이라 불린다. 남자와 여자는 같은 곤경에 처한 것 같다. 이 모든 별명은 부모와 함께 사는 사람을 가리키며, 부부 생활을 시작하는 나이를 끊임없이 미루는 독신의 보편적인 행태를 나타낸다. 독신 남성이 이제 돈 주앙의 옷보다 탕기의 슬리퍼를 연상시킨다면, 독신 여성에 대한 인식은 그보다 낮다. 독신 여성을 요즘 '고양이 여사'라 부르기도 하는데, 고양이와 삶을 공유하지는 않더라도 고양이를 키우느라 배설 모래 냄새가 맴돌기 때문이란다. 고양이 여사는 평일이나 토요일에는 좀처럼 술에 취하지 않고 월요일 아침에 죄책감을 느끼며 일어나, 음울한 외모를 하고 동료들과 함께 엘리베이터를 탄다. 지루하지만 좋은 남자와 열정적인 악마, 두 남자 사이에서 항상 망설이고 친구들과 페디큐어를 받으러 가면서 이를 털어놓는다. 이 웃기고도 슬픈 여주인공은 광고나 저널리즘 같은 3차 산업에 종사하고 대도시 교외에 거주하며 대중문화 속 새로운 독신을 구현한다. 자신의 욕망을 잘 알고 있지만 자신을 위한 진정한 선택을 감내하는 연약한 '싱글 레이디'다. 〈섹스 앤 더 시티〉의 사만다는 극 중 유일하게 결혼하지 않는 여성이지만 섹스 중독이다. 결혼을 하지 않으면, 독신 여성에게 대안은 하나뿐이다. 정복할 상대를 늘리고 덧없는 만남에 자신의 외로움을 익사시키는 것이다. 병약하고 새침하고 신앙심으로 가득 찬 그 옛날의 노처녀보다는 낫다. 그럼에도 그녀가 더는 '당당하고 섹시한 도시녀'로 여겨지지 않는 나이가 되면 사람들은 그녀를 일종의 동정심으로 바라볼 것이다. 어느 날 저녁, 파티를 마치고 돌아오는 길에 택시 기사에게 최악의 손님에 대해 물었다. 나는 뒷좌석에서 토하는 젊은이 같은, 흔한 이야기를 예상했다. 기사는 아무렇지 않게 대답했다. "최악은 토요일 밤을 보내고 새벽 세 시쯤 혼자 집에 돌아가는 35~40세 여성들이죠. 보면 아주 짠해요." 그날은 토요일 밤이었고 새벽 세 시였다.

우리의 어머니들

어느 날 어머니가 일부러 순진한 어조로 내게 말했다. "내가 좋은 옷 사줄게." 언뜻 듣기에 악의가 없지만 말 속에는 뼈가 있다. '딸아, 옷차림이 그렇게 후줄근한데 누구를 만날 수 있겠니. 이제 정착해야지. 제대로 좀 살자. 바람 부는 대로 사는 건 그만둬야 하지 않겠니.' 이미 몇 가지 예비 단계를 거쳤다. 먼저 나의 무질서한 집안 살림에 대한 사소한 지적(집안일 하지 말라며 나를 키웠음에도)과 내 교제관계에 대한 순수한 질문들이 이어졌다. 그런 다음 경고가 날아왔다. 평생 열심히 일해온 해방의 모델인 어머니는 내가 기억하는 한 누구에게도 의존하지 말라고 가르쳤다. 그러나 내가 결혼하지 않는다는 생각까지는 하지 못한다. 그녀의 가장 지독한 전략 중 하나는 일단 한 번 대화를 나눈 어떤 남자에게나 나를 할인된 가격으로 판매하려는 것이다. 내가 일면식만 있는 사람을 소개해도 어머니는 눈독을 들인다. "이 사람, 너한테 괜찮을 것 같아. 분명 자기 아내랑 헤어질 거야." 어머니는 방금 결혼한 내 가장 친한 친구를 만난 날에 불쑥 말했다. "알코올 중독인 게 뭐 어때. 아, 하루에 와인 세 병 마시는 거, 그거 정상이야. 일 때문에 스트레스 받아서 그래." 어머니는 심각한 알코올 의존에서 벗어나기 위해 노력하는 또 다른 내 친구에 대해 이렇게 설명했다. "근데 됨됨이가 괜찮네. 그리고 잘생겼잖니!" 항상 자신의 독립을 우선 옹호하는 자유 여성이 내게 건넨 이 조언들은 10년 전이라면 말도 꺼내지 못했을 것이다. 심지어 "데이트해서는 안 될 세 부류의 남자는 유부남, 마약 중독자, 구두쇠"라는 자기계발 사이트의 기본 지침과도 맞지 않는다. 나는 그래도 선물은 받고 싶어서 어머니를 따라 지방 도시의 쇼핑 거리마다 있을 법한, 의심스럽지만 스타일은 좋아 보이는 고급 상점에 들어갔다. 어머니가 내게 입어보게 한 것은 검은 코트였다. 어머니가 "어디에나 입고 갈 수 있는" 옷이라 표현한 클래식한 의상이 검은 코트라고? 그때 어머니가 절망의 밑바닥에 다다랐다는 명백한 사실을 깨달았다. 나는 어렸을 때부터 어머니가 하나하나 돌을 놓은 정확한 길을 따랐다. 정서적 독립이라는 길 말이다. 상복 같은 이 검은 코트는 결국 나를 무리 속으로 데려가려는 것이었다. 어머니는 이 구매를 마지막 희망의 왈츠로 본 것이다.

함께 산다는 이상적인 정착 생활에 충성하지 않기로 결정한 여성에게는 항상 압박감이 가중된다. 그리고 그녀가 막상 독립의 꿈 앞에 섰을 때 한발 물러나게 만드는 사람은 그녀의 어머니다. 어머니 또한 성해방 교육을 받은 세대인데도 말이다. 어렸을 때부터 몽마르트르에서 산 클레어는 이렇게 말한다. "어머니는 항상 말했어요. '어머니날 선물로 압력솥 사지 마라. 네 입에 넣고 싶지 않으면'이라고요." 알제리 출신의 젊은 프랑스 여성인 산드라는 어머니의 격려 덕분에 프랑스에 와서 최고의 학업을 이룰 수 있었다고 설명한다. 그녀는 악착같이 노력해서 피라미드의 꼭대기인 의대 교수 자리까지 올라갔다. "난 서른다섯이고 남자친구가 없어요. 그 사실은 어머니를 낙담하게 만들죠. 하지만 나는 어머니의 충고를 정확히 따랐어요. 남자에게 의존하지 말라는 충고를요." 역사학 박사이자 여성 및 섹슈얼리티 역사 전문가인 비르지니 지로드도 마찬가지다. "어머니는 제게 '공부해라, 독립해라'라고 말했어요. 하지만 내가 이혼한다고 했을 때 어머니는 절망해서 끊임없이 반복해 물었어요. '너 무슨 일이 있니?'라고요. 어머니는 자신의 이상을 내게 투영했어요. 물론 앞으로 나아갈 수 있게도 해줬지만요. 그런데 최근에는 이렇게 말했어요. '우리 딸, 다시 정착해. 아름다움은 영원히 지속되지 않아.' 하지만 나는 그 반대로 살았죠!" 이 어머니들은 세대의 이상이 퍼뜨린 자유의 꿈을 우리에게 심어주었으나, 부부나 아이들 문제에 관해서는 전통주의로 방향을 바꾼다. 이민자의 딸이든, 68혁명을 겪은 세대의 딸이든, 우리는 결국 그 사라진 자유의 꿈에 반항하게 되지 않을까? 〈지구촌 성 풍속도〉에서 델리에 사는 두 인도 여성은 학업을 마친 후에 당장 결혼하라는 명령을 받은 경험을 매우 잘 묘사한다. "어머니는 내게 '결혼해라, 결혼해라, 결혼해라'가 아니라 '공부해라, 공부해라, 공부해라' 했어요. 남자들과는 특히 얘기하지 말라고도요. 하지만 지금은 '얼른, 빨리 저 사람이랑 결혼해서 아기 낳아야지'라고 해요. 황당하다니까요."

그러나 이와 동시에, 결혼은 여전히 기준 값으로 남아있다. 특히 결혼 축하 행사가 가장 연극적이고 복잡한 시나리오를 사용해 부활했음을 부정할 수 없다. 20년 전에는 존재하지 않던 처녀 파티를 연다거나, 신화와 전설로 화려하게 귀환하듯 켈트식 결혼 예식을 준비하는 것 등 말이다. 사회학자이자 국립과학연구센터의 연구 책임자 플로랑스 마이오숑은 2000~2012년에 약 50쌍의 커플이 청혼에서 결혼식에 이르는 동안 결혼의 모든 단계를 추적했다. 그녀의 연구에 따르면 "동성결혼이 허용됨에도 불구하고 결혼 건수는 계속 감소한다. 그러나 사람들은 축하 파티만큼은 점점 더 화려하게 연다."[175] 새로운 이교 의식이 되어버린 이 결혼 축제 동안 젊은 약혼자들은 결혼에 대해 완전히 반동적이지는 않더라도 오히려 더 보수적인 생각을 가지고 있음을, 마이오숑은 관찰할 수 있었다. 그녀는 성대한 결혼을 해야 한다는 압박감으로 인해 재정적, 심리적으로 길고 고통스럽게 느껴지며, 결국 막대한 비용의 청구서를 받게 되는 과정을 설명한다. 마지막으로 마이오숑은 각 배우자를 그의 성별에 가두게 되는 과정을 비판한다. 예비 신부들은 스스로 '브라이드질라'라고 칭할 정도로, 여성이 하는 역할을 과도하게 수행한다. 신부(bride)와 고질라(Godzilla)의 합성어인 브라이드질라는 히스테리 증세를 보일 정도로 결혼식에서 과한 요구를 하는 신부를 뜻하는 단어다. 현대의 젊은 여성들이 자신들이 겪는 불평등을 정당화하려다 여성으로서의 지위를 악화시키는 과정이다.

독립의 열망을 가진 여성들이 낳은 딸들, 즉 우리는 왜 이러한 전통적 가치에 달려드는 것일까? 때때로 우리의 어머니들은 더는 우리의 것도, 심지어 그들의 것도 아닐지 모를 롤 모델에 대한 믿음을 회복하려 노력한다. 우리는 기분 좋은 망상에 빠져 그것을 받아들인다.

우리는 어쩌다 난자를 얼리고 싶어졌을까?

2018년 3월, 나는 스페인 발렌시아로 날아갔다. 파에야의 고향인 이곳은 유럽에서 가장 큰 '난모세포 동결보존' 클리닉이 있는 곳이기도 하다. 서른다섯 살에 산부인과 연례 검진을 할 때, 의사는 너무 늦기 전에 아이를 가지라고 내게 조언했다. 그리고 가장 좋은 방법은 원나잇 스탠드, 말하자면 클럽에 가는 날과 임신 가능성이 높은 날을 일치시키는 것이라고 말했다. 1990년대에 투철한 페미니스트가 스스로 그 가치를 입증한 기법이다. 따라서 빠른 조치가 필요했다. 나의 출산 가능성은 3년 안에 감소하고 5년 안에 주저앉고 12년이 지나면 결국 사라질 것이다. 생체 시계의 시간을 되돌리기 위해 무엇을 할 것인가? 나는 모르는 남자를 이용하지 않는 유일한 해결책을 선택했다. 난자를 동결하는 데 3,000유로를 지불한 것이다. 프랑스에서는 심각한 질병이나 의학적 사용을 위한 기부를 제외하고는 난자 냉동이 금지되어 있기 때문에 외국을 선택해야 했다. 나는 발렌시아를 선택했지만 다른 도시들도 있었다. 예를 들어 바르셀로나가 있다. 그러나 분리 독립을 주장하는 바르셀로나 시민들이 불안하게 느껴졌다. 그들이 국토회복전쟁의 기세에 흥분해 카탈루냐 냉동고에 저장된 모든 난모세포를 죽이기로 결정하면 어쩔 것인가? 겨울이 다가오자 나는 마르모트의 볼처럼 난소가 가득 찬 채로 피레네 산맥 위를 날아가는 비행기의 둥근 창밖을 바라보며 21F 좌석에 앉아있었다. 호르몬에 취해서 몽환적인 느낌이 들었다. 주변 사람들을 살펴보았다. 혼자인 여성들도 있었다. 나처럼 그들도 결코 가질 수 없겠지만 가능성마저 닫고 싶지는 않은, 아기라는 신기루를 향한 모험을 떠나고 있었다. 독립적인 여성으로 성장하되, 서른 살에는 엄마가 되라는 교육을 받은 우리는 3,000유로라는 거금을 들이고 그 비행기에서 무엇을 하고 있었던 걸까?

전 세계 여성들은 왜 자신이 어린 시절 롤 모델과 다른 방향으로 바뀌었는지, 그리고 이러한 변화에 대한 책임이 자신에게 있는지 궁금해한다. 그들은 자유로운 섹슈얼리티를 가지도록, 남자들과 거리를 유지하도록, 또는 남자들이 '쉬운 여자'를 좋아하므로 그와 반대로 신비로운 상태로 남도록 부추기는 모든 책과 신문을 읽는다. 여성들은 이미 오래전부터 동화 속 왕자를 좇지 않았다. 하지만 그렇다고 해서 부부가 되기를 포기한 것은 아니다. 난자를 얼리기로 선택한 여성들은 머릿속을 맴도는 '데드라인'에 대한 불안감을 접고 계속 남자와 데이트할 수 있는 자유를 추구한다. 그들은 국숫집에 앉아, 평온한 일요일 저녁을 함께하는 가정적인 일상에 정착하는 환상을 포기하기도 했다.

여성들이 주로 '경력 계획'을 위해 이 난자 냉동 기술을 사용한다는 추측이 있다. 특히 페이스북과 애플이 직원들에게 난자 냉동을 재정적으로 지원하겠다고 제안하기 때문이다. 그러나 이 추측은 현실에서 일어나는 일과는 거리가 매우 멀어 보인다. '생체 시계'에 대한 질문은 새로운 것이 아니다. 새로운 점은 지금까지 돈으로 환산할 수 없었던 유일한 변수, 즉 시간을 구매할 수 있게 되었다는 것이다. 나이가 들어도 자궁은 약해지지 않기 때문에 난자 냉동 기술을 이용하면 쉰 살에 시험관 수정을 할 수 있다. 점점 감소하다 결국에 사라지는 것은 난자의 비축량이다. 호르몬에 의해서, 그리고 이 프로토콜을 따르면 일흔 살까지 아이를 낳을 수 있다.

그 비행기에 있는 누구도 처음부터 이 파에야의 도시에 오고 싶어 하지는 않았다. 그런데 어쩌다 이 도시에서 난자 냉동에 엄청난 돈을 쓰게 된 걸까? 인류학자인 낸시 스미스-헤프너는 그 이유를 다음과 같이 말했다. "혼인 연령이 높아지는 것은 사회의 일반적 경향들 중 하나다. 특히 교육 수준이 높은 계층과 여성에게서 나타난다." 이 경향은 부유한 나라에서만 관찰되는 것이 아니라 요르단, 중국, 미국, 르완다, 과테말라 등 다양한 나라로 확산되고 있다. 우리는 이를 기다림의 시기, 즉 '웨이트후드'라는 용어로 표현한다. 부부로 정착하기 전까지의 시간을 연장하는 이 새로운 시간성은 사랑에 대한 우리의 생각에 근본적 변화를 가져왔다. 이제 우리는 부모님 집에서 나가거나, 집주인이 되거나, 생명보험에 서명하는 등 모든 결정을 미루게 되었다. 이 현상은 교육 수준에 관계없이 다양한 계층에서, 그리고 남성들에게서도 관찰된다.[176]

원인은 다양하다. 여성의 경우 특히 교육 수준이 높아지면서 열린 새로운 문화적 지평의 결과일 것이고, 남성은 높은 실업률과 같은 경제적 이유에 의해 더 많은 영향을 받을 것이다. 그러나 세계 많은 나라들에서 웨이트후드는 젊은이들이 가족을 형성하기 전에 새로운 기회를 찾거나 날개를 펼치려 노력하는 '생산적' 기간일 수도 있다. 모든 젊은이들이 이 기간을 경험하지만 남녀 간에 한 가지 차이점이 있다. '기다림의 시기'가 남성에게는 아무런 생물학적 영향을 미치지 않는 것이다. 남성은 아이들을 원할 경우, 어쨌든 기다리면 된다.

우리가 난자를 얼리려는 이유는 시간을 보는 새로운 방식과 더 관련이 있다. 우리는 일시 중지 버튼에 의지하려고 애쓰는 것이다. 난자를 냉동 보존 센터에 보관하는 또 다른 이유는 사랑에 대한 일종의 수학적 진리와 관련이 있을 것으로 보인다. 이성애자 여성은 교육 수준이 동등하거나 더 높은 남성과 결혼한다.[177] 그게 난모세포 동결과 무슨 관련이 있느냐고 말할 것이다. 그렇지만 남자가 가족의 기둥이며 가족을 부양하고 보호해야 한다는 생각은 여전히 뿌리 깊이 박혀 있다. 그러나 여성들은 더 나은 교육과 더 나은 상황에 접근하면서, 현모양처라는 앞치마를 훌륭한 학생이라는 앞치마로 바꿔 입음으로써 결혼 생활의 균형에 일부 변화를 가져왔다. 그런데 여성의 교육 수준이 높을수록 파트너를 찾을 가능성은 낮아진다. 왜일까? 자신보다 교육 수준이 높은 여성을 찾는 남성은 통계적으로 드물다. A 수준의 높은 교육을 받은 남성은 자신보다 교육 수준이 약간 낮은 B 수준의 여성을 선택하고, B 수준의 남성은 C 수준의 여성을 택한다. 그 밑으로도 마찬가지다. 통계적 관점에서 아직 배우자를 찾지 못하는 이들은 석사, 즉 A

수준의 여성과 고등학교를 졸업한 D 수준의 남성인데 이 조합의 커플이 점차 많아지기는 해도 선험적으로 볼 때 매칭되기 어려운 것은 사실이다. 예를 들어 서른다섯 살의 여성이고 교육 수준이 B인 내 친구 클레리는 틴더 앱에서 항상 D 수준의 남성을 찾는다. 클레리는 종종 몇 달 동안 지속되는 관계를 맺지만, 함께 길을 가는 데는 어려움이 있다고 이야기한다. 이는 틴더가 낸 통계에서도 관찰된다. 겐트대학교 경제학 연구원 브레히트 네이트가 수행한 연구에 따르면, 여성은 학사 학위보다 석사 학위를 가진 남성을 사랑하게 될 확률이 91% 높다.[178]

왜 그렇게 많은 여성들이 가임기에 파트너 없이 지낼까? 일부는 인구 통계학적 문제일 것이다. 저널리스트 존 버거는 그의 저서 『데이트-오노믹스』[179]에서 미국 인구를 기준으로 비율을 계산했다. 여성이 난자를 얼리기 시작하는 30~39세 사이 인구를 기준으로, 대학 교육을 받은 미국 여성이 740만 명인데 비해 대학 교육을 받은 남성이 600만 명으로, 5대 4의 비율이다. 세계은행 데이터에 따르면 적어도 70개국에 이러한 남성 부족 현상이 나타난다. 대학을 졸업한 여성이 스웨덴에서 53%, 남아프리카공화국에서 48%, 브라질에서 40%, 프랑스에서 23% 더 많다. 이제 전 세계 대다수의 학생은 여성이며, 이러한 잉여의 여성 졸업생과 교육 수준이 낮은 남성은 사랑의 바닥에 남아있게 된다. 따라서 교육을 받은 여성이나 대학 졸업장이 없는 남성이 파트너를 만나기는 통계적으로 어려운 일이다. 게다가 A 수준의 여성은 A 수준의 남성들 중에 선택하게 되는데, 이는 교육 수준이 높은 남성에게 배우자를 선택하는 데 너무 많은 의사 결정 권한을 주게 될 가능성이 있다. 존 버거는 이로 인해 남성들이 더 많은 것을 요구하고 정착하는 시기를 더 늦출 것이라 말한다. 그러나 이러한 통계를 볼 때 주의할 점이 있다. '여성은 항상 자신보다 교육 수준이 더 높은 남성과 결혼한다'는 가설은 일반화할 수 없다. 항상 그런 것이 아닌 데다가, 또 교육 수준이 결혼 조건의 전부도 아니기 때문이다. 사하라 사막 이남의 아프리카 여러 국가에서 관찰되는 현상이, 교육 수준이 낮은 여성은 주변에 있는 교육 수준이 높은 여성이 결혼을 늦추는 것을 보고 자신도 결혼을 늦출 가능성이 높다는 것이다. 그럼에도 이러한 통계 데이터는 다음과 같이 우리에게 생각할 거리를 준다는 장점이 있다. 그렇다면 우리는 편견을 극복해야 할까? 새로운 보고서를 또 찾아볼까? 여성이 자신보다 교육 수준이나 급여가 더 낮은 남성과 결혼할 수 있는 곳은 어디일까? 여성이 가족의 주요 부양인이 될 수 있다는 생각을 받아들일까?

사실 나는, 내가 왜 이 난모세포를 얼리는지 알지 못했다. 내가 정말 아이를 원했던 것일까? 나는 그저 이 뿌리 뽑힌 이들[180]의 자유를 지키고 싶었다. 외국에서 얽매이지 않고 살 자유 말이다. 그리고 난자 냉동 경험을 통해 내 몸에 대한 나의 무지가 드러났다. 예를 들어, 나는 우리가 한 달에 여러 개의 난포를 생산한다는 사실을 이제야 알게 되었다. 하나만 빼고 대부분은 분해된다. 생물 수업을 받던 때, 사춘기 이전 신체를 가지고 있던 우리에게 출산은 먼 지평선처럼 보였다. 이상하게도 나는 양치류와 이끼류의 번식에 대한 내용이 더 기억난다. 우리 몸의 해부학을 너무 많이 알게 되면 우리 몸이 낯설게 느껴질 수 있다. 시험관 수정을 하는 사람들은 주기와 호르몬을 가지고 과감하게 재주를 부린다. 특정 요소들을 자유자재로 구사할 수 있게 되면 건강에 유익한 각성도 가능해진다.

『인공수정을 위해』[181]의 저자인 프랑수아 올리벤느 교수는 생체 시계에 대한 이러한 개념이 모든 사회 계층의 여성에게 어린 나이부터 주입되어야 한다고 말한다. 연구실에서 수천 명의 여성을 만난 올리벤느는 여성들이 30대부터 자신의 생식력을 예측할 수 있도록 도움을 주고 싶었음을 밝힌다. 난모세포 저장의 유용성을 굳게 믿는 그는, 그래도 난모세포 사용에 대해서는 연령을 제한해야 한다고 주장한다. 난모세포 손실을 예상하면 시험관 수정에서 40세 이후 호르몬 치료 증가를 피할 수 있다. 대중 교육을 실시하면 연령의 영향을 받는 가임 능력과 출산력을 구분할 수 있게 도와줄 것이다. 언젠가 우리는 시간 앞의 불평등을 재조정할 수 있을까? 여성을 생식력과 연관시키는 것을 중단하기를, 폐경을 더는 병리학에서 분석하지 않기를 희망한다.

그러나 난모세포를 보존하는 행위가 모든 것을 보장하지는 않는다. 2018년 클리블랜드에 있는 냉동 보존 시설에서는 전기 오작동으로 인해 보관 중이던 대부분의 난자가 손실되었다. 나는 발렌시아 지방에 있는 냉동실에 열다섯 개의 난자를 보관 중이다. 하지만 마지막에 아무것도 작동하지 않을 확률이 40%다. 냉동 난자가 성공적으로 수정되기 전까지는, 실제로 난자가 생존할 수 있는지를 아는 방법은 없다.

범고래와 여성의 공통점

매우 드문 동물 종만이 폐경을 경험한다. 여성도 그중 하나다. 달리 말해 이 행복한 소수자들에는 범고래, 들쇠고래, 감금되어 있는 일부 침팬지, 벨루가 및 일각돌고래 등이 있다. 모두 포유류다. 과학계는 이에 흥미를 느껴 지속적으로 연구 중이다. 진화론적 역설이기 때문이다. 자연선택이 번식을 선호하는데 왜 출산을 그만두게 될까? 연구자들은 폐경에 대해 다음과 같은 몇 가지 가설을 내놓는다.

할머니 가설 특정 연령을 지나 번식을 중단하면 손자에게 주의를 집중할 수 있고,[182] 며느리와 시어머니 간 경쟁을 피할 수 있으며[183](며느리가 시어머니의 폐경을 유발할 것이다), 출산 사망률의 위험을 줄일 수 있다. 폐경은 그룹의 생존 가능성을 높이고 더 많은 자손을 두는 데 유리했을 것이다.

연령 이론 네안데르탈인의 10%만이 40세 이상이었다. 1850년경 우리의 조상들도 약 40세를 기대 수명으로 보았다.[184] 따라서 50세를 넘어 번식할 수 있는지에 대한 관심은 최근에야 일어난 일이다.

어린 여성 증후군 남성은 젊은 여성에게 매력을 느끼기 때문에 진화 과정에 변화가 생겼을 것이다. 여성이 스스로 번식을 중단했을 것이다.[185]

이 중 어느 이론도 만장일치를 얻지는 못한다. 하지만 세 번째 가설에 의기소침해진다. 그렇다면 아이를 나중에 가지거나 연하남과 커플이 되면, 우리 스스로 폐경기를 미룰 수 있는 것인가?

만남에 미치는 영향

유명한 스탠드업 코미디 쇼 〈베이비 코브라〉에서 코미디언 앨리 웡은 결혼에 매달리는 여성들의 클리셰를 조롱한다. 이 여성들은 '숙명적' 나이에 가까워질수록 남성 먹잇감을 낚을 전략을 더 많이 개발한다는 것이다. 예를 들어, 자신의 몸이 사실 '공공의 정원'이지만 '비밀의 정원'으로 믿게 만드는 것이다. 앨리 웡은 나이가 들수록 결혼할 확률이 낮아진다고 설명한다. "나는 으깨진 바나나가 될 정도로 너무 많이 익었었다." 청혼을 받기 위한 "비밀스러운 공작을 처음부터 다시 시작" 할 수 없어서 아무 남성하고나 정착하게 된다는 것이다. 이런 권모술수를 동원하는 전략은 교활한 여성이 청혼이 언제 이루어져야 하는지, 어떤 반지를 선택해야 하는지를 미묘하게 암시함으로써, 남성이 모든 것을 자신이 생각해냈다고 믿게 만든다. 분명히 모든 것은 위기에 처한 군대가 내뿜는 것 같은 에너지로 사전에 계획되었을 것이다. 일단 쥐덫에 갇히면 남자 사냥에는 더 이상의 노력이 필요하지 않다. 오로지 여성을 짝짓기에 매력적으로 보이게 할 목적으로만 만들어진 제모 왁스와 기타 고문 도구들도 더는 없다. 앨리 윙의 쇼는 유머와 자조를 이용해 여성으로 하여금 속아 넘어갈 만한 번식용 남성을 미친 듯이 찾기 시작하게 만드는 노이로제를 둘러싼 편견을 비난한다.

아주 최근까지 대부분의 여성들은 소울메이트와 결혼할 것이라고 어린 시절에 배웠다. 물론 이 미래를 부정적으로 볼 것은 없다. 문제는 여성 모두가 이것이 유일한 선택이 아님을 깨닫지 못한다는 것이다.[186] 오늘날 많은 여성들이 결혼을 해야 한다는 암묵적인 의무에서 스스로 벗어나고 있다. 최근의 과학적 발전, 즉 결혼과 짝짓기의 분리는 한부모 가정의 길을 열었다. 이제 여성들은 점차 그들의 생체 시계를 통제해가고 있다. 비록 '으깨진 바나나'가 되더라도 가족을 꾸릴 기회는 여전히 남아있다. 고무줄 바지를 입고 둘러앉아 아이스크림을 퍼먹을 수 있는 편안한 가족 말이다. UCLA의 생물학 연구원이자 줄기세포 전문가인 시시 와마이타는 대학 벤치에서 얼마 전에 정복한 이 자유를 나에게 말해준다.

시험관 수정의 발달 덕분에 우리는 자신의 생식 능력에 대해 훨씬 더 잘 알게 되었어요. 예를 들어 여성은 생리 주기를 추적하는 앱을 통해 모든 정보에 더 쉽게 접근할 수 있죠. 피임약이 출시된 1970년대부터 아주 최근까지 우리는 단순한 사고방식을 가지고 있었어요. 특히 주기의 마지막 7일 동안에는 피임약 복용을 중지해야 효과가 있다는 이상한 믿음이 있었잖아요. 우리는 이제 그럴 필요가 없었다는 걸 알죠. 여성의 몸이 무엇을 해야 하고 무엇을 할 수 있는지에 대한 고정관념을 가지고 있었던 거예요. 특히 여성에게 권력이 없는 영역에서, 우리는 아무런 의문을 제기하지 않는 경향이 있어요.

관심은 늘어나고 혼란은 줄어든 이 세상은 이제 생식 능력에 대해 배워가고 있다. 다음에 올 과학적 발전은 그야말로 눈부실 것이다. 시시가 내게 알려주는 내용은 머릿속에서 폭발을 일으키는 것 같다.

유전학에서는 모든 것이 초를 다투어 진행되죠. 나는 우리가 10년 이내에 난자를 복제할 수 있을 거라 믿어요. 우리는 곧 팔에 있는 세포를 생식에 관계하는 성세포로 변환해서, 불임 문제가 있는 사람도 생물학적 친자를 가질 수 있게 만들 거예요.

시시에 따르면 15년 후에는 가족을 만드는 데 아무런 장애물이 없을 것이다. 폐경은 더 이상 여성의 가임 능력에 영향을 미치지 않을 것이다. 모든 여성은 난자를 얼리기만 하면 되며, 난자를 복제할 수도 있을 것이다. 또는 단순히 혈액을 채취하는 것만으로 팔에 있는 세포에서 성세포를 만들어낼 수도 있다. 물론 수정을 위해서는 여전히 정자가 필요하겠지만 15년 후면 여성의 생식에서 연령 제한이 사라지는 것이다. 남성도 유사한 해결책에 접근할 수 있을 것이며 이제 굳이 생식 능력을 가질 필요가 없다. 시시는 이것을 혁명으로 본다.

> 우리는 갇혀 있었어요. 모성의 결과를 스스로 감당해야 했으니까요. 우리 스스로 선택할 수 없었고, '나는 이제 아이를 원하지 않는다'고 말할 수 없었고, 남편을 찾고 아이를 낳아야 했죠. 오늘날은 구속이 덜해요. 남자들도 이 책임에 더 많이 관여하게 됐고요.

역사학자 비르지니 지로드[187]에 따르면, 이 단계는 진정한 여성 해방에 속한다.

> 우리는 여성으로서 생물학적 운명을 성취하는 데 얽매여 있었어요. 우리에게 가장 큰 속박은 번식이라는 형이상학적 의무였고요. 처음에 난 아이를 원하지 않았어요. 결과적으로는 너무너무 좋았지만요. 난 싱글맘이에요. 남자 없이 모성을 누릴 수 있는 건 진정한 자유죠. 인류 역사상 전례가 없는 일이에요. 가부장제의 종말이 시작된 거예요. 사회를 교육시키는 게 필요한데, 사회가 들을 준비가 되었는지는 확신할 수가 없네요.

오늘날 점점 더 많은 여성들이 대리모나 인공수정에 출산을 의존하고 있다. 올리벤느 교수의 연구실에서도 한 달에 여덟 번 정도 일어나는 이 일은 5년 전까지만 해도 거의 없었다. 새로운 가족 조직이 등장하고 있는 것이다. 마흔일곱 살인 프레데리크는 난모세포 기증을 통한 인공수정으로 두 명의 아이를 낳았다. 그녀는 눈을 반짝이며 "셋째도 갖고 싶었다"고 말한다. 그녀는 베이비시터의 도움과 근무 시간 조정으로 가정의 균형을 이루었다. 마흔네 살 플로랑스는 가장 친한 게이 친구와 계약을 맺었다. 그들은 같은 거리에 살고 격주로 서로의 딸들을 보살핀다. 미국에서는 '싱글 마더스 바이 초이스'와 같은 협회에서 원해서든, 필요해서든, 배우자가 아이 갖기를 거부하기 때문이든 싱글맘을 고려하는 사람들에게 정보를 안내한다.

여성들이 전통적인 패턴에서 벗어날 때 남성들의 반응은 다양하다. 어떤 남성은 반감을 드러내거나 버림받는 남성이 될까 봐 불안감을 표출한다. "아, 그럼 더는 우리 남자들이 필요하지 않다는 거야?" 다른 남성은 오히려 안심한다. 단순히 번식용 수컷으로 여겨지는 존재의 불안에서 벗어나 홀가분해하거나, 새로 얻게 된 독립에 감탄한다. 게다가 남성들도 갱년기를 겪으면서 그들 내부에 생체 시계가 있음을 발견한다. 블로그 '라 멕스플리쾨즈'의 한 게시물이 남성의 입장을 보여준다.[188]

사실 우리도 마흔이 지나면 생식 능력이 떨어지는 것 같다. 그렇지만 아무도 우리의 생체 시계를 압박하지 않는다. 우리 모두는 찰리 채플린처럼 일흔셋에 아버지가 될 수 있다고 상상한다. 우리 정자는 그때가 되어도 영화 〈살아있는 시체들의 밤〉에 나오는 좀비처럼 활기찰 거라고 생각하면서.

물론 남성은 보유량이 줄어들고 있다는 느낌은 받지 못한다. 그렇다고 해서 그들의 시간이 절약되는 것은 아니다. 정자의 질이 점차 낮아지고 나이가 들면서 기형아를 만들 가능성이 높아진다. 롤링스톤스 멤버 믹 재거가 일흔세 살 때 여덟 번째 아이를 얻었지만, 모든 남성이 그런 능력을 가졌다고 자부할 수는 없다.

결혼 연령을 늦추고 인공수정의 도움을 받는 것이 만남 자체에 영향을 미칠까? 본질적으로 우리 대부분이 찾고 있는 것은 사랑이다. 정말로 혼자 있고 싶은 사람은 거의 없다. 일생 동안 모든 형태의 사랑(모성애, 형제애, 성적인 사랑 등)을 알고 싶지는 않기 때문에 부부는 대다수의 지평으로 남아있다. 프랑스인의 78%는 커플로 살기를 원하고 56%는 결혼을 선호한다.[189] 여성들이 혼자 살기에 이전보다 나은 조건을 갖춘 것 같아도, 실제로는 함께 아이를 키우는 것을 훨씬 선호한다는 의미다. 반면 18~25세 사이 여성은 독립심이 매우 강하다. 이들 중 독신을 통한 독립을 주장하는 여성은 51%인 반면 남성은 38%에 불과하다. 여성의 79%는 일정 기간 독신 상태를 선택한다고 답한 반면 같은 답을 한 남성은 67%다. 마지막으로, 여성의 48%가 장기적인 관계를 맺음으로써 독립성을 잃을까 두려워하는 반면 남성은 35%만 그렇다.[190] 이러한 통계를 통해 우리는 여성이 과학의 발전과 여성 권리의 신장에 힘입어 훨씬 더 독립적인 존재가 될 것이라고 믿게 된다.

그러나 부부가 더 이상 자녀를 출산할 필요가 없는 이 넓은 고속도로 교차로에는 불평등이 남아있다. 『사랑은 왜 아픈가』에서 사회학자 에바 일루즈는 사랑의 '자유 시장'이 이제 에로틱한 '가치'를 가진 주체들이 대립하는 정글처럼 통제되고 있음을 보여준다. 이러한 상황은 여성을 계속 불평등한 상황에 처하게 할 것이다. 왜냐하면 남성과 여성 모두 '결혼 약속에 대한 공포증'을 앓을 수 있다는 것이 입증되면, 남성은 선택을 미룰 가능성이 더 커지기 때문이다. 특히 남성은 언제든 결혼을 더 뒤로 미룰 수 있다. 이러한 시간적 이점은 연애에서 여성을 불평등한 상황에 놓이게 만든다. 반면 미셸 우엘벡은 이러한 데이트 시장의 자유화에서 남성이 크게 패할 것이라 본다. 우엘벡의 소설 『투쟁 영역의 확장』에 등장하는 라파엘 티스랑, 중간 관리직으로 일하며 환멸에 차 있는 그 독신 남성의 유명한 문구가 떠오른다.

> 제약 없는 경제 자유주의와 마찬가지로, 그리고 그와 비슷한 이유로 성적 자유주의는 절대 빈곤 현상을 낳는다. 어떤 이들은 매일 사랑하지만, 다른 이들은 일생에 대여섯 번밖에, 또는 한 번도 경험하지 못한다. 어떤 이들은 수십 명의 여성과 사랑을 나누지만 다른 이들에겐 사랑할 이가 아무도 없다. 이것이 우리가 '시장의 법칙'이라 부르는 것이다.

우엘벡이 말하는 '투쟁 영역'은 일반화된 경쟁 체계에서 각 개인이 다른 사람의 라이벌이 되는 사회다. 따라서 아름다움, 매력 또는 나이와 같은 변수가 엄청나게 중요하다. 1970년대에 찬양되던 '성적 자유'는 소수의 사람들에게만 혜택을 줄 뿐, 다른 사람들(대다수)이 정서적, 성적으로 만족스러운 삶을 영위하는 것을 방해한다. 보다시피 이는 연애에 대한 매우 적대적인 두 가지 시각이다.

개인적으로 나는 '시장', 즉 복잡하고 일반화된 실체에 모든 책임을 전가하는 데 찬성하지 않는다. 그 실체가 우리 일상의 수많은 측면에 압박을 가하는데 우리는 뒤로 물러서지도 못하고 고통을 감내해야 한다. 내가 보기에는 아주 적절한 영어 표현인 '아웃 오브 마이 리그'에서 뛰고 싶은 욕구를 살피는 것이 더 흥미로운 일 같다. 도달할 수 없는 것에 대한 갈망은 '시장'이 야기하는 것일까, 아니면 항상 더 많은 것을 원하는 인간의 특성일까? 분명 이는 이카루스 콤플렉스와 우리의 생물학적, 문화적, 경제적 자산이 결합된 것이며, 여기에 각 존재의 고유한 욕망이 가진 특이성까지 결부된다. 이것이 우리의 새로운 사랑 장애를 이해하는 열쇠다. 그러나 '경제'라는 명제는 여러 면에서 여전히 매력적이라는 점을 알아야 한다. 우리 조상들은 지리, 문화 또는 자산에 의해 선택이 제한되는, '시장의 결핍'이라 부를 만한 상황에 처했을 것이다. 그리고 오늘날 우리는 순수하고 완벽한 정보 시장 속에서 살고 있다. 이는 특히 우리가 글로벌 시장에서 판매될 수 있게 해주는 데이팅 앱 덕분이다. 대도시에서 특히 호전적인 이 시장은 보편화된 경쟁을 특징으로 한다. 오늘 당신은 파리와 바르샤바를 오가며 데이트를 할 수 있으므로 집에서 수천 킬로미터 떨어진 곳에서 일어나는 경쟁에 압력을 가할 수 있다. 고전경제학에서와 같은 방식으로, 자본 집중을 통해 서로 간의 비교 우위가 작용하게 된다. 아름답고 젊고 부유한 것, 그것은 영원한 경쟁 우위 요소다.

9

혼자이고 싶은 욕망

"이 끔찍한 자살, 독신."
빅토르 위고

"결혼한 여왕보다 독신인 거지가 낫다."
엘리자베스 1세 여왕

어느 추운 겨울 아침, 작가이자 저널리스트인 내 친구 장-로랑 카슬리가 재치 있게 이야기했다. 그의 친구들 대부분이 마침내 '최종 독신자'의 경지에 이르렀다고 말이다. 이 단어가 무엇을 의미할까? "여론조사기관이 만든 서류에 해당 칸이 있어. 특정 연령 이상의 독신을 말하는 거야"라고 그가 설명해주었다. "돌아올 수 없는 지점을 지나가버린 사람들이지." 이러한 조사 기관들은 우리가 특정 '데드라인'을 지나면 부부가 될 가능성이 매우 낮다고 생각하고 돌이킬 수 없는 독신으로 분류한다. 따라서 어떤 개인이 한 번도 결혼하지 않고 50세가 되면 인구 통계학자들은 '최종 독신'[191]이라고 말한다. 다른 설문조사 기관에서는 40세부터 이 지위에 해당할 수도 있다. 한 번도 둘이서 살아본 경험이 없는 이 '개인'에 대해 나는 잘 알고 있었다. 내 친구들 중 상당수는 누구와도 동거하지 않고 40대에 접어들었다. 그들은 정말로 부부관계를 형성할 능력이 없었을까? 사랑에 부적격인가, 영원히?

최근 뉴스에 따르면 프랑스의 총 독신 수는 1,600만 명에 달한다.[192] 그리고 그 수는 기하급수적으로 증가하고 있다. 그러나 이러한 개인들을 모두 선별하기는 어렵다. '독신자' 범주에는 자발적, 비자발적, 일시적, 돌이킬 수 없는 독신 등 여러 하위 집합이 있다. 페이스북에는 우리의 연애 상태를 정의할 수 있는 다양한 지위가 있다. 자유로운 관계, 팍스, 동거, 약혼, 결혼……. 수수께끼 같은 의미의 '복잡한 관계'를 선택할 수도 있다. 오프라인 삶에서는 이 모든 것이 너무 복잡하다. 최근까지 호적상 독신 상태에는 많은 사람들이 포함되었다. 같은 반 친구에게 몰래 입 맞추고 고스팅하는 중인 열다섯 살 5촌 조카도, 최근 이혼한 80대도 모두 포함되었다. 하지만 두 달째 연애 중인 커플, 2년에 한 번 만나는 이들, 동시에 여러 사람을 만나지만 그중 누구도 사랑하지 않는 이들, 헤어진 후 아직 다른 사람을 찾지 못한 이들을 한 칸에 뭉뚱그려 넣기는 어렵다. 일반적으로 우리는 특정 시점에 명시적인 관계가 없는 사람을 독신으로 간주하는 경향이 있다. 그러나 미혼에 대한 많은 통계 자료는 이러한 상황을 잘 나타내지 못한다. 왜일까?

독신이라는 지위는 인구 통계학자, 사회학자 또는 성의학자에 따라 다르다. 주의하라. 이제 머리가 복잡한 퍼즐이 시작될 것이다. 먼저 성의학자는 독신과 순결을 구분한다. 인구 통계학자에게 독신은 '결혼한 적이 없는 사람'이다. 설문조사 기관은 또 다른 정의를 제시한다. 국립통계경제연구소는 1999년 인구 조사까지 법적 혼인 여부만을 물었다. '결혼했습니까?'라는 질문에 '아니요'라고 대답한 모든 사람은 기본적으로 미혼으로 간주되었다. 결혼하지 않은 커플은 여전히 독신 집합으로 목록에 기입되었다. 이것은 20년 동안 커플인 사람들을 독신으로 집계했다는 의미다. 결혼의 법적 지위만 중요했던 것이다. 그 이후 인구 조사 질문지가 발전했다. 2004년에 '당신은 파트너와 함께 살고 있습니까?'라는 질문이 추가되었다. 마침내 2015년 국립통계경제연구소는 페이스북의 정밀성에 더 가까이 다가가려고 했다. 질문은 이렇다. '당신은 결혼했습니까? 팍스 관계입니까? 사실혼 관계입니까? 사별했습니까? 이혼했습니까? 독신입니까?' 커플 구성원 간의 정확한 관계를 정의할 목적으로 만들어진 것이다. 따라서 독신자는 기본적으로 기혼도, 팍스 관계도, 사실혼도, 홀아비도 아니며, 이혼한 사람도 아니다. 그러나 이혼한 사람은 독신일 수 있다. 간단히 말하면, 이것은 무엇보다도 독신에 대한 통계가 해석하기 복잡함을 증명한다.

미국에서도 이 퍼즐은 동일하다. 영어권 인구 통계학자들은 이제 '결혼한 적 없는(또는 싱글)'과 '독신(주의)'이라는 용어를 구분한다. 독신자의 숫자는 기관, 연구 및 독신 자체의 정의에 따라 바뀐다. 마지막으로, 독신이라는 지위의 복잡성은 우리 중 많은 이들에게 내적 질문을 던진다. 나는 독신인가? 커플인가? 꼭 사랑에 빠져야 하나? 같은 침대에서 자는가? 같은 지붕 아래에 있는가? 다른 사람과는 사귀지 않는가? 계약은 체결한 것인가?

하지만 독신의 증가가 베이비붐 이후 가장 중요한 인구 통계학적 격변 중 하나라는 데는 모두가 동의한다. 미국에서는 성인 일곱 명 중 한 명이 혼자 산다.[193] 1980년대에 태어난 세대는 자신이 26세 전후에 결혼할 것이라 생각했지만 대부분은 결국 결혼하지 않기로 결정했다. 따라서 이 숫자는 잠깐 지나가는 유행이 아니다. 나의 아주 가까운 지인 중 세 명이 곧 '최종 독신'의 지위를 획득할 예정이다. 첫 번째, 마흔네 살 오마르는 수많은 관계를 맺었지만 대부분 그 기간이 짧았다. 그는 종종 사랑에 빠졌지만 실망하거나 서로 맞지 않았다고 고백한다. 두 번째, 마흔세 살 사무엘에게는 중요한 여자친구가 두 명 있었다. 그중 한 명과는 3년 동안 진정으로 열정적이었다. 그들은 서로의 집에 가서 잤고, 함께 살지 않았다. "내가 지적으로 그렇게 발전하지 못한 적은 없었어. 완전히 기운이 빠진 느낌이 들었어. 난 최선의 선택을 한 게 아니었고 그녀도 그랬지만, 믿을 수 없는 힘이 우리를 서로 끌어당겼어. 그녀를 정말 좋아했는데, 그게 정말 사랑이었을까? 아무도 모르지." 사무엘은 이제 그의 예술 프로젝트에 집중하고 있다. 여자를 만나야 할 필요성이 서서히 사라지고 있다. "일어날 일은 결국 일어나니까." 마지막으로 마흔한 살 블레즈는 주로 산에서 일하는데 대개 겨울 동안 지속되는 관계를 맺는다. 그는 다른 동료들과 자신의 삶을 공유하지만 눈이 녹기 시작하면 관계도 사라진다. "어쨌든 난 성격이 나쁘니까, 누군가와 함께 살 수 있을지 확신이 서질 않아. 게다가 침대를 공유하고도 어떻게 다음 날 지치지 않고 일을 할 수 있어?" 서른다섯에서 마흔에 이르는 내 여자친구들은 대부분 더 이상 사랑하는 사람과의 일상을 꿈꾸지 않는다. 그들은 심플한 연애를 하고 같이 살지는 않는다. 그리고 이로 인해 매일 조금씩 '최종 독신'의 지위에 가까워지고 있다.

이들 중 누구도, 사람들이 독신일 것이라 여기는 쾌락주의자나 워커홀릭 이미지에 맞지 않는다. 독신의 이미지는 오늘날 모든 클리셰에서 벗어난다. 우선, 독신은 모든 사회 및 민족 집단과 닿아있다. 예를 들어, 아프리카계 미국인 중 미혼 성인의 비율은 지난 반세기 동안 네 배 증가했다.[194] 젊은 연령대를 제외하고는, 일반적으로 다소 수수하게 지내는 다른 독신자들은 불안정한 삶을 살고 있다. 사회학자 로맹 위레가 '밸런타인데이의 잊혀진 사람들'에게 바친 그의 작품에서[195] 설명하는 것처럼, 방 두 개짜리 집을 빌리거나 혼자서 대출을 받는 것은 모두 독신의 일상에 놓여 있는 행정적 장애물이라 해도 과언이 아니다. 로맹 위레는 사회에 완전히 동화된 '화려한' 독신을, 혼자 집세와 가산세를 지불해야 하는 거의 눈에 띄지 않는 독신과 구별한다.

그러나 독신들은 그들 자신의 역설을 받아들인다. 적게 벌기 때문에 생활비가 저렴한 곳에서 사는 것은 아니다. 많은 독신들은 도시에서 성장하고, 중요한 사회적 활동에 참여하며, 자신들이 손해를 보며 부동산 가격을 상승시키는 데 기여한다. 따라서 중간값의 독신은 〈섹스 앤 더 시티〉에 나오는 분신과는 거리가 멀다. 꼭 고위 간부인 것은 아니며, 쓰리피스 수트나 프라다 스커트를 입고 뛰어다니지도 않는다. 성생활도 그다지 풍요롭지 않다. 참여 경제에 대한 이념적 집착이 아니라 현금이 부족하기 때문에 공유 아파트에 공동으로 세를 들어 산다. 중고 물품 거래 사이트에서 재(再)중고 커피 머신을 사거나 괜찮은 가격의 기차 티켓을 찾기 위해 노력한다. 젊은 성인들 사이에서는 경제적 안정이 결혼의 주요 장애물이라고 한다.[196] 그들은 경제적 이유를 결혼하지 않는 주요 원인으로 꼽는다. 그런데 이 경우, 그들은 왜 부부가 되어서 지출을 줄이는 방법을 선호하지 않을까? 어떤 이들은 신세대에게 돈이 사랑보다 먼저일 것이라 추측한다. 때때로 모호하게 해석될 수 있는 내용인데, 마케팅 기관들은 "젊은 세대는 승진을 위해 결혼을 평균 7년 늦출 준비가 되어 있다"[197]와 같은 설문조사를 발표한다. 이러한 개인은 금전적 혜택을 받기 위해 파트너를 떠나는 것에 대해 거리낌이 없을까? 그들 중 3분의 1은 임금 인상을 대가로 연애를 끝낼 수도 있다고 말한다. 그러나 그들을 인색하고 탐욕스럽고 감정적 공허함에 빠져 있는 사람으로 보기보다는, 경제적으로 크게 취약하다는 증거로 해석할 수도 있다. 그들에게는 부부 생활의 실현을 위한 전제 조건인 재정적 안정이 부족한 것이다.

해로운 동거를 할 바에는 혼자 있고자 하는 이러한 경향은 노동 시장 약화, 불안정한 계약의 증가, 임대료의 끝없는 상승에 대한 반발로서 증가하고 있다. 어떤 이들은 귀리 우유 라테를 사 먹는 데 엄청난 돈을 쓰고 있을지 모르지만, 무엇보다도 다음 수치가 진정한 위기를 증명한다.[198] 미국에서는 1,350만 명의 젊은이들이 빈곤 속에 살면서 현재 1조 3,000억 달러에 이르는 학자금 대출의 억압을 받고 있다. 1980년에는 빈곤층 젊은이가 840만 명이었다. 유럽연합은 15~29세의 29%가 빈곤이나 배제의 위험에 노출되어 있는 것으로 추정한다. 일자리를 찾지 못하는 사람들이 도중에 진로를 바꾸는 경우가 늘고 있다.[199] 그리고 사회가 그들에게 편안한 장소를 보장해주지 않기 때문에 정착하려는 경향이 점점 줄어든다.

미국 저널리스트 레베카 트레이스터는 자신의 책『모든 싱글 여성들』에서 실제 삶과 약속받은 삶 사이의 괴리를 느끼는 수십 명의 여성을 만난다. 트레이스터에 따르면, 이 싱글이라는 용어를 받아들이는 것뿐만 아니라 정치적 변화를 요구하는 것도 시급한 문제다.[200] 간과된 것처럼 보이는 대규모 인구 통계학적 혁명에 응해, 레베카는 여전히 전통 가족에 적합한 우선순위에 따라 사회 질서가 구축되어 있는 국가들에서 독신자의 위치를 재고하자는 운동을 벌이고 있다. 독신은 기혼 커플보다 상대적으로 더 많은 세금을 낸다. 독신은 전통적 가족을 장려하고 결혼 질서를 합법화하는 데 쓰이는, 보이지 않는 세금을 지불한다. 그들은 자녀가 있든 없든 매년 집에서 쫓겨나는 사람의 수를 늘리는 데 기여한다. 가족 연대의 붕괴는 그들을 경제적 충격에 더욱 취약하게 만든다. 나이가 들면서 독신은 그의 가족 구성원이 사라지는 것을 더 많이 보게 될 것이고, 외로움과 불안감이 커질 것이다.[201] 혼자 가정을 꾸리는, 그리고 기혼자들의 이익을 위해 하급 지위로 밀려난 이 독신자들을 위해 사회적, 재정적, 상징적 대책을 재고할 필요가 있다. 혼자 아이를 키우는 엄마들의 엄청난 불안정성을 무시해서는 안 된다. 독신 또는 외로움이 처벌이나 마찬가지인 상태가 계속되어서는 안 된다. 우리 사회는 독신을 관리하고 사회 조직에 포함시킬 해결책을 찾는 데 노력하지 않는 것인가? 오늘날 혼자 사는 사람이 계속 증가하는 것을 확인하는데도, 왜 이러한 요구가 정치적으로 이행되지 않는가?

사람들은 여전히 '자기계발'의 관점에서 독신의 개념에 접근하고 있다. '독신을 수용'하게 해주는, 또는 '혼자여야 할 30가지 충분한 이유'를 제안하는 수백 개의 기사와 책을 볼 수 있다. 부부라는 속박에서 벗어나는 이 개인들에게 사람들은 찬사를 보낸다. 때로는 타협하지 않는 상류층 힙스터로 독신을 희화화한다. 동정이나 의심의 눈으로 바라

볼 때도 있다. 그러나 독신에 대한 정치적인 질문은 찾아보기 어렵다. 실존한 영웅적 인물도 마찬가지다. 역사를 만든 독신들 중에서 돈 주앙이나 잔 다르크를 제외하고는 집단적 상상력에 지속적으로 흔적을 남긴 사람이 거의 없다.

『독신, 특별한 여성들』에서 철학자 주느비에브 길팽은 우리 눈에 보이지 않던 여성 독신 인물들을 조명한다. 그중 마들렌 펠티에의 매혹적인 운명을 들여다보자. 1874년 태어난 마들렌은 가난한 가정에서 자랐다. 어머니의 열두 번의 임신에서 남동생과 함께 유일하게 살아남은 그녀는 열두 살에 가족을 돕기 위해 학업을 중단했다(마부였던 아버지는 뇌졸중을 앓았다). 열세 살 때부터 그녀는 저녁 정치 모임에 참석했고, 그로 인해 교육을 계속 받아야 할 필요성을 이해하게 되었다. 극심한 가난 속에서도 스물두 살 때 대학 입학 자격시험에 합격하고 의학을 전공해, 프랑스에서 여성 최초로 정신과 의사 자격증을 땄다. 프리메이슨, 반군국주의자, 작가이자 수필가였으며, 밤이면 주머니에 총을 넣고 파리 거리를 다녔다. 그녀는 정당방위를 옹호하고 수많은 에세이, 기사, 소설, 경향극 작품을 발표했다. 정열적인 마들렌 펠티에에게 독신이라는 지위는 여성을 해방하는 수단일 뿐만 아니라 전체 공동체의 발전과 미래를 위한 페미니스트 투쟁의 도구였다. 평등주의 사회에서는 독신이 곧 규범이 될 것이며, 개인은 결혼을 비공식적으로 할지, 일시적 또는 영구적으로 할지를 선택하거나, 아니면 아예 하지 않을지를 선택할 것이다. 따라서 독신은 순결과 연결된다. 독신은 남성이나 섹슈얼리티에 대한 반감이 아니라 여성에게 부과된 사회적이고 도덕적인 질서, 즉 결혼에 대한 유일한 반응이다. 따라서 계약을 거부한다는 의미로서의 독신은 일종의 무정부주의에 가까우며, 지적 독립을 강조하는 전투적 선택이다. 독신의 지위를 통해 여성들은 아내이기 때문에 거부당했던 권리를 찾을 희망을 가진다. 마들렌 펠티에의 삶은 비극적으로 끝났다. 페레-보클뤼즈 정신병원에 억류되어 있다 1939년 사망했다. 그녀는 이렇게 주장했다. "독신은 여성을 해방하고, 남성을 자유롭게 할 것이다." 그러니 독신의 개척자이자 순교자인 마들렌 펠티에를 기리기 위해서라도, 우리는 독신의 지위를 재평가하기 위해 노력해야 한다. 주느비에브 길팽은 다음과 같이 지적한다. "오늘날 우리는 독신자를 개인의 자유와 성취를 추구하는 존재로 본다. 하지만 그것은 사회 구조에 대한 의문이나 여전히 남아있는 남성 지배의 문제와 전혀 관련이 없다." 독신은 마케팅 대상으로는 인정되었으나, 여전히 사회의 정회원으로는 취급되지 않는다.

"결혼하기에는 너무 늦었다" 또는 인구 통계학적 결정론

1986년 『뉴스위크』에 실린 한 기사는 미국 대중문화의 참고자료가 되었다. 맥 라이언이 주연한 영화 <시애틀의 잠 못 이루는 밤>의 대사에서도 반복되어,[202] 당시 대학을 졸업한 백인 여성들에게 공포를 불러일으켰다. 마흔이 넘은 여성들은 남편을 찾을 확률보다 "테러리스트에게 살해당할 가능성이 더 높다"는 것이었다. 이 기사는 하버드와 예일의 연구원들이 수행한 연구를 기반으로 했는데, 연구 결과는 여성 졸업생이 30세에 미혼일 경우 결혼할 확률이 20%, 35세에는 5%, 40세가 되면 2.6%에 불과하다는 내용이었다. 교육받은 여성의 결혼에 대한 어두운 전망은 잡지가 가판대에 등장하자마자 격렬한 논쟁을 불러일으켰다. 오늘날 40대의 미래는 훨씬 더 고무적이다. 『월스트리트 저널』의 칼

럼니스트 제프리 재슬로는 이 유감스러운 연구에 실린 열네 명의 독신 중 열 명을 추적
했고 그중 여덟 명이 결국 남편을 찾았다는 사실을 알 수 있었다. 단 두 명만이 스스로 선
택해 독신으로 남아있었다. "스스로 원한다면, 여성은 결혼할 수 있다." 재슬로는 이렇게
결론을 내렸다.[203]

혼자 살기는 끔찍하지만 그 반대도 마찬가지다

"나는 두 세계 사이에 단절이 있음을 깨달았어요." 스물여덟 살인 폴
린은 가장 친한 친구였던 제시카와 보낸 오후를 떠올리며 내게 말한다.
제시카가 아기를 가진 이후로 둘의 만남은 줄었다. "그 애는 나에 대해
질문하지 않아요. 적어도 시도할 수 있을 텐데 말이에요. 자기가 혼자
라고 불평하면서도 왜 그렇게 됐는지는 궁금해하지 않아요. 그러나 아
무도 참아주고 싶지 않죠!" 부부를 관찰하는 입장에 놓이게 되면 독신
자는 때때로 자녀의 계급으로 강등되는 것을 불평한다. "내가 그들의
아이인 것처럼 느껴져요." 두 세계, 즉 부부의 세계와 독신의 세계 사이
의 이러한 분리는 오늘날 미국에서 뚜렷하게 찾아볼 수 있다. 첫째, 문
화적으로 부부는 다른 부부와 함께 저녁식사를 하는 습관이 있다. 초
대된 사람들 중 소수만 독신이다. "여기 부부는 융합 모드로 살고 있어
요." 미국인과 결혼했다가 이혼 절차를 밟고 있는 스물일곱의 프랑스
여성 카밀라가 내게 말한다. "숨 막힐 것 같아요." 웹사이트 크레이그리
스트의 아파트 공동 세입 광고들에는 유명한 조건 '노 커플'이 '반려동

물 금지'와 함께 전제 조건 목록에 꾸준히 등장한다. 내가 방을 보러 가면, 룸메이트 중 한 명이 내 귓가에 속삭일 것이다. "커플들은 정말 우리랑 다르다니까요."

마치 우리가 이분법적 삶의 방식 사이에 존재하는 모순적 차이를 강조한 것 같다. 그러나 인간은 더 이상 캐주얼 섹스와 지속적 관계 중 하나를 선택할 필요가 없다. 융합적 사랑(감정적 유대가 너무 강해서 서로 간 경계가 없어질 정도로 하나로 융합된 사랑-옮긴이)과 피상적이고 가벼운 만남 사이에는 중간 영역이 있다. 이 중간 영역은 다자 연애나 호색이 아니며, 페이스북의 연애 상태 같은 침울한 방법과는 다르게 정의될 수 있을 것이다. 미래 세대는 그들에게 기대되는 방식을 따르기보다 그들만의 사랑하는 방식을 발명할 것인가? 우리 대부분은 사랑이 커플 안에 존재한다고 생각한다. 위대한 낭만주의자들인 프랑스인들은 사랑을 행복, 동조, 공유 또는 다정함과 같은 긍정적 감정과 연관 짓는다.[204] 그들은 위대한 사랑(83%), 소울메이트(82%), 첫눈에 반한 사랑(80%)의 개념을 믿으며 이들 중 절반은 이런 사랑을 경험한 적이 있다고 말한다. 최신 뉴스에 따르면, 그들 중 4%는 혼자 살기를 갈망한다.[205] 나머지 96%는 여전히 누군가와 함께 살고 싶어 한다.

외로움을 꿈꾼다는 사람은 거의 없다. 은둔자처럼 마른 빵과 명상만으로 삶을 영위하는 사람도 거의 없다. 인간은 사회적 접촉과 공유를 갈망한다. 감정적으로도 육체적으로도 누군가의 손길이 필요하다. 데이팅 앱에서는 파트너를 탐색하는 단계에 있더라도 둘 사이의 이야기를 만들고 싶은 갈망이 생길 때가 있다. 하지만 미래의 집 또는 은퇴 계획을 상상하면서 관계를 시작하는 것도 완전히 황당하게 보일 수 있다.

부부는 때때로 고독한 독립체, 즉 진공에서 홀로 움직이는 원자핵 주위의 두 전자처럼 산다. 어떤 부부는 자녀가 생긴 후 친구들이나 친척들과 단절된 느낌이 든다고 말한다. 이 외로움은 항상 상대방, 상대방의 욕망, 상대방의 필요를 생각해야 한다는 사실로 인해 더욱 커진다. 상대방이 내 감정적 버팀목인가? 두뇌는 이 질문에 대한 끊임없는 반추에 빠져 죽을지도 모른다. 왜냐하면 우리는 감정적 버팀목을 원하지 않기 때문이다. 일부 연인들은 그들의 결합에 닥칠 수 있는 다양한 불행이 두려워 부부가 되기를 두려워한다. 부모님의 연이은 이혼에 트라우마가 있는 우리는 이제 그때그때 관계의 지위를 공식화하고, 다른 가능한 지위를 제거한다.

이와 반대편에서 우리는 독신 생활로 인한 새로운 효력이 증가하는 모습도 목격할 수 있다. 일부 통계는 독신이 여성의 건강에 더 좋다는 사실을 강조한다.[206] (자녀가 없는) 독신 여성은 모집단 중에서 가장 행복한 사람들에 속하며 기혼 여성보다 평균 수명이 길다고 한다. 다른 연구에 따르면 남성은 결혼을 통해 이익을 얻는다. 독신으로 남아있을 때보다 위험을 덜 감수하고 더 많은 돈을 벌고[207] 더 오래 살 수 있다는 것이다.[208] 그렇다면 남자가 결혼의 가장 큰 승자일까? 몇 가지 연구 결과만으로는 일반화할 수 없으니, 결혼이 남성에게만 이익이 된다고 말할 수는 없다. 그러나 분명한 것은 결혼이나 자녀에 대한 관습적 기준으로는 더 이상 행복을 측정할 수 없다는 점이다.

그러나 일본의 '영원한 독신자들'을 생각하면 우리는 두려워진다. 특히 도쿄의 산야 지역이 떠오른다. 가장 절대적인 고독 속에서 사회적 '하라키리(할복)', 극단적 고스팅, 모든 카드의 자발적 말소를 행한 사람들이 사는 곳이다. 일본의 평균적인 독신 남성은 일상생활에서 소울메이트를 찾을 기회가 별로 없다고 생각한다. 부부 생활을 꿈꾸기에는 재정적 자원도 충분치 않다. 그는 데이트에 부적합한 사람이라고 스스로 선언한다.

누가 2인용 침대를 발명했을까?

버지니아 울프[209]는 에세이 『자기만의 방』에서 여성이 글을 쓸 수 있게 해주는 두 가지 필수 요소를 강조한다. 첫 번째는 돈, 두 번째는 자기만의 공간이다. 즉 가족들에게 방해받지 않고 글을 쓸 수 있도록, 문을 잠글 수 있는 방이다. 예전에 살림이 넉넉한 부부는 각자의 침실에서 잠을 잤다. 그런데 왜 현대인은 괜히 열정에 빠져서는 부부의 삶 중심에 더블 침대를 놓았을까? 어떻게 싱글에서 더블로 갔을까?

이 관행은 19세기 부르주아 계층에서 시작되어 사회 전체에 퍼졌다.[210] 역사가 로저 에커치가 그의 책 『밤의 문화사』[211]에 썼듯이, 1800년대까지 상류층 유럽인들은 침대 여러 개를 소유해 각자의 침대에서 잠을 잤고, 덜 부유한 가족들은 커다란 더블 침대 하나에 모여 잤다.

베르사유에서 침대는 거실로도 사용되었고 여성은 침대에서 사람들을 맞이했다. 1950년대에는 할리우드의 영향을 받은 청교도적 시각으로 인해 부부가 별도의 싱글 침대에서 잠을 잤다.

1930년대부터 1960년대까지 이어진 헤이스 코드(미국 영화 협회의 검열 제도-옮긴이)는 영화와 TV 프로그램에 엄격한 청교도주의를 강요했다. 화면에 더블 침대를 보여주는 것은 성적 의미를 암시하기 때문에 저속한 것으로 간주되었다. 이렇게 반복되는 싱글 침대의 이미지가 아마도 많은 커플이 따로 자는 습관을 들이는 데 영향을 미쳤을 것이다.

1960년대와 1970년대에 사회가 자유화되면서 부부는 융합의 이상을 받아들여 한 침대에 들어갔다. 오늘날 제조업체가 퀸 또는 슈퍼 킹 사이즈로 불길을 살리려 노력하는 한편, 포드는 '스마트' 침대를 발명했다. 침대를 함께 쓰는 배우자가 자신의 영역을 벗어나면 침대가 전자식으로 작동해서 배우자를 원래의 영역으로 돌려놓는다. 그다음은 무엇일까?

부부이고 싶은 열망과 고독에 대한 욕망 사이의 분열의 기초에는 종종 '30세의 위기'가 자리한다. 바로 그 순간, 현실의 틈이 갑자기 갈라진다. 부부를 목표의 최상단에 올려둔 채로, 우리는 앞에 열려 있는 두 가지 길 앞에서 당황하게 된다. 독신 생활을 해야 할까, 아니면 복불복의 성공 기회가 있는 결혼을 가능한 한 빨리 해야 할까. 프랑수아즈 사강은 이렇게 말했다. "우리가 사랑에 빠지면, 사랑을 함께할 때는 갇히거나 매장된 것으로 여겨지고 그렇지 않을 때는 미친 것으로 여겨진다. 사랑에 빠지는 것은 상대방에게 묶이고 연결되는 엄청난 위험이다."[212] 마찬가지로 사랑에 빠지지 않는 것은 감정적 공허함과 같은 의미다. 그러나 우리는 착각하고 있다. 선택할 수 있는 길은 사실 많다. 예를 들어 '따로 사는 부부'라 할 수 있는 'LAT(Living Apart Together)'족은 프랑스에서는 아직 대중화되지 않은 결합 형태다. 수치를 살펴보면 많은 영국인들이 맺고 있는 관계이며, 영국인의 10%는 동거 없이 서로 사랑하는 편을 택한다.[213]

물론 부부가 같은 주소에 살지 않으면 비용이 든다. 다큐멘터리 〈둘도 많다〉[214]는 2000년대 후반 경기 침체로 인해 어쩔 수 없이 함께 사는 두 50대의 삶을 따라간다. 한쪽은 1,800달러의 임대료, 다른 한쪽은 800달러의 임대료 부담으로 인해 커플은 결국 '한 곳'으로 살림을 합치지만, 결국 그 안에서 다시 둘로 나뉜다. 프라이버시를 위해서라며 슬라이딩 도어를 설치해 한 명은 거실을, 다른 한 명은 침실을 쓴다. 주말에는 다른 사람 집에 초대되어 자러 간다. 주방과 샤워실은 중립 지역이다.

떨어져서 함께 살기의 개념은 새로운 것이 아니다. 어떤 이들은 타협을 거부하는 이런 형태를 비난하지만, 이를 주장하는 사람들도 나타난다. 이전 결합에서 생긴 자녀를 데리고 재결합하는 부부에게는 따로 사는 것이 그렇게 비상식적으로 보이지 않는다. 공동생활로 일종의 환멸을 느낀 후라면 오히려 이것이 효과적인 해결책이 될 수도 있다.

'공유 주거'를 시작하는 사람들도 있다. 여럿이 함께 집 한 채를 구해 그곳에서 독립적으로, 그렇지만 외롭게 산다. 또 다른 사람들은 장-폴 사르트르와 시몬 드 보부아르의 이상을 탐구하여 지적인 프로젝트를 구축하고 스스로에게 세계를 탐험할 기회를 제공한다. 비르지니의 경우가 그렇다.

내 프로젝트는 자유로운 관계를 위해 고전적인 일부일처제의 종식을 위한 캠페인을 벌이는 것이다. 오늘날 나는 상대방의 일상에 간섭하고 사랑의 열정이 만들어내는 아름다움을 파괴하는 대신, 지적 필요와 육체적 필요를 모두 충족하는 일종의 일처다부제로 살고 있다. 많은 사람들은 감히 실천하지 못하고 그것을 갈망한다. 내가 보기에는 이것이 미래다. 모세관 현상처럼 모든 사회 계층에 퍼져나갈 것이다.

사회 집단은 때에 따라 다르게 형성될 수 있는 것 같다. 여성들은 여성 연대를 배우고, 남성들은 형제애를 돈독히 한다. 그들 모두는 감상적 영역을 넓히려고 애쓴다. 리나 더넘은 그녀가 만든 〈걸스〉 시리즈의 진정한 로맨스는 여성의 우정이라고 말했다. 오늘날 여성의 우정은 점점 더 늘어나는, 커플에 실망한 이들에게 로맨스와 같은 대우를 받고 있다. 〈플리백〉을 만든 피비 월러-브리지에 따르면, 그녀의 주요 배우자는 가장 친한 여자친구다. "그리고 남자들은 우리의 애인이다." 〈아이 메이 디스트로이 유〉 시리즈에서 아라벨라는 친구들을 통해 사생활의 시련을 극복한다. 남성에게 있어 남성의 우정은 브로맨스다. 남녀 모두 전통적인 핵가족 이외의 관계에 애정을 쏟는다.

독신의 새로운 물결은 더 이상 자신을 배우자로 정의하지 않기로 한 이들의 선택을 찬미한다. 브리트니 스피어스와 그녀가 입은 '그를 차버려(Dump Him)' 티셔츠, 엠마 왓슨이 자신을 '셀프-파트너'로 여기는 관계, 또는 다이애나비의 이혼 후 멋진 모습을 상세히 보여주는 인스타그램 '@Ladydirevengelooks' 계정처럼 말이다.

결국 부부의 평형점은 더 이상 가정이 아닐지 모른다. 미국의 여성 참정권론자, 노예 폐지론자이자 노동 운동가인 수전 B. 앤서니는 평생 독신으로 살았으며 1877년 '독신 여성의 집'이라는 제목으로 평등을 향한 행진을 지지하는 연설을 했다.

전 세계 산업 분야에서 젊은 여성들이 더 많은 교육을 받고 독립적으로 생계를 꾸리는 기쁨을 배우게 될수록, 남편과 아내가 하나이고 그 하나는 사실 남편임을 선언하는 결혼의 한계를 받아들이기가

점점 더 어려워질 것이다.[215]

수전 B. 앤서니는 150년 전에 통찰력을 보여주었다. 우리가 혼자 사는 과도기 단계를 거쳐야 사회가 남녀 사이의 기대치를 다시 정의할 수 있을 것이라 덧붙였다. "지배받는 여성에서 주권을 가진 여성으로 넘어가는 과도기 동안에는 반드시 자급자족하고 자립적인 가정의 단계가 있어야 한다."[216]

우리는 새로운 시대에 들어섰는가? 여성의 요구대로 여성이 가정을 돌보는 의무에서 벗어나 각자의 개성을 다시 생각해볼 수 있는 시대인가? 사회적 격변을 맞은 남성도 그에 맞는 위치를 찾는 법을 배우는 시대인가? 대부분의 경우 우리는 "모든 개인에게 꼬리표를 붙이고 싶어 하는 사회 조직의 특정 형태"[217]를 뒤엎으려고 실험하고, 발명하고, 시도한다. 본질적으로 평생 혼자 살고 싶어 하는 사람은 아무도 없지만 상대방의 감정적 버팀목이 되고 싶어 하는 사람도 없다. 이 사실은 이미 상당한 진전을 보여준다. 우리는 경계를 넓혀가고 있으며, 미래의 부부와 독신을 위해 견고한 기반을 마련할 준비가 되어 있다. 이것은 결혼 여부에 따라 개인들을 이분법적으로 단순화하기를 멈추고, 더 이상 미리 구분된 상자에 넣으려 하지 않고, 그들이 상자로 들어가든 들어가지 않든 자유롭게 내버려 두는 것에서 시작한다.

10

젠더의 문제일까?

> "남성은 비겁하고, 여성은 비굴하다."
>
> 파리의 어느 정신분석가

남녀의 유혹, 그 복잡한 역사

원래 나의 목표는 이 책에서 '미스매칭'에 대한 간략한 역사, 즉 남성과 여성 사이의 수백 세기에 걸친 몰이해를 돌아보는 것이었다. 남자들이 들판을 가로질러 즐겁게 뛰어노는 동안 여자들은 항상 집(또는 얼음처럼 차가운 동굴)의 수호자였던 것인가? '남자는 프러포즈하고 여자는 받아들인다'는 생각이 왜 우리의 무의식에 남아있을까? 문제의 복잡성을 볼 때 나는 이 문제에 책 한 권은 할애해야 한다는 것을 깨달았다. 젠

더 연구는 아직 초기 단계에 있다. 젠더라는 프리즘을 이용해 유혹에 대해 연구한 책은 아직 별로 없다. 나는 또한 남성과 여성 간의 유혹을 권력관계만으로 제한하는 위험을 피하고 싶었다. 남자는 항상 정복자이고 여자는 정복의 대상인가? 역사가 세실 도팽은 『유혹과 사회』에서 다음과 같이 말한다. "구애는 종종 사냥이라는 노골적 단어로 표현된다. 수색과 매복은 포획의 순간만큼이나 흥분된다."[218] 사랑을 정복한다는 환상…… 남성과 여성 간의 유혹관계는 분명 항상 복잡했으며, 여성 또한 어느 정도 동의하는 희생자의 역할로만 국한될 수 없다. 우리는 낭만적인 만남의 문제를 순전히 생물학적 또는 사회적 접근으로만 볼 수 없다. 또한 친밀감, 감정, 마음, 욕망도 고려해야 한다. 게다가 모든 것은 역사적, 종교적, 문화적 그리고 경제적 맥락에 따라 달라진다. 그렇게 간단한 문제가 아니다.

중세 시대 궁정에서의 사랑을 예로 들어보자. 이 유혹에는 엄격한 원칙이 있다. 봉신관계에 있는 남성이 충실하고 헌신적인 기사가 되어 여성을 섬기는 것이다. 하지만 중세 역사가 조르주 뒤비에 따르면 이것은 일부 귀족에게만 해당되며, 여기서 대부분의 여성은 이미 기혼자다.[219] 궁정 사랑의 규칙에서, 군주의 아내인 이 여성은 기사에게 '주어진' 것이다. 그녀는 궁정 놀이의 전리품이 되어, 기사에게 스스로의 가치를 증명하고 높일 기회를 준다. 마치 열정적이고 순진한 사람들이 "결투에서 자기 몸을 제어하는 방법을 배우듯, 자신의 충동과 감정을 제어하는 법을 배우는 유혹 학교"[220] 같다. 조르주 뒤비는 궁정식 사랑이 "세속적인 게임 (……) 가계의 규율에 의해 어쩔 수 없이 독신으로 살아야 하는 기사들의 좌절을 조롱하는 보상으로 이용되었다"[221]고 설명한다. 달리 표현하면, 젊은 늑대의 유혹 코치 역할을 하는 조건으로 여성은 더 넓은 사랑의 관점을 누릴 수 있다. 여성은 권력이 있는 애인이 아니라, 기사의 상상력과 전투력을 자극하기 위해 만든 일종의 유혹 실습 교사다. 많은 사람이 궁정의 사랑을 연구하지만 모두가 조르주 뒤비의 연구에 동의하는 것은 아니다. 궁정의 사랑에 대한 연구에 평생을 바쳤고 아카데미 프랑세즈 회원으로 선출된 뒤비는 현재 보존되어 있는 소수의 남성들이 쓴 글 속에서 여성에 대한 관점들을 수집하느라 어려웠다고 고백했다. 유혹에서 젠더관계를 이해하는 것이 얼마나 복잡한지, 열린 작업의 영역이 얼마나 광대한지를 보여주는 사례다.

그러나 시대를 통틀어 유혹과 권력 행사가 밀접하게 관련되어 있다고는 말할 수 있다. 예를 들어 고대 로마 시인 오비디우스가 쓴 가상의 연애편지들을 떠올려 보자. 편지에 등장하는 여성들은 그들이 사랑하는, 그리고 주로 신의를 저버린 남자들 때문에 괴로워한다. 그중에서도 특히 고통스러운 기다림을 요약하는 디도[222]의 말이 인상적이다. "나는 유황을 바른 밀랍 횃불처럼 타오릅니다." 이 불행은 여성에게만 국한된 것이었나? 그렇지 않을 것이다. 그러나 어느 시대에 관한 연구인지에 관계없이 남성은 거의 언제나 결정권을 갖고 있는 반면, 여자는 주목받지 않으려는 모습을 보인다. 예를 들어 19세기에 여성은 공공장소나 사적 장소에서나 시선을 내리깔아야 했다. 역사학자 비르지니 지로드에 따르면 "여성의 복종은 대부분 남성을 보호하기 위해 만들어진 것이다."[223]

유혹적인 행동은 종종 유혹의 규칙을 명확히 하기 위한 시도로, 많은 참고문헌의 주제가 되었다. 예를 들어 얼마 지나지 않은 1990년대에 미국에서 출간된 『더 룰스』[224]라는 책은 여자들에게 '장기간에 걸쳐 검증된, 완벽한 남자의 마음을 사로잡는 비밀'을 알려주며 유혹의 법칙을 전한다. 여성 잡지들이 여성에게 유혹의 주도권을 가지라고 장려하던 시기에, 이 책은 그 반대를 지시한다. 남자를 끌어들이고 또 획득하기 위한 35개의 간단한 규칙은 미국에서 일종의 성경이 된다. 책이 소개하는 황금률은 남자를 쫓아다니지 않는 것이다. 남자들은 사냥꾼이므로, 그들에게 호의를 베풀어야 한다. 즉 거절할 줄 알아야 한다. 남자들에겐 어떤 프로젝트가 필요하고 당신이 그 프로젝트다. 당신은 신비함을 유지해야 하며 당신에게 사랑이 필요함을 드러내서는 안 된다. 책에 나오는 몇 가지 비결을 말하자면 이렇다. "수요일에 데이트를 했으면 토요일 밤에는 데이트를 하지 마세요", "남자를 쳐다보지 말고 너무 말을 많이 하지 마세요", "파티에서 마음에 드는 남자가 있다면 절대 눈을 쳐다보지 마세요. '아이 콘택트'를 하지 않도록, 정기적으로 그 공간을 돌아다녀야 합니다", "남자와 자게 된다면 무슨 일이 있어도 다음 날까지 그의 집에 머무르지 마세요", "어느 날 그에게서 다시 전화가 오기를 바란다면 서둘러 떠나세요", "한가한 사람이 되어서는 안 됩니다." 한마디로 말하자면, 아무것도 하지 말라는 것이다. 이 모든 규칙은 분명 알코올 흡수와는 양립할 수 없다.

한편에는 조종자로 여겨지는 여성들이 있고, 다른 한편에는 여성의 심리를 탐색할 줄 모르고 여성 그대로를 사랑할 수 없는 남성들이 있다. 만약 이 책의 지침에 따라 어떤 남자를 찾았다면, 그 남자는 당신을 먹잇감 또는 '프로젝트'로 여기는 것일 수 있다.

이 안내서가 성공을 거두었다는 것은 유혹의 코드가 젠더관계에서 얼마나 복잡한지를 보여준다. 남성과 여성의 유혹은 여전히 미스터리로 남아있으며 유혹의 코드는 해독하기 어려운 상태에 머물러 있다. 오바마 재임 시절 미국 대학 캠퍼스에서 활동한 페미니스트들 덕분에 남녀의 유혹에 대한 견해는 한 단계 약진했다. 성폭행의 급격한 증가에 직면하여(여성의 20%와 남성의 5~8%가 대학 재학 중 성폭행을 당했다고 한다[225]) 미국 행정부는 이 문제를 최우선 과제로 삼았다. 성차별 및 성폭력 금지 법안인 '타이틀 나인'은 기관들이 학교 내 괴롭힘과 성폭력에 대해 즉각적인 조치를 취하도록 하고, 그렇지 않으면 벌금을 부과하고 연방 보조금을 삭감한다. 대학은 평판을 훼손하는 이러한 범죄를 예방하거나 최소화하려 노력해야 하며, 성폭력 사건이 일어나면 해결책을 찾아야 한다. 예를 들면 폭력이 발생할 경우를 대비해 경보 발신기를 캠퍼스 곳곳에 설치하는 것 등이다. 학교는 무엇보다 '동의'가 무엇인지 정의하려고 노력한다. 따라서 유혹의 모든 단계에서 진정한 대화가 이루어지도록 학생들을 교육한다. 로스앤젤레스에 사는 서른한 살 제러미는 몇 년간의 연습 끝에 이 교육법에 완전히 적응했다고 말한다. 그는 모든 단계에서 상대방에게 "내가 커피 한 잔 살까?", "나 티셔츠 벗어도 돼?"라고 묻는다. 다른 사람들은 섹스를 하기 전에 구두 합의를 강요하는 것이 에로티시즘을 억압한다고 생각한다. 이러한 동의 단계가 데이트의 마법을 일부 걷어낸다는 주장을 충분히 이해할 수 있지만, 여기서의 마법은 자신의 욕망을 상대에게 난폭한 방식으로 요구하는 것이므로 신뢰할 만한 마법은 아니다. 사회학자 이렌 테리는 다음과 같이 적절하게 표현한다. "유혹은 상대방이 한 걸음 더 나아가고 싶게 만드는 기술이다."[226] 그러나 우리는 상대방의 욕망에 대한 공감, 소통, 탐구를 요구하는 이 기술을 사용하려면 사전 학습을 거쳐야만 함을 깨닫는다.

그러나 동의에도 한계가 있는 것으로 나타났다. 어떻게 보면 동의는 강간 근절 투쟁에 거의 영향을 미치지 않는다. 게다가 사람들은 성적 동의가 여전히 남성보다는 여성에 달렸다고 전제한다. 마지막으로 법적으로 동의를 정의하기가 점점 더 어려워지고 있다. 처음에 동의의 정의는 'no means no('no'라고 말하면 성관계를 하지 않아야 한다는 뜻-옮긴이)'라는 질문과 대답에서 출발했다. 그다음에는 'yes means yes('no'라고 말하지 않은 경우 'yes', 즉 동의로 보는 것-옮긴이)'가 필요했다. 보다 최근에는 '열렬한' 동의, 즉 'yes means YES[227]('yes'라는 명시적 동의가 있어야 한다는 뜻-옮긴이)'를 채택했다. 숨어있던 틈이 연이어 벌어지면서 유혹이 얼마나 복잡한 문제인지를 증명해 보인다.

전 세계 트위터에서 1,900만 개의 #MeToo 키워드에 뒤이어 벌어진 모든 논쟁은 우리가 강간 문화에 맞서 청소년을 교육하는 데 얼마나 소홀했는지를 드러냈다. 그러나 #MeToo는 성인 남녀 간의 의사소통 문제도 끄집어냈다. 우리는 의사소통을 모든 것의 중심에 놓았다고 생각했는데도 말이다. 상대를 파악하는 데 어려움을 겪는 것은 우리 시대에만 국한된 문제가 아니다. 유혹은 인간관계의 역사에서 근본적인 매개변수다. 정치, 권력에 영향을 미치고 정신 작용을 형성한다. 그러나 #MeToo는 오랫동안 입 밖으로 꺼내지 못한 말을 판도라의 상자에서 꺼낸 것 같다. '유희'로 묘사되었던 가벼운 연정이 항상 유희는 아니었다. 성희롱이나 성 학대가 발생하면 대부분 남성 '가해자'는 '합의'라 주장하는 반면, 여성 피해자는 강제적이었다고 주장한다. 구애 의식을 정의하는 중요한 문제다. 이러한 상황은 남성을 피해자의 위치에 놓이게 할 수도 있다. 내 하우스메이트 중 하나인 마흔세 살 샘은 연애를 시작하지도, 원하지도 않은 상태에서 한 여자와 섹스를 한 적이 있다. 술김이었다. "애초에 난 원하지 않았고 그녀도 그랬지만, 결국 우리가 침대에 있었을 때 나를 덮친 건 그녀였어. 난 그러고 싶지 않았다고." 게다가 여성은 남성의 동의에 대해서는 교육받은 적이 없다. 여성은 남성에게 동의를 묻지 않으며, 남성이 사실상 동의한다고 믿는다.[228] 남성이 항상 왕성한 욕망을 가진 매개체로 간주되거나 남성 스스로도 그렇게 생각하기 때문이다. "문화적으로, 남자의 남성성은 여전히 성욕과 연결된다. 욕구가 없거나 진정으로 원하지 않는 남자는 더 이상 남자가 아니다." 저널리스트인 마야 마조레트가 자신의 칼럼에 쓴 문장이다.

욕망의 이 '회색 지대'를 이제 명확히 할 필요가 있다. 회색 지대는 또한 우리의 모순을 드러낸다. 많은 친구, 소녀, 소년들은 이미 별 이유 없이 누군가와 잠자리를 한 적이 있다고 증언한다. "결국 내 생각에, 데이트를 할 때 그 사람과의 잠자리를 거절하는 것이 그냥 같이 자는 것보다 더 어렵다." "앱이 나를 그에게로 이끌었기 때문에 나는 이 관계에서 무언가를 해야 한다고 자신을 설득한다. 만약 앱이 아니라 월요일 아침에 우체국 창구에서 그와 마주쳤다면 나는 그에게 아무 매력도 느끼지 못했을 것이다." 여기에 명백한 모순이 있지 않은가? 만남을 통제하려는 우리의 의지와 술에 취했으니까 혹은 거절하기 번거로우니까 누군가와 잘 수 있다고 인정한다는 사실 사이에 말이다.

사랑의 유희를 재정의해야 한다는 필요성을 깨달은 후에도, 이론적 관점에서 어떤 '규칙들'을 적용해야 하는지 우리는 여전히 알지 못한다. 누가 그 값을 치르는지가 전부가 아니다. 『월스트리트 저널』의 기사에서 한 교수는 학생들이 유혹한다는 생각 자체만으로 위축된다고 이야기한다.[229] "학생들은 내게 말합니다. '여자에게 환심 사는 법을 몰라요. 다가가려면 무슨 말을 해야 하는지도, 어떻게 해야 하는지도 몰라요. 알고 있다고 해도, 다가갈 생각을 하면 겁이 나고 몸이 마비돼요! 좌절감을 느껴요……'라고요." 어떤 이들은 모순되는 주장들, 풍요로운 성생활을 하라는 명령, 또는 성과 관련해 자신을 정의해야 하는 의무 등으로 인해 전반적인 기준이 손상되었다고 원망한다. 로스앤젤레스에서 프랑스 중학교에 다니는 열네 살 맥스는 내게 이렇게 털어놓는다. "오늘 수업에서 젠더를 정의하는 스물아홉 가지 지위를 배웠어요. 특히 부모님이 동성애자인 경우에는 등급이 추가돼요. 중학교에서 여자애들은 열두 살이면 레이저로 전체 제모를 해요. 뭐든 다 괜찮다고 생각해요. 하지만 때로는 저도 혼란스러워요."

우리의 내밀한 영역을 재정의하는 데서 생기는 이러한 시행착오에 대한 반발로, 젠더와 관련된 새로운 긴장 상태가 나타나기도 한다. 그 중 가장 파악하기 힘든 사례는 '인셀(incel)' 커뮤니티다. 아이러니하게도 여성이 만든 단어인 '인셀'은 '비자발적 독신(involuntary celibate)'의 축약형이다. 매혹적이고 재미있는 동시에 공포스러운 인셀 커뮤니티는 일반적으로 연애에서 상당한 환멸을 경험한 이성애자 남성들로 구성되어 있다. 그들은 자신들의 상황에 대해 여성에게 일차적인 책임이 있다고 지적한다. 이들은 레딧 같은 온라인 커뮤니티에서 특정 어휘로 구성된 평행 현실을 설정해둔다. 우리는 레딧의 하위 커뮤니티인 '레드필'에서 그들의 반페미니스트 사상의 시작을 발견할 수 있었다. 레드필이라는 이름은 진실을 모르는 상태로 남아있게 만드는 파란 알약과 달리, 진실에 다가가게 해주는 〈매트릭스〉의 빨간 알약에 경의를 표하기 위해 붙인 것이다. 미국에서 빨간 약을 복용한다는 것은 일반적으로, 언론과 기관의 담론에 의문을 제기하기 위해 포럼들에서 새로운 정치적 아이디어를 이야기하는 사람들을 위한 비유다.[230] 그렇게 점차적으로 빨간 알약이라는 용어는 다수파가 아닌 이데올로기로 전향하는 사람들, 특히 백인 남성의 우월성을 옹호하는 사람들을 지칭하게 되었다. 특히 마노스피어(페미니즘에 반대하고 강력한 남성성을 주장하는 남자들이 모인 블로그, 커뮤니티, 웹사이트 등을 집합적으로 부르는 용어-옮긴이)에 속하는 인셀 커뮤니티에서 '빨간 알약(넓은 의미로 '깨달은' 회원)'은 페미니즘이 여성에게 너무 많은 권력을 부여했다며 세상을 규탄한다. 그 위 단계에는 더 극단적인 남성주의자인 '검은 알약'이 있다. 이들에게는 더 이상 희망이 없다. '검은 알약'은 섹스 파트너를 구할 수 없다. '빨간 알약'은 여성을 혐오하지만 비자발적 독신에서 벗어나고 여성을 유혹하기 위해 보디빌딩을 할 수 있는 남자다. 하지만 '검은 알약'이 보기에 성 시장은 전적으로 유전학에 의해 지배되고, 따라서 남성의 성적 매력은 생물학적 특성, 예를 들면 턱, 광대뼈, 눈 모양에 따라 결정된다. 이들은 여성의 환심을 사는 능력을 기반으로 남성들 사이의 차별을 설계하는 것 같다.

그 피라미드의 꼭대기에는 강한 끌림의 힘을 가진 '채드(남자)'와 '스테이시(여자)'가 있다. 그 아래에는 모든 면에서 평균인 '베타(알파와 반대)', '커크(바람난 아내를 둔 남자를 뜻하는 속어-옮긴이)' 또는 '노미(평범한 사람들-옮긴이)'가 있다. 그리고 맨 아래에는 여성에게 최소한의 성적인 호의를 베풀도록 설득할 수도 없는, 혐오감을 일으키는 남성인 '인셀'이 있다. 인셀은 남성주의적 주장을 내세우고, 모든 젠더 연구를 뒤집으며, 근절되기를 바라는 페미니즘의 희생자로 자신을 묘사한다. 그들의 메시지는 때때로 강간(강간 알약)을 조장할 정도로 증오와 폭력에 대한 호소로 치닫는다.[231] 2018년 토론토에서 자동차 테러가 일어나 열 명이 사망했고 그중 여덟 명은 여성이었다. 스스로 '스물다섯 살 동정남'이라 밝힌 이 사건의 주동자는 인셀의 사고 흐름을 표방한 남성이었다.

수백 년 동안 여성은 남성의 상상력에 종속되어 왔고, 역사책에는 거의 존재하지 않았으며, 특히 영화사에서도 잊힌 성별이었다. 프랑스의 알리스 기가 영화사의 대표적 사례다. 세계 최초의 여성 영화감독인 알리스 기는 많은 국제적 궤적을 남겼음에도 마치 우리 사회의 집단적 기억 상실로 인해 조각난 것 같다. 많은 페미니스트들은 사회에서 여성의 위치를 재정의하기 위해 스스로 문제를 해결해야 했다. 그런데 남성을 나약하게 만드는 과도한 페미니즘이 정말로 존재하긴 하나? 비르지니 지로드는 이렇게 말한다. "훌륭한 남자로 보일 필요가 있을 때 그를 거세한 남자로 만들어버리면, 천 개의 조각으로 부서질 위험이 있다. 남자는 여자에 비해 연약하다. 우리 여성들은 많은 것을 발전시켰고 그것은 남성들을 두렵게 만든다. 우리는 그들이 스스로를 우월하다고 믿게 해야 한다." 한편 섹스와 권력을 남성다움과 지나치게 관련짓는 바람에 발기가 되지 않는 남성을 '무능하다'고 하는 점도 흥미롭다.

'인셀'이나 다른 반페미니스트들과 달리, 어떤 남성들은 #MeToo 운동을 순교자로 이해한다. 우리는 때때로 이 신사들이 희생자들에게 완전히 공감하며 진지하게 반성하는 속죄의 메시지를 보내는 모습을 목격한다. 예를 들어, 한 #MeToo 게시판에서는 죄책감을 느끼는 남성의 글을 읽을 수 있다. "죄송합니다. 나도 문제의 일부입니다. 내 잘못입니다." 많은 남자들은 이런 글을 보고 곤혹스러워하며, 그들의 기준을 잃었다고 주장한다. 또 다른 게시판에는 다음과 같은 글도 있다. "유혹과 관련해 나는 매우 조심하는 편이다. 내가 제안하는 것이 방탕한 행동으로 보이는지, 단지 환심을 사려는 것으로 보이는지 잘 모르겠다. 나는 특히 수줍음이 많아서 서투르다. 그래서 여성들이 첫발을 떼어주길 기다린다. 문제는, 나를 유혹하는 여자들에게는 전혀 끌리지 않는다는 것이다." 마치 우리가 열쇠를 잃어버린 것 같다. 하지만 그보다 먼저, 우리가 자물쇠를 여는 방법을 정말 알고는 있었나?

사랑은 게임이기 때문에 규칙을 새로 만드는 것은 우리에게 달렸다. 남성과 여성 사이 유혹의 근원을 이해하기 위해, 우리는 먼저 성비의 역사, 타자 및 이타성과의 관계에 대한 역사, 즉 사회 조직의 기초에 대한 역사를 이해하려고 노력할 수 있다.[232] 따라서 유혹이라는 사회적 의식을 분석하려면 철학, 과학, 역사에 의지해, 마침내는 자신과 상대방의 내면의 의식에 접근해야 한다. 이후 닿아야 할 궁극적 목표는 재산, 집안일, 의무, 권력의 균등 분배. 남녀 간의 유혹이 가벼운 주제처럼 보이지만, 그 뒤에는 본질적으로 정치적인 행위가 있는 것이다.

새로운 성 협약이 필요한가?

그러므로 남녀의 전쟁은 우리에게 새로운 사랑 계약을 요구한다. 미국에서 동의의 문제는 사회 전반으로 확대되어, 남성과 여성이 성관계 전에 반드시 서명해야 하는 계약서를 제공하는 애플리케이션까지 등장했다. 사랑을 계약화한다는 생각이 사실 나쁜 것은 아니다. 이를 통해 새로운 사회적 협약의 필요성을 깨달을 수 있으며, 교육을 위한 과도기적 단계를 가질 수 있다. 물론 실제로는 비교적 복잡하다. 미국에서 동의에 대한 흥미로운 정의를 발견할 수 있다. "자유롭게 주어지고, 되돌릴 수 있고, 정보에 근거하며, 열정적이며, 구체적인 것"[233]이다. 이를 완전히 체화하면 모호한 부분을 명확히 할 수 있다.

지금은 유명해진 어느 사이트에서 저널리스트 데이비드 웡은 '남성들이 성적 동의를 이해하지 못하는 7가지 이유'[234]를 나열한다. 그 글에서 웡은 시청각 작품과 대중문화가 남성의 행동에 어떤 영향을 미쳤는지 풀이한다. 남성의 행동이란, 웡에 따르면 "여성들이 사랑에 빠질 때까지 공격하라"는 짧은 문장으로 요약할 수 있다.

내가 어린 시절에 본 액션 영화의 멋진 남자 주인공들 중에서, 95%는 적어도 한 번 이상 여성을 추행해 자신을 사랑하게 만들었던 것 같다. 내 생각에 제임스 본드는 모든 영화에서 그랬다. 〈골드핑거〉(1964)에서 그는 마구간에서 푸시 갈로어를 강간했고, 이로 인해 그녀는 범죄 생활을 포기하고 그의 편에 합류한다. 〈마스크 오브 조로〉(1998)에서 한 여성이 안토니오 반데라스를 죽이려 하자, 그는 칼로 그녀의 옷을 찢으며 강제로 키스한다. 그 결과, 둘은 사랑에 빠진다.

이러한 관계를 재설정하려면 욕망과 관련된 특정 클리셰를 해체하는 것이 핵심이다. 여성의 신체에 대한 남성적 시선은 욕망에 대한 환원적 표현을 생성하는 데 기여한다.[235] 여성의 신체를 촬영한 1960년 대의 몇몇 영화를 보면, 여성 신체의 특정 부분이 화면에 등장하고 이 것이 그녀 캐릭터의 심리적 구조에 관여한다. 나는 왜 브리지트 바르 도가 남자보다 개와 함께하는 것을 선호하게 되었는지를 이해하게 되 었다.

마지막으로, 남녀 욕망의 차이에 대해 나를 가장 의기소침하게 만 드는 것 중 하나는 '이상적 나이'에 대한 유명한 연구다.[236] 오케이큐피 드의 공동 창립자인 크리스티안 루더는 자신의 저서 『빅데이터 인간 을 해석하다』에서 "파트너에게 가장 매력적인 나이는 언제라고 생각합 니까?"라는 질문에 답하면서, 해당 애플리케이션에서 수집된 데이터를 공개한다. 나이에 관계없이 남자는 항상 스물두 살이라고 대답한다. 여 자의 경우 남자의 이상적인 나이는 자신의 나이와 거의 같다. 어느 날, 그래도 교육 수준이 좀 있는 남성 하우스메이트가 내게 말했다. "너희 여자들은 열여덟이 넘으면, 기울기 시작하잖아." 그는 결국 사과했다. 또 다른 남자도 기억난다. 내게 아무렇지도 않게 "여자들은 서른넷이 넘으면 끝이지"라고 말했던 남자다. 무슨 근거로 끝난다는 것인가? 그 래서 언제까지 여성들을 가임 능력으로 단순화시킬 것인가? 그래, 그 기간 동안 남자들은 좋은 와인처럼 품질이 '향상'될 것이다. 나이가 들 면서 단단한 나잇살과 굼뜬 발기를 감당할 여유를 갖게 될 테니까.

"인류가 탄생한 이래 여성을 복종시킨다는 것, 즉 파티나 사회 전반 에서 여성을 소유하고 차지할 수 있다는 사실은 남성의 힘을 상징한다. 남성은 더 많이 정복하고 그것을 유지할수록 더 높은 서열을 차지한 다." 철학자 라파엘 리오지에[237]가 쓴 이 표현은 아마도 우리가 연구해야 할 변수들 중 하나일 것이다. 가장 젊고, 가장 아름답고, 가장 반짝이는 여자를 손에 쥐는 것은 자신이 존재하기 위해 다른 사람들의 시선을 확인해야 하는 심각한 자신감 결여의 표시일 수 있다. 프루스트가 말했듯이 "예쁜 여자들은 상상력 없는 남자들에게 남겨 두자."

여성 역시 '키가 크거나', '자신보다 교육 수준이 높은' 파트너를 찾고자 하는 욕구에 따라 특정한 클리셰를 따를 수 있다. 저널리스트이자 수필가인 페기 사스트르에게 사랑은 "여성들이 여전히 걸머지고 있는 마지막 짐"이다.[238] "더 나이가 많고 더 부유하며 더 교육을 많이 받은 남자를 선호하는 취향"은 그들로 하여금 "결혼을 영적, 사회적, 법적 상승 도구로 생각"하게 만든다는 것이다. 그러므로 우리는 가족 내에서 여성이 갖는 열등한 위치가 남성 지배와 그것이 세대에 걸쳐 유지되게 만드는 핵심 요소라고 가정할 수 있다. 연구원 밀랑 부세-발라는 이제 변화가 시작되었다고 본다. 그는 점점 더 많은 여성들이 자신보다 교육을 덜 받은 남성과 결혼한다고 말한다.[239] 여성들은 "일과 보호의 영역에서 덜 자주, 감성의 영역에서 더 자주" 배우자를 찾을 것이다. 밀랑 부세-발라에 따르면 이것은 "부부 내 성 역할에 질문을 던지는 첫 번째 징후"다. 그러나 성별에 따른 통계 연구에는 한 가지 한계가 있다. 남성과 여성을 단일 행동으로 단순화한다는 한계다.

10대 때 내 머리는 바가지머리였다. 놀이터에서 다른 학생들은 나를 정의할 수 없었다. "너는 남자야 여자야?" 나는 이 질문이 우스꽝스러웠다. 나는 나를 내버려 두도록, 묻는 사람에 따라 둘 중 하나로 대답했다. 나는 여자라는 것이 자랑스러웠지만 주변 세상은 남성에 더 높은 가치를 부여했기 때문에, 나 또한 내가 남성의 특성을 가지고 있다고 여겼다. 나는 '과감하고, 결정권이 있고, 용감한' 사람이 되고 싶었다. 나는 상대적으로 별 형태가 없는 남녀 공용 배기 바지를 입고 친구들과 무리지어 스케이트를 탔다. 어머니와 할머니도 그랬다. 그들은 자신의 '본질적인' 여성적 특성을 부인했으며, '남성'을 가치 있게 여기는 세상에서 자라났다. 게다가 우리 가족은 젠더가 뒤바뀌어 아버지는 요리를 하고 어머니는 요리를 싫어했다. 아버지는 우리에게 질문을 하고 우리의 말을 들어주었으며, 어머니는 농업 사업을 운영하느라 열심히 일하고 돈을 관리하고 경영을 맡았다. 그래서 내게는 젠더에 대한 설명서가 전혀 없었다. 본질적으로 우리는 모두 남성의 위치와 여성의 위치에 동시에 자리한다. 이것은 수동성이 여성의 전유물이고 적극성이 남성의 전유물이라는 의미가 아니다. 유혹은 그 역할이 미리 정의된 권력 관계를 기반으로 하지만, 어떤 것도 이 권력이 남녀 간에 순환하는 것을 막을 수는 없다. 남자와 여자는 화성에서 온 것도, 금성에서 온 것도 아니다. 우리는 모두 소행성 45NBX18450에서 왔다.

사랑이 소멸한 것일까?

그래도 우리는 여전히, 서로 사랑할 수 있을까? 유혹의 게임을 재정의하는 이 큰 프로젝트에 파트너를 선택하기 위한 우리의 모든 병리까지 더해진 상황에서 우리는 불가능한 탐색에 집착하고 있는 것일까? 에바 일루즈는 최근 에세이 『사랑은 왜 끝나나』[240]에서 사랑이 사라지고 있다는 가정을 던진다.

사랑을 평생에 걸쳐 형성되는 감정으로 만들었던 낭만적인 신화는, 신에 대한 믿음이나 공산주의에 대한 믿음이 무너지듯, 그 굴레를 벗어던지고 있다. 우리의 사랑 이야기는 더 짧다. 하지만 이 통계적 사실을 넘어서면, 쇠퇴하는 것은 바로 사랑이라는 개념 자체다. 나는 여기서 우리 사회에서 조장된 성적 개인주의가 고갈됨을 목격한다. 이 모델은 (전통 사회에서는 여전히 가지고 있는) 엄청난 해방의 힘을 가지고 있었다. 자유는 사랑과 섹스의 영역에서 가장 명확히 드러났지만, 이 자유가 관계에 유리하게 작용하지는 않은 것으로 보인다.

이 자유, 그리고 자유로운 존재가 되라는 도덕적 명령 앞에서도 우리는 더 이상 사랑을 할 수 없게 되었다. 이것이 '비(非)사랑'이다. 여기에는 다음과 같은 모순이 있다. 자율적이어야 한다는 절대적인 필요성은 부부의 낭만적 환상과 양립할 수 없다. 우리는 더 이상 한 관계에 오랫동안 머물 수 없다. 가능성들에 둘러싸여 '비(非)선택'의 시대를 향해하며 의사 결정을 계속 미루고 있다. 우리는 더 이상 누구와 함께 이 길을 가야 할지 모른다. 에바 일루즈에 따르면 몇 가지 사회적 격변이 우리를 그곳으로 이끌었다.

먼저 자본주의가 여성의 성적 자유를 전유하기 위해 이를 왜곡했다고 본다. 성적 해방은 #MeToo에 의해 확인되었듯이, 실패한 것으로 보인다. 수년간의 평등을 위한 투쟁에도 불구하고, 우리는 여전히 존재하는 남성의 성적 지배를 비난하는 여성들의 목소리를 들었기 때문이다. 성적 지배는 여성을 평가절하하는 과정에서 더 위험한 방식, 즉 물리적인 폭력을 통해서도 드러났다. 따라서 여성의 몸은 완전한 해방에

도달하지 못했다. 예를 들어 오늘날 패션 산업에서 의사 결정권의 대다수를 차지하는 남성은 여전히 여성의 몸에서 상품 가치를 추출한다. 예전에 여성의 몸은 결혼과 매춘을 통해서만 팔렸다. 이 시대 여성의 몸은 수십 년간의 페미니즘이 무색하도록 남성의 시선에 의해 평가되고 소비되는 성 배우가 되었다. "남성의 상징적인 성적 자본은 성적으로 매력적인 여성을 소유하고 있음을 과시하는 것이다." 에바 일루즈는 일반적으로 젊음과 육체를 선호하는 남성들이 있는 사랑의 시장에서, 여성이 더 고통을 겪을 경향이 있다는 주장을 지지한다.

우리를 '비사랑'으로 이끈 또 다른 원인은 구애 의식의 변화다. 이전에는 규칙이 처음부터 명확했다. 구애하는 기간 동안 각자의 과업은 성별에 따라 부여되었고 강점과 약점이 서로 다르지만 또한 보완적이었다. 남자는 선택해야 했고 여자는 거부할 수 있었다. 하지만 오늘날 우리의 상호작용에는 규범이 없다. 따라서 언제 연애를 시작했는지조차 알지 못하는 불분명한 구애 시나리오로 이어진다.

이 '선택하지 않음을 선택'하는 것은 '비(非)참여'의 관행으로 특징지어진다. 끝없는 순환 안에서 고통과 낮은 자존감을 불러오는 강렬한 거부다. 이 새로운 감상적 불안정성은 우리가 서로 간에 감정적으로 교류하는 방법을 더 이상 알지 못한다는 인상을 준다.

사실 현실은 냉혹하다. 우리는 심리 상담을 받는 것 외에는 사랑 문제를 치유하는 방법을 모른다. 롤랑 바르트가 『사랑의 단상』을 발표했을 때, 그는 TV 프로그램 〈아포스트로프〉에서 이런 감정들을 표현하려 노력했으나 사회는 그 감정들을 무시했다고 설명했다. "섹슈얼리티는 비교적 잘 치료될 수 있는 반면 감성은 실제로 중요하게 여겨지지 않는다. 게다가 감성은 때로 외설적인 것으로 여겨진다. 그런데 이상하게도 섹슈얼리티와 관련 있는 것은 오히려 외설적으로 느껴지지 않는다."

　이제 더 이상 사랑을 믿지 않는 사람들이 있다. 그들은 사랑이 정신 질환이라고 생각하거나, 부부는 단지 호환되는 두 신경증의 결합일 뿐이라고 생각한다. 미국에서는 첫 데이트에서 강박증, 아스퍼거 증후군이나 정서적 의존증이 있는지를 상대에게 알린다고 한다. 그런가 하면『영주의 애인』(나치 정권 시기를 배경으로 두 남녀의 사랑을 그린 프랑스 소설-옮긴이)을 읽고 트라우마가 생겨 적나라한 부부 생활에 직면하고 싶지 않은 사람들도 있다. 또는 신경과학에 의존해 사랑을 호르몬이나 뇌 반응으로 생각하는 사람들도 있다. 저널리스트 데이비드 브룩스와 같이 가족 단위의 소멸을 규탄하는 사람들에게 사랑은 '실수'일 것이다.[241] 그러나 우리 주변의 모든 것은 '사랑'이라는 단어를 외치고, 우리는 사랑에 완전히 사로잡혀 있다. 사랑을 하지 않을 때나 더 이상 사랑에 빠지지 않는 순간을 결핍으로 생각하며, 중독성이 강한 마약을 끊는 것처럼 느낀다. 사랑은 심지어 행복 회로라 불리는, 코카인과 동일한 보상 회로를 활성화함으로써 '견딜 수 없을 것 같은 결핍을 유발'[242]한다.

　마지막으로, 사회학자인 프란체스코 알베로니에 따르면, 사랑에 빠진 상태는 의식적이든 무의식적이든 자기 자신에 대한 평가절하의 표현일 뿐이다. 1970년대 후반에 출간된 베스트셀러『사랑에 빠지는 것과 사랑하는 것』에서 그는 '사랑에 빠지는 것'에 대해 연구한다. 이탈리아 사람들은 이 불꽃의 순간을 '싹트는 사랑'이라고 아주 멋지게 표현한다. 그에 따르면 사랑은 깊은 불만족에 대한 반응으로 나타나며, 때로는 비통함에 의해 배가된다. 공허함이나 결핍에 직면하면 이에 대한 저항이 개인을 조종하게 된다. 그리고 그는 갑자기 계시라도 받은 것처럼 허망함을 거부하고 "아니, 나는 죽지 않을 거야" 하며 필사적으로 자신을 구원으로 이끌어, 사랑을 찾는 데 뛰어들게 만든다.[243]

　사랑의 벼락은 사랑이 필요한 사람들, 사랑이 충족되어야 할 필요성을 느끼는 사람들에게 떨어진다. 사랑에 빠지는 것은 우리를 야생의 상태에서 길들여진 상태로 데려갈 것이다.

> 우리가 사랑에 빠져 있을 때, 상대방은 항상 넘치는 생명력으로 가득 차 보인다. 창조의 순간 그 격정 속에 나타나는 생명력의 화신이며, 우리가 한 번도 되어본 적 없고 되고 싶은 것으로 향하는 길이다. 그러므로 사랑받는 사람은 항상 자유롭고 예측할 수 없으며 다양한 모습으로 변할 수 있다. 그는 근사한 야생 동물처럼 매우 아름답고, 놀랍도록 생기 있다. 본성은 온순하지 않고 반항적이며, 약하지 않고 강하다. 그러한 피조물이 우리에게 와서 온화해지고 우리를 사랑하게 되는 기적은 은혜와도 같다. (……) 조금씩, 그는 길들여지고 언제나 제자리를 지키며 주인을 섬긴다. 근사하던 야생 동물은 반려동물로 변하고, 자신이 살던 환경에서 뿌리째 뽑혀 온 열대 화초가 되어 창가에 놓인 작은 꽃병 안에서 시들어간다.

　우리가 사랑하는 이와의 미래를 미루고 '비(非)약속'의 형태를 늘리는 것이 단지 이 길들여지지 않은 상태를 연장하고 싶은 우리 욕망의 표현일 뿐이라면 어떨까? 길들일 수 없는 우리의 심장은 마치 야생마 같다. 야생마, 길들여진 말이 낳은 자유로운 후예…….

비감정 교육

3년간의 조사 끝에 나는 '아니, 사랑은 사라지지 않았다'는 결론에 이르렀다. 사랑은 아스팔트 블록 사이에서 계속 싹트고 있다. 싹이 자라나게 하는 것은 우리 몫이다. 사랑은 결코 죽지 않는다. 불후의 존재다. 우리가 현재 사랑을 미루고 있는 것은 몇 가지 사회적 진화와 관련이 있다. 가방끈이 길어지고, 그만큼 노동 시장에 늦게 진입하며, 성에 대한 전통적 욕구가 감소하고 때로는 가상 섹스로 대체되기 때문이다. 가사 노동 분배에서 젠더 불평등은 지속되고 옛날식 부부의 전형이 여전히 뚜렷한 자리를 차지하고 있다. 결혼 생활의 관행이 최근 몇 년 동안 완전히 바뀌었다고 말할 수는 없다. 진정한 변화는 무엇보다 우리의 유대가 더 이상 맹목적이지 않다는 것이다.

우리에게는 새로운 형태의 자립이 필요하다

인간은 언제나 어느 정도 '무리를 지어' 살았다. 부부로, 가족으로 또는 부족으로. 그러나 이제 우리는 진화의 특정한 시점에 와 있다. 사랑의 감정이 길들여지지 않은 상태로 되돌아갈 수도 있는 지점이다. 우리는 시간이 흐름에 따라 유대감을 형성하면서 오랜 시간 커플관계를 유지하는 것이 불가능하다는 사실을 직면하고 있다. 우리 시대는 우리의 연애 습관 때문에 심각한 문제를 겪고 있다. 명확히 구분하기 힘든 사생활, 미래에 대한 약속을 방해하는 장애물, 그 모든 것들은 어떻게 해서든 우리를 '야생'의 상태로 돌아가게 만든다. 이 용어는 '동물'이고 '미개'하며 '폭력적'이라는 의미다. 그러나 '길들여지지 않은', 그래서 '자율적'이고 '소심'하다는 의미이기도 하다. 우리는 혼자 있는 것을 포기하느니 차라리 데이트를 취소하는 '야생적' 동물이다. 아주 작은 문제에도 발톱을 세울 정도로 길들여지지 않았으며, 만족스럽지 못한 애정 생활에 정착하기보다 홀로 길을 가는 결단을 내릴 정도로 길들일 수 없는 존재다.

우리 감성의 정글은 너무 많은 가능성, 때로는 침략적인 누군가의 감성에 대항하는 끊임없는 투쟁, 포식자나 먹이처럼 느껴지는 감정에 대한 거부, 누군가에게 얽매일 것 같은 위험에 대한 저항으로 이루어진다. 감성의 정글은 탐험해야 할, 하지만 동시에 지켜내야 할 새로운 영역이 되었다.

조금만 부주의해도 마음이 다칠 수 있는 이 현대판 정글에서는 '요령 있는' 동물이 되어야 한다. 몇 년 전까지만 해도 애정관계는 합리적이었고 주변 사람들이 세운 보호 장벽으로 둘러싸여 있었다. 그러나 이제 우리는 스스로 책임져야 한다. 이 권력과 자유는 우리를 흥분시키는 동시에 아슬아슬한 불안감을 주기도 한다. 또 책임감이 과도하면 사랑에 있어 제자리걸음을 하게 될 수 있다. 그래도 사랑을 할 수 있는 영역이 우리 앞에 활짝 펼쳐져 있으니 그 안에서 우리는 사랑의 만남을 재창조해야 한다.

자연 상태에 존재하는 믿을 수 없이 다양한 만남은 생각할 거리를 준다. 자연에는 공동생활의 표본이 무수히 많다. 예를 들어 황제펭귄은 부부가 되면 평생을 함께한다. 한 가지 조건은 서로를 거의 만나지 않는 것이다. 서로에게 매우 충실하지만 1년에 3개월 이상 만나지 않는다. 암컷이 알을 하나 낳으면 수컷은 64일 동안 알을 품고, 그동안 암컷은 먹이를 찾아 떠난다. 그런 다음에야 수컷은 먹이를 찾아 바다로 향하고, 돌아오기까지 약 20일을 그곳에서 보낸다. 이제 부모는 차례로 아기 펭귄을 돌본다. 한 번 헤어지면 때로는 몇 달 동안 수천 킬로미터나 떨어져 있지만 대부분의 경우 다시 만나게 된다. 우리는 황제펭귄이 아니다. 그러나 그들의 애정 생활에는 배울 점이 많다. 우리에게 분명 영감을 줄 수 있다.

타인으로부터 점차 벗어날 수 있게 되는 것이 인류의 정상적인 진보일까? 우리가 겪는 급격한 사회 변화, 생활 수준, 다양한 형태의 사랑을 볼 때, 오늘날만큼 많은 가능성을 알게 된 적이 없다. 사랑에 있어 새로운 형태의 자립이 비약적으로 발전하는 것을 보면 우리가 인간관계의 역사에서 특히 긍정적이고 흥미로운 시기에 있다는 느낌이 들어 위안이 된다.

그러나 이 모멘텀에는 어두운 이면도 있다. 우리는 욕망의 새로운 역학이 어떻게 작용하는지, 우리가 어떻게 막다른 골목에 이르게 되었는지, 우리가 어떻게 개인의 데이터를 세상을 재가공하는 데 마구 사용되도록 내버려 두게 되었는지를 이해하려고 노력해야 한다. 역설적으로 우리가 사생활을 과도하게 노출할수록 우리 각자는 사적인 영역으로 더 많이 후퇴하게 되고 진정한 고립감을 경험하는 위험에 빠진다. 비극은 이 모든 것이 우리를 서로 완전히 접근할 수 없게 만든다는 것이다.

인터넷이 모든 것을 바꾸었을까?

데이팅 앱이 우리의 사랑에 그렇게 큰 영향을 미쳤다고는 생각하지 않는다. 그래서 나는 내 친구들과 문제의 본질을 확인했다. 서른다섯 살 질다는 이렇게 말한다. "다른 사람에게 가치를 부여한다는 건 위험을 감수하는 거야. 지하철에서 어떤 남자와 시선이 마주친다면, 내가 위험을 무릅쓰고 그를 쳐다봤는데 그가 내게 미소를 지어준다면, 아무 위험도 감수하지 않는 틴더에서 누군가와 매칭되었을 때보다 만족감이 훨씬 강렬하겠지." 그러나 외로움이 깊어지면, 집에 혼자 있기보다는 인터넷으로 데이트를 잡아 모험을 하고 새로운 사람들을 만날 기회를 만든다. 사랑 이야기는 다른 곳과 마찬가지로 인터넷에서도 꽃핀다. 에밀리 위트는 "새로운 기술은 우리를 다른 사람들에게 소개해주지만, 무엇을 해야 할지는 알려주지 않는다"고 분석한다.[244] 내 생각에는, 무엇을 해야 할지 어느 정도 알고 있다면 우리가 너무 이성적으로 변한 것이다. 상대방을 너무 객관화한 나머지 우리는 그를 극히 피상적인 정보들로 단순화하고 말았다. 예를 들면 직업, 허세가 담긴 프로필, 외모 등으로 판단하고 종종 그를 제거하고 마는 것이다. 그렇게 우리는 대부분의 사람을 고스팅하게 된다. 물론 그 반대도 마찬가지다.

그러나 한 가지는 확실하다. '가상'은 더 이상 '현실'의 반대가 될 수 없으며 현실의 일부를 구성한다. 오랫동안 둘을 구분해온 경계선은 이제 아무런 효력이 없다. 우리가 살고 있는 공간은 점점 '하이브리드'가 되고 있으며 '디지털'이 우리의 모든 관행을 에워싸고 있다. 가상 및 디지털 정체성을 연구하는 철학자 마르첼로 비탈리-로사티에 따르면 "가상 사랑이 실제 사랑과 반대된다고 말하는 것은 시대착오적이다. 오히려 다른 문화와 마찬가지로 가상은 사랑의 영역을 넓히고 새로운 형태의 커플을 확인할 수 있게 해주었다."[245]

데이팅 앱 같은 플랫폼들이 위험한 이유는, 주로 그것들이 각자의 가치에 따라 사랑의 재정의를 볼모로 잡을지 모른다는 두려움 때문이다. 사회학자 도미니크 카르동이 말했듯 구글은 도덕적 기계다. 구글 알고리즘은 "가치 체계에 갇혀, 다른 사람들이 가치 있다고 평가한 사람들에게 우선순위를 부여한다."[246] 에어비앤비도 우리가 방문할 도시의 매력도에 영향을 미친다. 구글 지도와 구글 지도가 내세우는 공간에 대한 인식도 마찬가지다. 우리가 길을 잘못 들고 길을 잃었다 느끼는 것, 그리고 이를 해결해야 한다 생각하고 모험을 떠나 마침내 발견하는 것, 그 모두를 엄격히 금지하기 때문이다. 틴더를 비롯한 부류도 있다. 구글이 가장 관련성이 높은 결과를 제시하는 것처럼, 우리는 무의식적으로 틴더가 우리의 데이트를 이용해 똑같은 일을 할 수 있는 기회를 주는 것이다.

마르첼로 비탈리-로사티에 따르면, 데이팅 앱들은 단 두 가지 모델만을 제시한다. 로맨틱한 사랑, 아니면 가벼운 섹스다. 이 방법을 통해 데이팅 앱들은 항상 존재해온 놀라움과 다양성이 출현하지 못하게 막는다.

언제나 다양한 사랑의 모델이 존재해왔다. 부유한 상속녀, 낭만적인 사랑, 사랑의 광기, 하룻밤의 성적 모험…… 오늘날 플랫폼들의 집중으로 야기되는 문제는 그것들이 사랑에 대한 한 가지 시각만을 제공한다는 점이다. 결국에는 낭만적인 사랑이 되든, 성적인 사랑이 되든 말이다. 우리 스스로의 이익을 위해 가능하면 다양한 모델이 존재하도록 노력하자.

다른 쟁점은 다분히 사회적이다. 이러한 민간 기업의 알고리즘이 어떻게 작동하는지는 아직 명확히 알 수 없다. 그에 대한 투명성을 요구하는 것은 우리의 의무다. 알렉사 로봇을 설치하거나 회원 카드를 발급받는 대가로 이메일 주소를 공개하는 데 동의하면서, 우리의 사생활은 하나의 시장이 되었다. 기업의 대차대조표에 포함되는 자산이다. 그것도 사상 최대의 시가총액을 보유한 기업들이다. 우리는 이 새로운 힘을 거의 통제할 수 없다. 노트북 컴퓨터로 인터넷에 언제든 액세스할 수 있다는 것은 누군가에게는 감옥처럼 느껴질 것이고, 누군가에게는 자유처럼 느껴질 것이다. 무엇보다 주머니 안에 쇼핑몰을 가진 것과 마찬가지다. 그러나 처음에 인터넷은 거대한 도서관으로 구상되고 만들어진 것이었다.

20년 후에도 우리는 여전히 자연스럽게 사랑에 빠질까, 아니면 알고리즘이 우리를 위해 모든 것을 결정할까? 일부 사람들이 말하는 것과는 달리, 나는 새로운 애정관계가 '날것의 사랑'이라 생각하지 않는다. 오히려 우리는 신낭만주의 시대에 들어서고 있다. 일어날 것 같지 않은, 어쩌면 불가능한 사랑에 대한 환상에 젖어 알프레드 드 뮈세(19세기 초 프랑스 낭만파 시인-옮긴이)가 된 것처럼 머리를 쥐어짜며 문자 메시지를 보내는 시대 말이다.

우리는 '완벽'을 추구하므로 안주하지 않는다. 우리는 상대방을 이상화하고 우리 자신에게 최상인 것을 원한다. 이는 지극히 정상이다. 자신에게 최고인 것을 원하지 않는 사람이 어디 있겠는가? 중요한 것은 우리가 가진 사랑의 열정이 미치는 스펙트럼을 생각해 이를 재구성하는 것이다. 때로는 그저 현실적으로 바라보기만 해도 된다. 이것이 이 책을 통해서 하려는 일이다. 우리가 다른 사람과 가까워질 때 작동하는 메커니즘을 파악하고, 그 결함과 변이를 찾아내는 것 말이다.

사랑도 소비재일까?

많은 이들은 사랑의 전략이 참신함, 상호 교환성 및 성능만을 열광적으로 추구하는 '소비지상주의'가 되어버렸다고 비난한다. 초즉각적인 주식 시장의 시간이 다른 모든 속도를 지배하는 것 같다. 우리는 삶의 리듬을 아주 빠른 속도에 맞추라는 재촉에 시달리지만, 거의 불가능한 일이다. 어떤 사람들은 여기에서 벗어나 다른 시간성을 부여하려 애쓰지만, 돈의 가치가 전 세계가 식별할 수 있는 유일한 인간의 창조물로 인정되는 한, 이 계속되는 혼란에 참여할 수밖에 없다.

데이트 문화가 우리를 성과주의에 머무르게 하는 경향이 있는 것은 사실이므로, 이를 '사랑의 자본주의'라고 말할 수 있다. 우리는 최고의 제품을 찾으려고(우리 자신도 그렇게 되려고) 노력한다. 이 자본주의적 데이트 문화는 집단 독신의 문제를 해결하지도 못한 채 미국에서 시작해 전 세계를 휩쓸었다. 두 문제의 충돌은 때때로 놀라운 관행을 낳는다. 30대 남성 4분의 1이 섹스를 한 적이 없는 일본에서는 이제 자기 자신과 결혼할 수 있다. 미국에서는 중매인과 '완전한 금욕' 생활이 동시에 부활한다. 여성들만 사는 브라질의 어느 마을은 독신 남성들을 데려오려고 노력한다. 아이슬란드에서는 정부가 근친상간 방지 애플리케이션을 개발한다. 사우디아라비아에서는 남녀 동석이 허가되는 쇼핑몰에서 만남을 즐긴다. 중국에서는 자녀의 미래를 걱정하는 부모가 대도시 공원에 나가 중매쟁이로 변하는 반면, 25세 이상의 독신 여성은 사회에서 소외당한다. 당황한 각 국가는 독신의 급격한 증가에 맞서기 위해 각자의 방식으로 전환을 시도하고 있다.

나는 사랑이 '거래'가 되었다고 생각하지 않는다. 아직은 아니다. 우리가 성의 수요와 공급에 반응하는 곡선상의 변수가 아니라고, 감히 생각한다. 예를 들어 '인간의 깊이'라고 부를 수 있는 또 다른 사랑의 차원, 수학적 모델로는 해결되지 않을 차원이 있다. 이 차원은 예측할 수 없기 때문에 의심으로 가득하고, 추구하고, 발전하고, 움직이고, 비물질적이다. 이 차원에서는 비논리적인 결정을 내리게 된다. 누군가를 만나 정착하기로 할 때, 반드시 가장 섹시한 사람, 가장 부유한 사람 또는 가장 어린 사람을 택하는 것은 아니다. 돈의 가치와는 연결되지 않는 이 사랑의 깊이를 유지하는 것은, 우리가 상품으로 취급되는 현실에 대한 일종의 반항이다.

새로운 낭만주의일까?

사랑을 합리화하는 과정이 발전하면서, 감정이 더는 목적 달성에 쓰이지 않는 것 같다. 매우 짧은 관계가 긴 관계를 대체하고 있다. 마치 직업의 세계에서 유연성에 적응하기 위해 개인사업자 계좌를 개설하고 점점 더 짧은 계약을 수락하게 되는 것처럼 말이다. 그렇다고 계약을 따내기 위해 온 힘을 쏟는 것 같지도 않고, 때로는 생계를 유지하지 못하는 경우도 있다. 일과 사랑 사이에 왜 이렇게 많은 공통점이 있는 것일까? 누군가와 관계를 유지하는 일이 더 이상 정서적 안정을 보장하지 않을 때는, 차라리 손을 떼는 것이 합리적인 탈출구를 찾는 것보다 덜 위험하다. 사회학자인 레미 우드기리는 "정해진 경력 관리에 더 이상

매달릴 수 없을 때, 우리는 짧은 프로젝트별로 일을 따는 프로젝트 모드로 살게 된다"고 분석한다.[247] 우리는 장기적 관계 속에서 살고 싶은 욕구를 잃어버렸다.

오늘날에는 사랑 유희의 새로운 규칙만 알면 언제든 새로운 파트너를 만날 수 있다. 하지만 이제는 개인주의 괴물이 되지 말고 거절과 실망을 예측해 대비할 수 있도록, 스스로를 단련할 필요가 있다. 우리의 마음은 항상 흔들리고 있으며 매일 새로운 균형을 찾아야 한다. 순간순간이 전투다. 때때로 우리는 격렬한 외로움과 싸워야 하지만 선택으로부터 자유로워지기를 원한다. 우리는 개인주의의 밝은 면만을 취해 우리의 사랑 영역을 새롭게 설정하고 싶지만, 동시에 그 어느 때보다 공동체를 필요로 한다. 우리에게 좋은 것과 집단에 좋은 것 사이에서 적절한 균형을 찾는 것이 중요하다. 무언가를 선택할 때 다른 사람들을 고려할 수 있게 되는 그 순간부터, 우리는 개인주의를 상쇄할 수 있다. 이미 미국 사회학자 데이비드 리스먼이 1950년에 그의 책『고독한 군중』에서 확인한 사실이다.[248] 개인은 자유로운(사물의 좋은 면) 동시에 자신을 책임진다는(고독의 비극) 것이다. 사회학자인 알랭 메르지에 따르면 고독이 가진 가장 나쁜 점은, 종종 개인이 공동체에 도움이 되는지를 기준으로 고독을 판단한다는 점이다.

우리 생각과는 달리, 고독은 내가 더 이상 다른 사람에게 기댈 수 없다고 생각할 때가 아니라 내게 기댈 사람이 더 이상 남아있지 않다는 것을 깨닫게 될 때 괴로움이 된다. 내가 '더 이상 누구에게도 쓸모가 없을 때' 그리고 다른 사람들의 눈에 아무 가치가 없어 보일

때, 괴로움의 문턱을 넘어서게 된다.[249]

외로움을 주는 것은 바로 이 무익(無益)의 느낌이다. 고독을 피하기 위해, 우리는 나르시시즘에서 빠져나와 '자기 자신의 시대'에서 '타인의 시대'로 넘어갈 준비가 되었는가?

결혼, 젠더, 핵가족, 성적 금기 또는 식이요법과 관련된 수많은 도그마는 지난 몇 년에 걸쳐 산산이 부서졌다. 실존에 대한 우리의 질문들은, 닿기 힘든 진폭을 가진 자유의지의 영역이다. 우리 자신에게 맡겨졌으니, 이제 우리의 애정 생활에 대한 책임은 우리에게 있다. 길들이는 일은 우리 몫이다.

감사의 말

먼저 자신의 내밀한 생활을 꾸밈없이 이야기해준 모든 남성과 여성에게 감사를 전한다. 내게 신뢰를 보내준 그들의 경험담이 이 책의 재료이며, 그들이 보여준 의문과 통찰이 독자성의 바탕이 되었다. 아무쪼록 그들이 감정적 탐구를 끝낼 수 있기를 바란다.

내게 조언을 건네고 나를 이끌어준 많은 분에게 감사를 보낸다. 특히 베르나르 제크리, 다비드 콩브 및 장-마르크 바르비외, 카롤린 나타프, 스트리트프레스의 조, 세르지 하얏, 장-로랑 카슬리, 티에리 비조, 시나리오 선생님 매튜 톰슨과 데이브 존슨에게 인사를 전하고 싶다.

도움을 준 친구들에게도 고마움을 전한다. 리브, 월럼과 구스타브, 프레데리크, 에스텔, 로라, 소소 시시 및 레쟁페카블 단체, 플러피, 모든 하우스메이트들, 발레르, 카트린, 가엘, 엘레나, 세실, 라라, 엘렌, 록스, 로렌, 그리고 부모님, 이렌.

또한 나의 길을 찾도록 격려해준 장-프랑수아 비조에게도 진심으로 감사의 말을 전한다.

1. U.S. Bureau of Labor Statistics, Septembre 2014.
2. Belinda LUSCOMBE, « Why 25% of millenials will never get married ? », *Time Magazine*, 2014.
3. « Record share of Americans have never married », Pew Research Center, 24 Septembre 2014.
4. Edward YARDENI, « Selfies », 2014.
5. Janelle NANOS, « Single by choice : why more of us than ever before are happy to never get married », *Boston Magazine*, 3 Janvier 2012.
6. Stephanie HANES, « Single nation : why so many Americans are unmarried », *Christian Monitor*, 2015.
7. Bella DEPAULO, « The badass personalities of people who like being alone », *CreateSpace Independent Publishing Platform*, 22 octobre 2017.
8. Lisa BONOS, « Solo-ish », *Washington Post*.
9. Eric LINENBERG et Aziz ANSARI, *Modern Romance*, Penguin, 2015.
10. Michel BOZON et François HERAN, « La découverte du conjoint, I. Evolution et Morphologie des scènes de rencontre », *Population*, INED, 1988.
11. INSEE, Tableaux de l'économie française, 2018.
12. Fondation de France, étude publiée en 2017.
13. Sondage publié par Pleine Vie.
14. Enquête CSF, Inserm-Ined, 2006. Champ : personnes vivant en France et âgées de 26 à 65 ans.
15. Judith DUPORTAIL, « Sur Tinder, sous les bombes », *Slate*, 2016.
16. Marie BERGSTRÖM, « L'homogamie à l'épreuve des sites de rencontre », *Sociétés contemporaines*, 2016, p. 13-40.
17. Sheena S. IYENGAR & Mark R. LEPPER, « When choice is demotivating : Can one desire too much of a good thing? », *Journal of Personality and Social Psychology*, Décembre 2000, p. 995-1006.
18. Barry SHWARTZ, « The Paradox of Choice – Why More is Less », *Ecco*, 2004.
19. Jonathan D. D'ANGELO & Catalina L. TOMA, « There Are Plenty of Fish in the Sea : The Effects of Choice Overload and Reversibility on Online Daters Satisfaction With Selected Partners », *Media Psychology*, 20 : 1, p. 1-27.
20. Benjamin SCHEIBEHENNE Rainer GREIFNENEDER & P. M. TODD, « Can there ever be too many options? A meta-analytic review of choice overload », *Journal of Consumer Research*, p. 409-425.
21. Helen FISHER, « Anatomy of love : a natural history of mating, marriage and why we stray », *W. W. Norton & Company*
22. Casey JOHNSTON, « Tinder is not actually for meeting anyone », *The Outline*, 14 fevrier 2018.
23. Judith DUPORTAIL, « La génération Y a-t-elle trop de choix en amour ? », *Konbini*, décembre 2015.
24. Pierre RABHI, *Vers la sobriété heureuse*, Actes Sud, 2013.
25. Judith DUPORTAIL, « Le drame de la génération Y est que nous avons trop de choix dans les rencontres amoureuses », *Le Figaro*, 2 octobre 2015.
26. Victoria ANDO, Gordon CLARIDGE, Ken CLARK, « Psychotic traits in comedians », *The British Journal of Psychiatry*, May 2014, p. 341-345.
27. The Myers and Bridge Foundation, 2019.
28. « Does it pay to know your type ? », *The Washington Post*, 2012.

29. Ingrid HALVORSEN, « How many questions on average does an OKCupid user answer ? », *Quora.com*, 21 décembre 2016.

30. *Independent Publishing Platform*, 2014.

31. Drew HARELL, « Why Silicon Valley singles are giving up on the algorithms of love », *The Washington Post*,14 février 2018.

32. Jonathan SOMA, « The SF Bay Area, where the streets are paved with single young men », Février 26, 2015.

33. Drew HARWELL, « Why silicon valley singles are giving up on the algorithms of love », *The Washington Post*, 14 fevrier 2018.

34. Suzannah WEISS, « Do Dating App Algorithms Work ? » *Bustle*, 2016.

35. Paul ADITI, « Is online better than offline for meeting partners? Depends: are you looking to marry or to date ? », *Cyberpsychology, behavior, and social networking*, Octobre 2014.

36. Ji HYUN LEE, « Modern Lessons from Arranged Marriages », *New York Times*, 18 janvier 2013.

37. Sauf en note de bas de page : L = 8 + 0.5Y − 0.2P + 0.9Hm + 0.3Mf + J − 0.3G − 0.5(Sm − Sf)2 + I + 1.5C.

38. Rashied AMINI, *Nanaya.co*, Outil d'analyse de décision romantique.

39. Laurent PUJO-MENJOUET, *Le jeu de l'amour sans le hasard*, Équateurs, 2019.

40. John Mordecai Gottman, chercheur et clinicien en psychologie spécialiste de la prédiction du divorce et de la stabilité conjugale est également auteur, conférencier et professeur émérite en psychologie.

41. Laurie ABRAHAM, « Can You Really Predict The Success Of A Marriage In 15 Minutes ? », *Slate*, 8 Mars 2010.

42. Étude menée par le site de rencontre *Smartdates*.

43. Carl CHARNETSKI, Francis BRENNAN, *Sexual frequency and salivary immunoglobulin A (IgA)*, Wilkes-Barre University of Pennsylvania, 2004.

44. Thomas MESSIAS, « Peut-on mettre l'amour en équation ? », Thomas Messias, *Slate*, 11 juin 2019.

45. Marcello VITALI-ROSATI, « Les algorithmes de l'amour », *Muse médusa*, Montréal, consulté en juin 2020.

46. Florian BARDOU, Emmanuel BOSSANNE, « Accros au chem sex, le sexe sous drogue », *Streetpress*, 2016.

47. *Idem*.

48. Michel BOZON, *Pratique de l'amour, le plaisir et l'inquiétude*, Payot, 2016.

49. Interview D'Eva ILLOUZ, « Pourquoi l'amour fait tant souffrir ? », *Bibliobs*, 26 Octobre 2012.

50. IFOP en partenariat avec *CAM4 le Mag*, « Comment trouve-t-on l'amour à Paris à l'heure de Tinder ? Observatoire de la vie sexuelle des Parisiens », 2017.

51. Marie BERGSTRÖM, « Sites de rencontre : qui les utilise France ? Qui y trouve son conjoint ? » *Population & Sociétés*, n° 530, février 2016.

52. Nathalie BAJOS et Michel BOZON, « Contexte de la sexualité en France » enquête *CSF*, Inserm-Ined, 2006

53. Étude Ipsos réalisée en décembre 2014 sur 2000 personnes résidant en Europe, âgées de 18 à 75 ans.

54. Étude réalisée par Harris Interactive entre Juillet et Août 2009 sur *eHarmony*.

55. Josue ORTEGA, Philipp HERGOVICH (2017-09-29) « The Strength of Absent Ties : Social Integration via Online Dating », *arXiv*, 2017.

56. John CACCIOPO, « Marital satisfaction and break-ups differ across on-lineand off-line meeting venues », university of Chicago, *PNAS*, 2013.

57. Alain GIRARD, « Le Choix du conjoint », INED, 1959.

58. Michel BOZON, François HERAN, « La découverte du conjoint », *Population*, 1987.

59. Xavier FRERE, « Les boîtes de nuit broient du noir », *L'Alsace.fr*, 18 Septembre 2016.

60. François HÉRAN, Michel BOZON, *La formation du couple*, La Découverte, 2006.
61. Yorgos LANTHIMOS, 2015.
62. Institut BVA pour l'association Astrée, 2019.
63. Étude Fondation de France, Septembre 2017.
64. étude TNS Sofres pour La Fondation Monoprix.
65. U.S. Census figures, Charlotta Mellander, 2014, *Citylab*.
66. IFOP, « Observatoire de la vie sexuelle des Parisiens : le sexe à Paris », 2017.
67. Sherry TURKLE, *Les Yeux dans les Yeux, le pouvoir de la conversation à l'heure du numérique*, Actes Sud, 2020.
68. Daniel W. RUSSELL, Carolyn E. CUTRONA, Cynthia MCRAE, Mary GOMEZ « Is Loneliness the Same as Being Alone? », *The Journal of Psychology*, 146 :1-2, 7-22.
69. Louise C. HAWKLEY, John T. CACIOPPO, J-M ERNST, « Loneliness within a nomological net : An evolutionary perspective » *Journal of Research in Personality*, Elsevier, 2006.
70. *Idem.*
71. Chiffres U.S. Census, 2017.
72. Louis C.K, « Louis C.K. Hates Cell Phones », *Conan O'Brien Late night show*, septembre 2013.
73. Luca GUADAGIGNO, 2017.
74. D. P. H. BARELDS, P. BARELDS-DIJKSTRA, « Love at first sight or friends first ? Ties among partner personality trait similarity, relationship onset, relationship quality, and love », *Journal of Social and Personal Relationships*, 2007.
75. Jeanne BOVET, « Les éléments de l'attractivité féminine et leurs variations », *Anthropologie biologique*, université Montpellier II, Sciences et Techniques du Languedoc, Thèse, 2014.
76. D. BYRNE et G.L CLORE, « A reinforcement model of evaluative responses », *Personality : an International Journal*, vol. 1, 1970, p. 103-128.
77. Nicolas DURUZ, « Du coup de foudre à la crise conjugale. Quelques hypothèses de travail », *Thérapie Familiale*, vol. 26, n° 3, 2005, p. 299-313.
78. Randall MUNROE, *What If ? : Serious Scientific Answers to Absurd Hypothetical Questions*, Houghton Mifflin Harcourt, 2014.
79. FOMO : Fear of missing out. Anxiété sociale provoquée par la peur de manquer une occasion.
80. Jacques LACAN, *Séminaire XII*, Le Seuil, 1965.
81. Entretien de Cléo COLLOMB avec Igor GALLIGO et Filipe PAIS, « Les algorithmes du désir, Réflexions sur le design libidinal de Tinder », *Sciences du design*, 2016.
82. Alain GIRARD, *Le Choix du conjoint*, INED-PUF, 1974.
83. Marie BERGSTRÖM, « (Se) correspondre en ligne. L'homogamie à l'épreuve des sites de rencontre », *Sociétés contemporaines*, 2016/4, n° 104, p. 13-40.
84. Pierre MERLE, *La Démocratisation de l'enseignement*, La Découverte, 2002.
85. « Coucheriez-vous avec un mec du 93 ? », Enquête de l'IFOP en partenariat avec *CAM4*, 2018.
86. Interview de Marie Bergström, « Les sites et les applications modifient le scénario de la rencontre », par Martin Untersinger, *Le Monde*, 2018.
87. Milan BOUCHET-VALAT, « Les évolutions de l'homogamie de diplôme, de classe et d'origine sociales en France (1969-2011) : ouverture d'ensemble, repli des élites », *Revue française de sociologie*, n° 55-3, 2014.
88. Fabrice ROUSSELOT, « Le diamant à la main droite, sacré seigneur des anneaux », *Libération*, 20 février 2004.
89. Rob WALKER, « The Right-Hand Diamond Ring », *The New York Times*, 2004.
90. DK consultants.
91. NDA : Attention, ça ne veut pas dire qu'elles ont gagné la bataille de l'égalité des salaires, mais qu'elles accèdent à de meilleurs postes en début de carrière et dans les

villes. Dans tous les États-Unis, les femmes de 25 à 34 ans gagnent 89 cents pour chaque dollar gagné par un homme du même groupe d'âge. Pew Research Center, 2018.

92. Étude James Chung pour Reach Advisors, avec les chiffres du Census Bureau's American Community Survey.

93. Site de *Creadits*, plate-forme créative du talent publicitaire.

94. Echo HUANG & Tripti LAHIRI, « The story of a $25 billion shopping day starts with Pocky », *Quartz*, 8 novembre 2018.

95. « Alibaba fait 30,7 milliards de dollars de CA en 24h, soit plus que le PIB de la Lettonie… », *FM Business*, novembre 2018.

96. Lily KUO, « How Alibaba is using bra sizes to predict online shopping habits », *Quartz*, 2014.

97. Kim YE-JIN, « Japan evolving into "Ohitorisama" nation », *Asia Today*, 2016.

98. National Institute of Population and Social Security Research.

99. Vincent CESPEDES, *L'Homme expliqué aux femmes : l'avenir de la masculinité*, J'ai Lu, 2012.

100. Elyakim KISLEV, *Happy Singlehood : The Rising Acceptance and Celebration of Solo Living*, university of California Press, 2019.

101. Lucie QUILLET, « Une carrière, oui, mais avec quel conjoint ? Les dirigeantes racontent », *Le Figaro*, 2016.

102. Interview, « The Goop Founder on the great power that comes with growing older », *Sunday Times*, Juin 2019.

103. Alania DEMOPOULOS, « Gwyneth Paltrow's Intimacy Teacher Michaela Boehm Wants You to Have Hot Sex and a Good Cry » *The Daily Beast*, Juin 2018.

104. Eric KLINENBERG, *Going Solo : The Extraordinary Rise and Surprising Appeal of Living Alone*, Penguin Books, 2012.

105. Christophe GIRAUD, « Un appartement à soi », *La Vie des idées*, 9 mars 2015.

106. Kathryn HUGHES, « Going solo by Eric Klinenberg – review », *The Guardian*, 3 mai 2012.

107. Hannah FRY, *Les mathématiques de l'amour*, Marabout, 2016.

108. Joseph SCHUMPETER, *Capitalisme, Socialisme et Démocratie*, Harper and Brothers, 1942.

109. Irène THERY, *Couple, filiation et parenté aujourd'hui, le droit face aux mutations de la famille et de la vie privée*, La documentation française, 1998.

110. Mathilde HERVE, « Idéal de la relation de couple dans la modernité : Pour le meilleur et sans le pire », *La lettre de l'enfance et de l'adolescence*, 2001/2 (n° 44), p. 31-37

111. Gérard NEYRAND, *Le dialogue familial*, Éres, 2009.

112. Federal Reserve bank of St Louis, « Married Men Sit Atop the Wage Ladder », university of Minnesota et IPUMS-USA.

113. Marc WEBB, 2009.

114. Mathilde HERVE, « Idéal de la relation de couple dans la modernité : pour le meilleur et sans le pire » », *op. cit.*

115. Laura HILGERS, « Le fantasme ridicule de la relation no drama », *New York Times*, juillet 2019.

116. Noémie HALIOUA, « Le jour où Véronique Sanson a quitté Michel Berger pour des cigarettes », *Le Figaro*, 2015.

117 Adrinne MATEI, « Shock! Horror! Do You Know How Much Time You Spend On Your Phone ? », *The Guardian*, 2019.

118. Étude réalisée par l'application Plenty of Fish.

119. Rachel HOSIE, « I tracked down all the men who've ghosted me and this is what happened », *The Independant*, Juillet 2018.

120. Leonie KOBAN, Gilles POURTOIS, « Brain systems underlying the affective and social monitoring of actions: An integrative review », *Neuroscience & Biobehavioral Reviews*, Elsevier, Octobre 2014.

121. George M. SLAVICH, PhD, Grant S. SHIELDS, MA, Bailey D. DEAL, BA, Amy GREGORY, EdS, Loren L. TOUSSAINT, PhD, « Alleviating Social Pain: A Double-Blind, Randomized, Placebo-Controlled Trial of Forgiveness and Acetaminophen », *Annals of Behavioral Medicine*, vol. 53, 12, Décembre 2019, p. 1045-1054.

122. Adam POPESCU, « Why People Ghost, and How to Get Over It », *The New-York Times*, 2019.

123. Harling ROSS, « The Newest Way to Ghost Is All About Seeming Nice », *Man Repeller*, 2019.

124. Xavier GREENWOOD, « The loneliness of the infinite swipers », *Tortoise*, 2019.

125. Enquête réalisée en février 2018 par François Kraus pour LACSE.

126. *Idem*.

127. Jennie ZHANG, Taha YASSERI, « What Happens After You Both Swipe Right : A Statistical Description of Mobile Dating Communications », *Oxford Internet Institute*, university of Oxford, 2016.

128. « *Every love story is a ghost story* ». Cela signifie d'abord que toute relation amoureuse est la conséquence de nos expériences passées.

129. Docteur Jean-Pierre TERNAUX, neurobiologiste au CNRS, pour *Santé Magazine*.

130. Bernard SABLONNIERE, *La Chimie des sentiments*, Odile Jacob, 2015.

131. Lucy VINCENT, *Comment devient-on amoureux ?*, Odile Jacob, 2004.

132. Terme trouvé par Mathias Trouvat, monteur du film *Love Me Tinder!* que j'ai co-réalisé pour France 4.

133. *Seinfeld*, Saison 8, épisode 9, « The Abstinence ».

134. Lawrence B. FINER, Jesse M. PHILBIN « Trends in Ages at Key Reproductive Transitions in the United States, 1951–2010 », *Women Health Issues*, mai-juin, 2014.

135. Centers for Disease Control and Prevention, « Trends in the Prevalence of Sexual Behaviors and HIV Testing », *Youth Risk Behavior Survey*, 1991-2015.

136. TWENGE J.-M., SHERMAN R.-A., WELLS, B.-E., « Sexual Inactivity During Young Adulthood Is More Common Among U.S. Millennials and iGen : Age, Period, and Cohort Effects on Having No Sexual Partners After Age 18 », *Arch Sex Behav*, 46, p. 433–440, 2017.

137. Kate JULIAN, « Why are young people having so little sex ? », *The Atlantic*, 2018.

138. Difficile de traduire cette expression en français, on pourrait avancer « culture du sexe sans lendemain » ou « culture du sexe récréatif ». Elle se réfère à des rencontres vécues dans une certaine légèreté, inspirées du comportement amoureux étudiant sur les campus américains.

139. D'après un article de Jessica LINDSAY, « Every horrible 2019 dating stage and what they mean », *Metro*, 2019.

140. D'après une étude parue en 2019 dans le *Wall Street Journal*.

141. Titiou LECOCQ « Grande baisse de la baise chez les jeunes », *Slate*, 25 janvier 2019.

142. Selon une enquête de ComScore, 2017.

143. Alain EHRENBERG, *La fatigue d'être soi. Dépression et société*, Odile Jacob, 1998.

144. « Dr. Ruth said millennials may be having less sex than their parents, but they're having better sex », *Insider*, Octobre 2019.

145. Guillermo del Toro, 2017.

146. Karley Sciortino, « We Met the People Who Fantasize About Monsters », *Vice*, mars 2018.

147. D'après des élèves de prépa HEC de ce temps-là.

148. Maureen O'CONNOR, « Pornhub is the Kinsey report of our time », *New York Magazine*, 12 Juin 2017.

149. Marquis de SADE, *Les Cent Vingt Journées de Sodome, ou l'École du libertinage*, 10/18.

150. *Pornhub*, 2019.

151. Encore une enquête de François Kraus pour l'IFOP, « Où en est la vie sexuelle des Françaises en 2019 ? » avec *Elle*, février 2019.

152. Enquête « Contexte de la sexualité en France », réalisée en 2006 par l'INSERM et l'INED.

153. SPIRA Alfred, BAJOS Nathalie, « Analyse des comportements sexuels en France », INSERM, 1992.

154. SIMON Pierre, GONDONNEAU Jean, MIRONER Lucien, DOURLEN-ROLLIER Anne-Marie, « Rapport sur le comportement sexuel des Français », 1970.

155. Statista Research Department, 28 avril 2016.

156. DRIEMEYER Wiebke, JANSSEN Erick, WILTFANG Jens, ELMERSTIG Eva, « Masturbation Experiences of Swedish Senior High School Students : Gender Differences and Similarities », *Journal of Sex research*, 54. 1-11.

157. Philip ZIMBARDO, Nikita D. COULOMBE, « Man, Interrupted: Why Young Men are Struggling & What We Can Do About It », *Red Wheel*, 2016

158. *Wikipedia*, « La Masturbation ».

159. Revue médicale, *L'Encéphale*, 1882.

160. MASTERS W., JOHNSON V., KOLODNY R. *Amour et sexualité : mieux vivre sa vie sexuelle dans le monde d'aujourd'hui*, Interéditions, 1987.

161. Maïa MAZAURETTE, « La masturbation ne rend plus sourd (mais elle nous rend toujours muets) », *Le Monde*, novembre 2019.

162. Via Maïa MAZAURETTE et selon une étude Tenga/PSB parue en 2019.

163. Lesquels ne ressentent ni attirance ni besoins sexuels.

164. Sophie FONTANEL, *L'Envie*, Robert Laffont, 2011.

165. D'après le site *passeportsante.net* : « Les bienfaits d'une sexualité épanouie ».

166. Organisation Mondiale de la Santé.

167. François BOURDILLON, directeur de Santé Publique France, interviewé par *Le Monde*, 2017.

168. Eileen POWER, *Les Femmes au Moyen Âge*, Aubier, 1979.

169. Geneviève GUILPAIN, *Les célibataires, des femmes singulières. Le célibat féminin en France (xvıı^e - xxı^e siècle*, L'Harmattan, 2012.

170. Anne MONJARET, *La Sainte-Catherine, culture festive dans l'entreprise*, CTHS, 1998.

171. Erika FLAHAUT, *Une vie à soi : Nouvelles formes de solitude au féminin*, Presses universitaires de Rennes, 2009.

172. Mona CHOLLET, *Sorcières, la puissance invaincue des femmes*, La Découverte, 2018.

173. Amanda CASTILLO, « Quand la maternité enchaîne les femmes », *Le Temps*, 2018.

174. Mona CHOLLET, Ouvr. Cit.

175. Florence MAILLOCHON, *La passion du mariage*, Presses Universitaires de France, 2016.

176. Marcia C. INHORN, Nancy J. SMITH-HEFNER, « *Waithood : Gender, Education, & Global Delays in Marriage* », Yale Education, 2018.

177. D. M. BUSS, « Sex differences in human mate preferences : Evolutionary hypotheses tested in 37 cultures», *The Evolution of Desire. Strategies of Human Mating*, p. 1-49, Basic Books, 1994.

178. NEYT, Brecht and VANDENBULCKE, Sarah and BAERT, Stijn, « Education level and mating success: Undercover on Tinder », *IZA Discussion Paper*, n° 11933

179. John BIRGER, *Date-Onomics : How dating became a lopsided numbers game*, Workman Publishing, 2015

180. Une expression utilisée par mon amie Hélène.

181. Professeur François OLIVENNES, *Pour la PMA*, J.-C Lattès, 2018.

182. Kristen HAWKES, anthropologue à l'université de l'Utah, fut l'une des pionnières de ces études.

183. L'hypothèse du « conflit mère-fille » a été énoncée pour la première fois en 2008, par Michael CANT de l'université d'Exeter et Rufus JOHNSTONE de l'université de Cambridge.

184. EGGERICKX, Thierry, LEGER, Jean-François, SANDERSON, Jean-Paul, VANDESCHRICK, Christophe, « Inégalités sociales et spatiales de mortalité dans les pays occidentaux. Les exemples de la France et de la Belgique », *Espace populations sociétés*, 2018.

185. MORTON RA, STONE JR, SINGH RS, Mate Choice and the Origin of Menopause, *PLOS Computational Biology*, e1003092, 2013.

186. Sarah Anne DEFREESE, « Ali Wong and the Science Behind the Proposal », *Medium*, 2018.

187. Virginie GIROD, docteure en histoire, est notamment auteure de *La véritable histoire des douze Césars*, Perrin, 2019.

188. « Pourquoi les hommes sont plus immatures », *La Mecxpliqueuse*, 17 janvier 2019.

189. « Observatoire des modes de vie et de consommation des Français », 2010, Ipsos.

190. Étude menée en 2018 par Morar HPI en France avec l'application de rencontre Tinder.

191. Site de l'Ined.

192. Insee, Recensement de la population, 2018.

193. Eric KLINENBERG, *Going Solo: The Extraordinary Rise and Surprising Appeal of Living Alone*, Penguin Books, 2012.

194. Pew Research Center, « Analysis of the 1960-2000 decennial census and 2010-2012 American Community Survey », *Integrated Public Use Microdata Series*.

195. Romain HURET, *Les Oubliés de la Saint-Valentin. Célibataires, ordre social et inégalités aux Etats-Unis*, à paraître.

196. Pew Research Center Analysis.

197. D'après une étude réalisée par Comet Financial Intelligence, https://www.nitro-college.com/research/young-single-career-oriented.

198. Aïna SKJELLAUG, « Les Millenials entre mythes et réalités », *Le Temps*, Mars 2018.

199. Jean-Laurent CASSELY, *La révolte des premiers de la classe*, Arkhê, 2017.

200. Rebecca TRAISTER, *All the Single Ladies : Unmarried Women and the Rise of an Independent Nation*, Simon & Schuster, 2016.

201. Romain HURRET, « Les célibataires au cœur du grand débat ? », *Libération*, mars 2019.

202. Nora Ephron, 1993.

203. Jeffrey ZASLOW, « An Iconic Report 20 Years Later: Many of Those Women Married After All », *The Wall Street journal*, 25 Mai 2006.

204. Enquête réalisée par Harris Interactive pour les « Zooms » de l'Observatoire Cetelem, en ligne, du 14 au 16 janvier 2020. Échantillon de 1 036 personnes, représentatif des Français âgés de 18 ans et plus.

205. Observatoire des modes de vie et de consommation des Français, 2010, Ipsos.

206. Paul DOLAN, professeur en sciences comportementales à la *London School of Economics* et auteur de l'ouvrage *Happy Ever After : Escaping The Myth of The Perfect Life*, Allen Lane, 2019.

207. R. LERMAN, W. BRADFORD WILCOX, « For richer, for poorer, How family structures economic success in America », *aei.org*.

208. « Marriage and men's health », *HARVARD MEN'S HEALTH WATCH*, 5 Juin 2019.

209. Virginia WOOLF, *Un lieu à soi*, Gallimard, 2020.

210. Jean-Claude KAUFMANN, *Un lit pour deux. La tendre guerre*, Lattès, 2015.

211. Roger EKIRCH, *At Day's Close : Night in Times Past*, W. W. Norton & Company, 3 octobre 2006.

212. Sur le plateau d'*Apostrophes*, avec Roland Barthes.

213. John HASKEY, « Living arrangements in contemporary Britain: having a partner who usually lives elsewhere and living apart together », *Population trends*, 2005.

214. *Two's a crowd*, réalisé par Tom et Jim ISLER, Gloaming Pictures 2011.

215. Susan B. ANTHONY, « The Homes of Single Women», 1877, disponible ici : https://leavesofgrass.org/SingleWomen.html.

216. Référence découverte grâce à *All the Single Ladies*, de Rebecca Traister.

217. Jennifer PADJEMI, « Le célibat peut être un choix de vie, quel que soit l'âge que l'on a », *Slate*, Janvier 2020.

218. Cécile DAUPHIN et Arlette FARGE, *La séduction, nouvelle approche de l'histoire des femmes*, 2001.

219. Georges DUBY, *Mâle Moyen Âge, de l'amour et autres essais*, Flammarion, 1987.

220. D'après l'historien Georges Duby et Wikipédia.

221. Georges DUBY, *Lancelot ou le Chevalier à la charrette de Chrétien de Troyes*, Fayard, 2011

222. OVIDE, *Héroïdes*, Lettre de Didon à Énée, Lettre VII, Gallimard.

223. Virginie GIRAUD, *Théodora, prostituée et impératrice de Byzance*, Paris, Tallandier, 2018.

224. Ellen FEIN and Sherrie SCHNEIDER, *The Rules : Time-tested secrets for capturing the heart of Mr. Right*, 1990.

225. Bureau of Justice Statistics, Research and Development.

226. Charlotte BELAICH, « La « séduction à la française » est-elle en danger ? », *Libération*, 2018.

227. Maïa MAZAURETTE, « Le « consentement enthousiaste » : pourquoi pas ? », *Le Monde*, 2017.

228. Idem.

229. Elizabeth BERNSTEIN, « Dating 101, for the romantically challenged Gen Z », 11 mars 2019.

230. « Red Pill, Black Pill, White Pill, Clear Pill : une généalogie », blog *bounthavy. com*.

231. Fanny MARLIER, « Qui sont les Incels, ce groupe misogyne auquel se réfère l'auteur de l'attaque de Toronto ? », *Les Inrocks*, 2018.

232. Cécile DAUPHIN, *La séduction, nouvelle approche de l'histoire des femmes*, 2001.

233. Librement donné : le consentement est un choix que vous faites sans pression, manipulation ou influence de drogues ou d'alcool.

Réversible : n'importe qui peut changer d'avis à tout moment. Même si vous avez déjà fait l'amour, même si vous êtes tous les deux dans un lit.

Informé : vous ne pouvez consentir à quelque chose que si vous en avez l'entière information. Par exemple, si quelqu'un dit qu'il utilisera un préservatif et qu'il ne le fait pas, il n'y a pas de consentement total.

Enthousiaste : en ce qui concerne le sexe, vous ne devez faire que des choses que vous avez envie de faire, et pas ce que vous croyez « devoir » faire.

Spécifique : dire oui à une chose (se rendre dans une chambre) ne signifie pas que vous avez dit oui à tout le reste (avoir des relations sexuelles).

234. David WONG, « 7 Reasons So Many Guys Don't Understand Sexual Consent », *Cracked*, 2016.

235. Iris BREY, *Le Regard féminin, une révolution à l'écran*, L'Olivier, 2020.

236. Christian RUDDER, *Dataclysm : Who We Are When We Think No One's Looking*, Crown, 2014.

237. Raphaël LIOGIER, *Descente au cœur du mâle : de quoi #METOO est-il le nom ?*, Les liens qui libèrent, 2018.

238. Peggy SASTRE, « L'amour, l'un des derniers boulets que traînent les femmes », *Slate*, Janvier 2018.

239. Milan BOUCHET-VALAT, Plus diplômées, moins célibataires. L'inversion de l'hypergamie féminine au fil des cohortes en France, *Population*, 2015/4 (Vol. 70), p. 705-730.

240. Eva ILLOUZ, *La fin de l'amour, Enquête sur un désarroi contemporain*, Seuil, 2020.

241. David BROOKS, « The nuclear family was a mistake », *The atlantic*, mars 2020.

242. D'après le professeur Michel REYNAUD, psychiatre et addictologue à l'hôpital universitaire Paul-Brousse à Villejuif auteur de *L'amour est une drogue douce... en général*, Flammarion, 2013. Et d'après un article de Clément GUILLET, « L'amour est une drogue, c'est scientifiquement prouvé », *Slate*, 2016.

243. Francesco ALBERONI, *Le choc amoureux*, Pocket, 1993.

244. Emily WITT, *Future Sex*, Seuil, 2017.

245. Professeur au département des littératures de langue française de l'université de Montréal et titulaire de la Chaire de recherche du Canada sur les écritures numériques.

246. Dominique CARDON, « Dans l'esprit du PageRank, une enquête sur l'algorithme de Google », *Réseaux*, 2013/1, n° 177, pages 63 à 95.

247. Aïna SKJELLAUG, « Les millennials, entre mythes et realité », *Le Temps*, Mars 2018.

248. David RIESMAN, *La foule solitaire*, Arthaud, 1964.

249. Entretien avec Alain MERGIER, « Est-on vraiment plus seul aujourd'hui dans les grandes villes qu'il y a 20 ou 30 ans ? », *Atlantico*, août 2013.